崇丽书坊
CHONGLI SHUFANG

蜀都水香

依水而生的天府锦城

张义奇 [著]

西南交通大学出版社
· 成都 ·

图书在版编目（CIP）数据

蜀都水香：依水而生的天府锦城 / 张义奇著. —
成都：西南交通大学出版社，2019.1
（崇丽书坊）
ISBN 978-7-5643-6517-2

Ⅰ.①蜀… Ⅱ.①张… Ⅲ.①河流－历史－成都
Ⅳ.①K928.42

中国版本图书馆 CIP 数据核字（2018）第 242300 号

崇丽书坊
蜀都水香
——依水而生的天府锦城
SHUDU SHUIXIANG
——YISHUIERSHENG DE TIANFU JINCHENG

张义奇　著

出　版　人	阳　晓
责 任 编 辑	罗小红
助 理 编 辑	居碧娟
封 面 设 计	曹天擎
	西南交通大学出版社
出 版 发 行	（四川省成都市二环路北一段 111 号 西南交通大学创新大厦 21 楼）
发行部电话	028-87600564　028-87600533
邮 政 编 码	610031
网　　　址	http://www.xnjdcbs.com
印　　　刷	四川煤田地质制图印刷厂
成 品 尺 寸	165 mm×230 mm
印　　　张	15.5
字　　　数	209 千
版　　　次	2019 年 1 月第 1 版
印　　　次	2019 年 1 月第 1 次
书　　　号	ISBN 978-7-5643-6517-2
定　　　价	36.00 元

目　录

引　言
水幻成都　源远流长

岷江南流泽润大地

　　驱车出都江堰山区，一路南行，展现在眼前的是抬眼望不到边的平畴田野，不时会看到座座城镇屹立在沃野之中，仿佛是上帝撒在大地棋盘上的棋子。道路阡陌四通八达，河流沟渠循规蹈矩。此时若从空中俯瞰，广袤的大地上，片片绿色和金黄色交相辉映，绿色如巨毯，金黄似锦缎。绿色与黄色相互错落，组成了一幅巨大的画面。画面上间或点缀着林盘、民居，杂树繁花环绕房前屋后，偶有鸡犬之声传出，惊起树梢上的一群雀儿……

　　这是春天的成都平原！河水泛着浪花，菜花闪着金黄，麦田呈现碧浪。这是富饶、宁静，充满田园牧歌情调的天府景象，这是美丽而真切的大地艺术。

　　继续南行，田野尽头渐渐出现都市的轮廓。幢幢大楼风格多样，高低错落，鳞次栉比；道路如蛛网布满各个角落，车辆像蚁群来往穿梭。在楼群与道路之间，散落着一团团的绿地树林。最引人注目的是两条河流越过平畴田野，钻进城市，穿行在道路、楼宇和桥梁之间，像两条翡翠玉带包围着中心城区。

　　这座繁华的城市就是成都，一个居住着千万人口的大都会。

　　看着眼前的图景，从乡村到城市，到处都是一派幸福祥和。忽然，我的眼前如过电影一般闪回、切换到数千年前：挣脱岷山羁绊的岷江，像脱缰的野马，一路冲刷，平原上沟壑纵横，洪水肆虐。此时的岷江犹如一颗倒地的巨树，平原上纵横交错的河流是它的根须。而这粗粗细细的根须就形成了一张撒开的大网，笼罩在广阔的平原上。使用着原始工具的古蜀人，聚集在沟壑之间的台地上，努力地建设着他们的家园。然而，肆无忌惮的洪水毫不留情地啃食着他们刚刚开垦的土地和建成的聚落。于是人们不得不划着独木舟，在台地之间不断地迁徙，不断地与洪水作战。最终他们在被后人称为瞿上、郫邑、成都的几个地方找到了定居点。他们在这里用竹笼卵石筑坝拦水，开堰引渠疏导洪流。渐渐地，野蛮的洪水被导入大江，沼泽逐步干涸，被开垦成良田、牧场，庄稼开始在田野生长，家畜也开始在野地里撒欢，炊烟在聚落上空袅袅升起。古蜀文明在洪荒走过的台原上生长起来。

成都平原历史新的一页被掀开了。

成都平原由岷江和沱江冲击而形成的两块巨大冲积扇组成，地势西北高东南低，因而形成了独特的水流格局，并且每隔约2.5千米就有一条河。然而，岷、沱两大水网最终又在平原东侧被龙泉山所收拢，分别从金堂、正兴（原名苏码头，现在的华阳）、新津流出平原。

处于整个平原核心地带的西南大都会成都市便坐落在岷江冲积扇的东南部。如果说成都平原是一块水造的平原，那么，成都便是一座水养育的城。数千年来，成都城址不变，甚至名称亦不变，盖因水的缘故。

且看岷、沱两江在成都的具体流经路线。

沱江发源于川西北九顶山南麓，南流至金堂县赵镇后接纳了毗河、青白江、湔江、石亭江。从源头至赵镇一段，长127千米，称为绵远河。出赵镇后直至汇入长江，长522千米，称为沱江。沱江流经成都、德阳、绵阳、遂宁、资阳、内江、自贡、重庆等地，最后在泸州汇入长江。举世闻名的三星堆遗址就在沱江流域。

岷江是长江上游最大的支流。岷江有东西两源，东源出自松潘县岷山南麓海拔3727米的弓杠岭，西源出自海拔4610米的郎架岭，二水流至松潘虹桥关上游川主寺合为一股，然后自北向南流经茂县、汶川、都江堰。进入平原后，经郫县、成都、新津、彭山、眉山、青神、乐山、犍为，在宜宾市汇入长江，干流全长 711 千米。

岷江与沱江都流经成都，但只有岷江在成都市区全面张开，沱江则与主城区北郊擦肩而过，因为岷江与沱江两大水系的分水岭就在成都市区北郊的凤凰山。

因此岷江是成都真正的母亲河。

岷江流经都江堰市时，被李冰所创造的著名水利工程一分为二，一条叫外江，一条称内江。外江分为金马河、羊马河、黑石河、沙沟河，加之发源于龙门山山前地带的文井江、斜江、南江、蒲江等河流，最终从新津流出了成都平原。内江则分为蒲阳河、柏条河、走马河、江安河四大干渠。流经成都市区的锦江，即我们亲近的府河与南河，则分别来自柏条河与走马河。

成都南河，古称检江、锦江、外江等。李冰将走马河从岷江干流分出后，南流又分出徐堰河，再南流至郫县两河口分为清水河、摸底河。清水河经郫县、成都西部入城，过杜甫草堂后称为南河，即史上著名的锦江；摸底河也从西部入城，过金沙遗址，在送仙桥汇入南河。

府河上游即柏条河，古名郫江。向东南流经成都城下，称为府河。古时候又名内江、成都江、都江、府江等。在唐代以前，郫江流至成都城西北九里堤后，原本继续南流经过城西过同仁路，在通惠门附近折而向东，与锦江平行而流，大致经南校场、西胜街、文庙西街、上池街、纯化街、中莲池、下莲池，最后在城东南合江园与锦江汇合。唐代晚期，古郫江被人为改道更名为清远江，进城后沿老城区的北部和东部流，仍然在城东南与锦江合流。乾符二年（875），剑南西川节度使高骈为加强城防，上表朝廷，请求筑罗城，开挖糜枣堰，改郫江水道，使其作为城北、城东护城的一道屏障，从此形成了成都市区"二江抱城"的水道格局。《方舆胜览》载："高骈未筑罗城，内外江皆从城西入，自骈筑城，遂从西北作縻枣堰，内江绕城北而东，注于外江。"外江和内江，即府河与南河在合江亭下合流以后，经九眼桥一路往南，终于在彭山江口镇重新回到岷江。

古代郫江和检江在成都西北，又各自分了若干支流，如摸底河、犀角河、沙河以及已经消失的金河、解玉溪，等等。这些支流再分为若干支流，由此而形成了发达的水系。正是这些丰富的河流水系为悠久的古蜀文明提供了生长、发展的条件，也造就了古代成都水网密布的城市面貌。

蜀都文明伴水而生

水走过的地方便是生命成长的地方，也是文明生长的地方。

世界上任何一种伟大的文明都莫不由水造成。没有尼罗河就没有古埃及文明；没有印度河、恒河，就没有古印度文明；没有爱琴海，就没有古希腊文明；没有长江、黄河，也就没有五千年的中华文明。

作为长江文明的重要组成部分，岷江哺育了古老的蜀地文明与蜀地文化。老子言："上善若水。水利万物而不争。"水，是生命的源泉；水，也是文明的源泉，文化的源泉。水也造就了成都城市的历史文化性格。

人是有魂的，城市也是有魂的。成都的魂是什么？就是水！

成都平原因水而生，成都城市因水而兴。从公元前 311 年建城起，成都就与水结下不解之缘。城外二江蜿蜒流过，城内沟渠纵横，水网密布，因筑城取土造成的洼地则形成湖泊水淖。秦汉城北有龙堤池，城东有千秋池，城西有柳池，等等；隋唐时更是有空前辽阔的摩诃池、秀美的江渎池，等等。古往今来的这些水域"津流相通，冬夏不竭"，将成都打造成一座延续了两千多年的水城。古代成都可谓城在水中央，水在城中流。

当年秦人正是看准了水之于成都的重要性，以及成都之于秦国的重要性，所以派"能知天文地理"的李冰任蜀守，开创了惠泽古今的都江堰，使"二江穿成都之中"。于是，水在孕育丰饶的天府之国后，又孕育了一座富庶之都。秦国正是凭成都为战略后方，以蜀水为交通，开启了扫合六国的统一战争。

水也把成都塑造成一个文化之都。古蜀文明在此兴起，古代文化在此繁荣。蜀文化集大成之一的蜀锦，便因水而美丽，成都的江河又因蜀锦而名锦江。成都是丝绸的故乡，早在古蜀时期人们就发现了蚕丝的用途，经后人不懈探索，至秦汉时一种名为蜀锦的丝织品已誉满海内外。然而，蜀锦的华章却离不开来自岷山雪水的漂濯。《益州志》说："成都织锦既成，濯于江水。其文分明，胜于初成。他水濯之不如江水。"可谓道出了蜀锦与水的关系。华美的蜀锦，不仅风靡华夏，湖北云梦、长沙马王堆、新疆吐鲁番也都曾有出土而且通过南北丝路远销到南亚、中亚、东亚和欧洲，朝鲜半岛和东瀛列岛都曾有成都的蜀锦出土，日本京都正仓院、法龙寺至今还收藏着唐代的蜀锦。

水促进了技术的发达。浩浩荡荡的江河，既沟通了成都与外界的联系，也形成了造船业发展的空间。从百花潭中学出土的战国嵌错宴乐攻战纹铜壶和新津出土石棺上的战船图看，先秦时成都江河上已游弋着高大的战船。"王濬楼船下益州"，西晋时的战船则"方百二十步，受二千人。以木为城，起楼橹，开四出门，其上皆得骑马往来"，造船技术可见一斑。

水促进了古代成都造纸业的兴旺。隋唐时期，浣花溪畔纸坊林立，所产麻纸被指定为朝廷用纸，皇家藏书，皇帝诏令，均使用的"成都造"。著名唐代女诗人薛涛在此基础上制成了一种色彩鲜艳、极富情趣的"薛涛笺"。元稹专门在"薛涛笺"上写了《寄赠薛涛》诗："锦江滑腻峨眉秀，幻出文君与薛涛……"发达的造纸术又推动印刷术的进步，成都出土的《龙池坊汴家印本陀罗尼经咒》、斯坦因在敦煌发现的《剑南西川成都府樊赏家历》、国家图书馆藏的《金刚经》残本，都是公元9世纪的成都印刷品。而印刷术的发展又带来了另一项进步——世界上第一张纸币"交子"诞生在成都。

水促成了茶文化的诞生。成都并不产茶，但成都盛产茶的文化。从"武阳买茶"到"河水香茶"，两千多年间，水边的成都出现过多少茶人、茶事，又产生过多少动人的故事与传说，它们为中国茶文化的丰富增添了精彩的篇章。

水创造了一部完整的白酒史。粮是酒的骨肉，水是酒的血液，没有富饶的成都平原，没有透彻的岷江雪水，哪来芳香醉人的琼浆玉液？所以成都的美酒要以"水"字作名。锦江边的水井坊就埋藏着一部白酒的文化史。

水还塑造了成都人的性格。开朗、自尊、豪爽、活泼、幽默的成都人，从不墨守成规，散淡之中不乏智慧与创新，悠闲之下不失进取和辛劳，成都人还有包容天下的胸怀，从不排外，难怪有人会说，来了成都就不想走。

水养育了文化，也养育了文化人。古往今来，数不胜数的文人墨客与水相伴，与水为邻，从而留下了美不胜收的锦绣文章。仅以唐宋为例，写过成都之水的著名诗人就有李白、杜甫、张籍、刘禹锡、岑参、薛涛、韦庄、陆游、范成大等。其中杜甫与蜀水最密切，他于安史之乱后来成都，定居浣花溪。家在水中央，出门就见水。在他写成都的二百五十七首诗歌中，与水相关的就达一百五十首。诗人们对水的讴歌，把成都的水文化提升到了一个新的境界。

水做的成都秀美而瑰丽。如今，那些浓缩着成都江河水文化的遗迹已融入了历史的星空，唯有尚存的百花潭、合江亭、望江楼以及众多与水有关的街名，仿佛依旧在述说这座城市与水的亲密关系。

一、溯源：走出上古泽国的治水英雄

水是生命的源泉，水是人类文明的摇篮。"上善若水，水利万物而不争。"这是老子的至理名言。司马迁却感慨："甚哉！水之为利害也。"水有洪荒与文明之分。洪荒之水可野蛮摧毁一切；文明之水则利生命万物。

作为中华文明重要源头之一的古蜀文明乃因水而生，因水而兴。水，造就了成都平原；水，孕育了成都城市；水，也铸成了这座都市不朽的灵魂。

石纽山：大禹迈开治水第一步

十多年前的夏天，我在川西山区旅游，遭遇洪水断路、断桥，被困了三天，看见万千股洪流裹挟着大量的泥沙砾石和杂物冲向岷江；而平日清澈的岷江也已汹涌澎湃，泥沙俱下。我暗自为成都担忧起来。结果来到临近都江堰出山口一看，野马奔腾般的洪水竟然在这里放缓速度并迅速分流。山下依然是一望无际郁郁葱葱的原野，丝毫不在意这肆虐的洪峰。此刻，作为一个成都人，我心中不禁油然生出一股自豪感。我们真要感谢从远古而来的无数治水英雄们，正是他们的智慧与辛劳，才使我们脚下的土地这么坚实、这么富饶！心中的这一感念，成为我写下这一组文字最原始的动因。

成都金沙遗址博物馆中，有一处模拟古蜀人生活场景的沙盘。画面氛围是那么祥和、安宁！2010 年春，我陪香港客人驻足在这美丽的沙盘情景前流连忘返，惊讶于古蜀人田园牧歌般充满诗意的生活。后来阅读史书，回眸古蜀历史，才蓦然明白，所谓古蜀人诗意生活的情景再现，不过是现代人浪漫情结的表达。远古的成都平原没有如此的幸运，洪水的喧嚣声时时刻刻都在威胁着这块土地上生存的早期人类。

《成都通览》作者傅崇炬说："四川虽为山国，成都实为泽国，因江河贯通。"未经驯服的洪荒之水在成都平原肆虐，这是由川西地区的地理成因所决定的。大约二百六十万年前，青藏高原进一步抬升，形成了海拔 4000 米以上的龙门山、邛崃山。相反，成都一带却不断沉陷成为盆底。这使得原本由东向西流入地中海的古长江最终改道由西向东切穿巫峡，将四川盆地由原来的内流盆变成了外流盆。川西高原岷山下泄的洪水在冲过盆底后也汇入长江，最终形成了长江上游统一的水系。

由于受岷江等河流天长地久的冲刷，盆底淤积起大量的泥沙、砾石，堆积成数百米厚的松软沙砾层，从而形成了一块西北—东南走向的冲积扇面。但由于江河的切割，这扇面平原的地表并非一马平川，而是呈一道道鱼脊型的台地。可以说，远古的成都平原是湖沼密布，江河纵横。夏日洪水肆虐；冬季荒草遍野。这或许是动植物的天堂，却并非人类的乐园。只是平原温润的气候、肥美的土地以及丰富的食物资源不能不对原始人产生巨大的诱惑。

20 世纪 50 年代，考古工作者在成都市区东北边的羊子山土台底部发现了数件旧石器时代晚期的器物，表明早在一万多年前，古人就在沟壑纵横的鱼脊型台地上留下了拓荒者最初的足迹。蛮荒的土地终究不能挡住生命智慧的光照。古蜀文明在人类行进的湖沼江河之间缓慢地生长出来。

古蜀文明的发源是从治水开始的，而古人治水的起始点则在川西高原。从都江堰市沿 213 国道溯岷江而上，车行不到一小时便进入汶川岷江河谷。两岸高山巍峨，原本青翠碧立，绿水蜿蜒，自 2008 年 5

月 12 日之后一度变得满目疮痍。但经过重建之后，这一带成了旅游热线，藏羌民居、水乡山寨，卧龙大熊猫以及地震废墟等，都吸引着无数游客。汶川因"5·12"大地震为全世界所知，也使得震前少有人关注的禹庙、禹穴、禹迹石纹等大禹遗迹被更多人知晓。如今由珠海市援建，在石纽山腰，仿成都羊子山土台新建了大禹祭台，铸造了大禹铜像。这些再次向世人宣示，中华民族远古英雄大禹的治水活动就从这里开始。

其实，考古工作者早就凭地下遗迹证明这里曾有过发达的史前文明。2000 年，以茂县营盘山为主的十余处古人遗迹被发掘出来，表明早在六千至五千五百年前，茂、汶一带就出现了繁荣的人类聚落。不仅传说中的大禹治水发生在这里，而且比大禹更早的人类治水活动也可能发生在这里。

由于年代久远，营盘山时期古蜀人的治水事迹我们已很难知晓。但是，从古代典籍与民间传说中，仍然可以窥见一斑。传说中的黄帝时代，古蜀治水的序幕就已拉开。从《山海经》《吕氏春秋》《史记》《水经注》等诸多文献看，四川最早的治水英雄是颛顼。

早在四千七百年前，一个名为"蜀山氏"的族群在叠溪一带兴盛起来。这是古羌人从西北地区进入川西高原后形成的一个族群。《路史》说："蜀之为国，肇自人皇，其始蚕丛、柏濩、鱼凫，各数百岁。号蜀山氏。"传说黄帝为儿子昌意娶的妻便是蜀山氏之女昌濮。昌濮生子名高阳。高阳即是颛顼，是为上古五帝之一。《史记·五帝本纪》也载：黄帝居轩辕之丘，而娶于西陵之女，是为嫘祖。嫘祖为黄帝正妃，生二子，其后皆有天下，其一为玄嚣，是为青阳，青阳降居江水；其二曰昌意，降居若水。昌意娶蜀山氏女，曰昌濮，生高阳，高阳有圣德焉。"《论衡》也称，颛顼有两个儿子，一个居江水，一个居若水。几则史料说法有细微不同，但共同之处是都说到了有圣德的高阳和江水、若水两条四川的江河。

《水经注》指出，江水、若水均在蜀。"江水"就是岷江。古人认为岷江是长江的正源，所以又称岷江为"大江"；而"若水"则是指雅砻江，是长江上游的一条支流。由是可见高阳氏，即颛顼部族是生活在蜀地江河边、与水十分亲近的部族。颛顼本人是一个治水专家，因此他被尊为中国神话谱系中的水神。为治水之事，颛顼与共工发生了战争。《列子·汤问》中写道："共工氏与颛顼争为帝，怒而触不周山，折天柱，绝地维，故天倾西北，日月星辰就焉；地不满东南，故百川水潦归焉。"抛开其中神话的因素，颛顼和共工争夺帝位，实际上是争夺治水的领导权（远古时期，治水是最重要的国是），展开了一场争斗。司马迁说："有共工之阵，以平水害。"共工本来也是治水世家，而且是炎帝部族神农氏之后，是一位对远古农业生产做出重要贡献的部落首领，据说是他发明了筑堤蓄水的方法。然而，因为改土治水的意见与颛顼产生冲突，竟被颛顼杀掉了。共工可能是远古历史上第一个因治水被冤杀的部族领袖。由此也可看出颛顼对于治水的定见。他关于治水的经验和理念，为他的儿孙鲧、禹作为我国古代最著名的治水英雄的登场奠定了深厚的"家学渊源"。

鲧是上古著名的治水英雄，他创造了一个伟大的传奇悲剧。

鲧是颛顼的儿子。《史记·夏本纪》称："禹之父曰鲧，鲧之父曰帝颛顼，颛顼之父曰昌意，昌意之父曰黄帝。"非常清楚地说明了鲧、禹的部族谱系。鲧的出生地，一般认为是在河南省西北部，因为颛顼称帝后，封鲧为崇伯，故称伯鲧，而"崇"乃是今嵩山一带。但历代也有不少巴蜀文化学者认为鲧出生在川西高原边缘，甚至有人明确指出鲧的封地"崇"就在今成都崇州市境内。郭璞注释《山海经》中"天穆之野高二千仞"一句时曾说，"竹书曰颛顼产伯鲧是惟若阳，居天穆之阳也"。这里的"若阳"是指雅砻江北岸，"天穆之阳"即是川西高原南沿。如此解释，我们便可以说，鲧的治水活动已经到达成都平原边缘了。

可惜，鲧的治水注定要成为一场悲剧。据司马迁记载，鲧被四岳推荐出来担任治水官员之初，帝尧就不同意，认为"鲧为人负命毁族，不可"。说鲧这个人做事违抗天命，会毁灭族类，不能用。但四岳则坚持："等之未有贤于鲧者，愿帝试之。"实在找不到比鲧更好的人了，帝尧才勉强答应让鲧来治水。然而，或许是洪水实在太大了，鲧的家学传统已不好使，治水"九年而水不息，功用不成"。应验了帝尧当初对他"负命毁族"的判断。

鲧终因治水失败而被杀掉了。鲧的悲剧在于他治水不懂得变通，只一味地堵，即《山海经》所说的"窃帝之息壤以堙洪水"。结果洪水是越治越凶，最终导致了"毁族"的结局。鲧也就因此成为远古史上第二个被杀的部族领袖。颛顼当年诛杀共工时，大概做梦也没料到自己的儿子将来也会落得被杀的结局。当然，关于鲧之死，还有其他一些说法，《山海经·海内经》载："鲧窃帝之息壤以堙洪水，不待帝命，帝令祝融杀于羽郊。""息壤者，言土自长，故可堙水也。"表面上看，神话中的鲧是因为违抗了帝命被杀的，实际上他在治水过程中只强调"堵"，的确是违背大自然的法则，所以落得了悲剧的结局。

鲧虽然被杀了，但他作为悲剧的治水英雄，仍然被永远载入了中华民族的史册，更何况，他用堵的办法治水，也创造了另一项业绩，那就是筑城。鲧是中国历史上始造城郭的鼻祖。《世本》载："鲧作城。"《吕氏春秋·君守篇》也说："奚仲作车，仓颉作书，后稷作稼，皋陶作刑，昆吾作陶，夏鲧作城，此六人者，所作当矣。"把造城与上古时代其他有重要发明的先贤并列，表明了后人对鲧的贡献是充分肯定的。事实上，城墙在上古时期也的确起到了防止洪水侵袭的重要作用。我曾跟考古工作者查看过宝墩和三星堆古城遗址，古城墙下都有被洪水冲刷过的痕迹，说明"堵"水在某些时候是行之有效的。只是鲧的运气太差，遭遇了前所未有的洪灾，治水九年竟不能取得成功。

鲧的悲剧体现了远古人类与洪水搏斗的残酷性，也表明，古蜀人进军成都平原的历史是一部悲壮的治水史。

大禹，鲧的儿子，是华夏民族上古时期最重要的治水英雄。禹的

一、溯源：走出上古泽国的治水英雄

重要贡献在成功吸取了前人治水的经验与教训，从而创造了"岷山导江，东别为沱"的伟大治水理念。后人正是在这一思想的指导下，将洪水肆虐的成都平原改造成了水旱从人的人间乐园。

都江堰市龙溪乡与汶川刳儿坪隔山相望处有个小盆地叫龙池。此地青山环抱，盆底有高山湖泊，气候呈垂直分布，各种动植物异常丰富，是国家级著名森林旅游风景区。景区内有一龙王祠，如今是纪念黄帝等先贤的寺庙，早先却是纪念大禹的龙神祠。地震之前，2002年，我在此小住数日，曾听到了不少关于大禹的传说。此地的山被叫作慈母山，龙池则称慈母池，是纪念大禹母亲修己命名的。

关于大禹的出生地，历来有多种说法，一说他出生于中原，一说他出生在东夷，但更多典籍则明确记载他是四川人。司马迁说："禹生于西羌。"扬雄《蜀王本纪》进一步指出："禹本汶山郡广柔县人，生于石纽。"《括地志》云："茂州汶川县石纽山在县西七十三里。《华阳国志》云："今夷人共营其地，方百里不敢居牧，至今犹不敢放六畜。"后人一直沿袭这个看法。汶山郡，在汉代地域很广，包括汶、理、茂、北川乃至于都江堰市的部分山区。而据《汶川县志》载，古代的广柔县治，就在今汶川县飞沙关一带。因此，这里被称为大禹故里。此地有"禹穴"，据《蜀都碎事》称："女狄汲石纽山下，泉水中的月精如鸡子，爱而吞之，遂有娠，乃生禹。"而大禹遗迹则广泛分布在绵阳北川，阿坝州汶、理、茂及都江堰市境内，至今有不少地名与大禹有关，如涂禹山、刳儿坪、洗儿池、禹母山、禹床、禹穴、禹石，等等；而民间传说中也保留着不少有关大禹的神话故事，仅《成都民间文学集成》就收录有《黄龙负舟》《夏禹王开夔门》《大禹治青城山》等故事。《华阳国志》大禹出生地流行的民俗"夷人营其地，方百里不敢居牧。有过，逃其野中，不敢追，云畏禹神"等记载，似乎进一步证明了大禹就是汶川县人，他治水的起点就在这一带。2004年，吉林省文物考古研究所三峡考古队在云阳县发掘出土了一方东汉时期的《汉巴郡胸忍令景云碑》，碑文"先人伯沇，匪志慷慨，术禹石纽、汶川之会……"是说大禹为治水，曾在汶川与各部落的首领会盟，共同商议治水方略。

为了治水，大禹还曾向西羌的治水专家求教过，《荀子·大略》说："禹学于西王国。"因此，大禹治水与其父鲧一味地"堵"有所不同，而是采取了疏导、分流、滞缓等综合治理手段。从岷山铁豹岭开始，"随山而导之"，"循水而导之"，"以察地势之高卑而蓄泄之"。这种行之有效的科学方法，直到今天仍被人们视为治水的宝贵经验。对于大禹的治水方法和成就，《尚书·禹贡》载："岷山导江，东别为沱，又东至于澧；过九江，至于东陵，东迤北，会于汇；东为中江，入于海。"翻译成现代汉语是，自岷山疏导江水，向东边疏导出一支流为沱水（即今沱江），又向东到达于澧水，过了九江，到达东陵，自东向北逶迤，会集在汇，向东为中江，入于大海。这里最重要的就是"岷山导江，东别为沱"八字箴言。"沱"，《说文》解释：

汶川岷江畔的大禹塑像　张义奇摄

"水别流也，出岷山。"即是使水"出于江而又入于江"，把岷江多余的水分而向东流入另一条江，最后又让这分流的江水回到大江。这是大禹对前人治水智慧的精炼总结，也是古蜀人治水遵循的基本方法。再说明白点，就是在大致由北向南的方位上将岷江挖开一道分水河，将岷江多余的水分流入沱江，从而避免了岷江泛滥侵袭平原。

不过，大禹时代要挖一条人工河，其工程量是不可想象的。大禹很可能是对天然河道进行成功疏通。"东别为沱"是古蜀人治水的总结，是我们祖先智慧的结晶。几千年来，成都平原的水利工程始终遵循着这一伟大的治水理念。

蚕丛：从峡谷走向平原

古蜀历史从营盘山出发，古蜀文明由治水生长。

如果说鲧、禹在蜀地治水的传说如顾颉刚先生所言，"是一个真说而不是真史实"的话，那么三代蜀王则是真史实。无论古代典籍，还是田野考古，都在不断讲述着灿烂的古蜀文明。不过，与世界任何一种文明一样，古蜀文明也是因水而生，因水而兴。古蜀的文明史就是一部古蜀治水的历史。

蚕丛氏是第一个走向成都平原的蜀王部族。

2010 年春，我与媒体朋友驱车来到成都市西南部的新津县与大邑县接壤的龙马乡宝墩村，在一望无际的绿色田野中，一座远古的城墙遗址断面呈现在眼前，不远处还有人正在用洛阳铲探查地下情况。我也兴之所至，忍不住去打了几铲，盼望能有所收获。

这就是著名的宝墩古城遗址。距今约四千五百年的城墙被发掘出来。

早在 1995 年，考古工作者就在这里发掘出了 60 万平方米的古城遗址；2009 年再次发掘，古城面积竟达到 276 万平方米，规模仅次于长江下游的良渚古城。宝墩古城年代距今四千五百年左右，是成都平原上迄今发现的最早的遗址，其文化由岷江河谷的营盘山发展而来。唐代大诗人李白曾感叹"蚕丛及鱼凫，开国何茫然"，宝墩遗址的发掘，使李白的"茫然"有了较为准确的时间定位，也使古蜀历史发展的脉络逐渐清晰起来。

我国西北甘、青地区，原生活着古老的氐羌民族，后来他们中的一支，向东进入了岷江上游一带的群山峡谷中。其中大渡河流域的哈休遗址，距今五千五百年至五千年。该遗址出土器物既有本土文化因素，也有甘、青马家窑和仰韶文化的特征。大渡河上游北接甘、青，东临岷江，南及凉山和云贵高原，处于文化走廊上的哈休正好融合了黄河上游文明与长江上游文明。

大约在四千七百年前，一个名为"蜀山氏"的族群在叠溪一带繁荣起来。《山海经》《大戴礼记》都留下了它的名称。《史记》还说"蜀山氏之女名曰昌濮，或谓濁（蜀）子"。

在狩猎与采集过程中，蜀山氏学会驯养桑蚕，促进了原始农业的进步，便逐渐演变成蚕丛氏。"蚕丛始居岷山石室。"他们世代居住地就在叠溪附近。2000年以来，考古工作者相继在营盘山、波西、金龟包、波西台地、上南庄、勒石、沙乌都、马良坪等地发掘了十余处新石器时代遗址及遗物采集点，其中，茂县凤仪镇的营盘山遗址的面积最大。该遗址处于岷江东南岸三级台地上，东北面、北面、西面三面环水，东西宽 120～200 米，南北长约 1000 米，总面积近 15 万平方米；从中发掘出了九座房屋、八座墓葬与人祭坑、灰坑一百四十个、灰沟三条、灶坑十三个，还出土了一批细泥红陶为主的陶器，值得注意的还有原始农耕工具和炭化了的粟、黍，说明旱地农业已经发展，这与有关蚕丛种植高山农业的记载是吻合的，说明在五六千年前，古蜀文明已经在岷江边生长出来。

汉代时，这里属于蜀郡蚕陵县，治所就在叠溪。清人陈登龙《蜀水考》说岷江"南过蚕陵山，古蚕丛氏之国也"。可惜，1933 年的大地震将蚕陵古城沉进了深渊。但这里正是岷江水由洪荒进入文明的肇端。至虞夏时代，蚕丛氏顺着岷江的流径向成都平原开拓，沿途留下了许多文明的足迹，明人曹学铨《蜀中广记·名胜记》所载的古地名，如蚕崖关、蚕崖石、蚕崖市等，初步勾勒出蚕丛氏下山的路线。

时间伴随着蚕丛氏的脚步，终于，他的部族在平原江河之间的台地上找到了落脚点，并且陆续建立起了新的聚落。宝墩遗址便是蚕丛走出大山后，在平原上建立的政治中心。此外，考古工作者 20 世

90 年代还陆续发现了郫县古城村、温江鱼凫、都江堰芒城、崇州双河及紫竹村、大邑盐店与高山等一批古城遗址，它们都属蚕丛氏留下的宝墩文化。2016 年，考古人员还在大邑高山古城遗址发掘出一百一十六具人骨，其中从十具人骨口中拔出了上颌侧门齿，同时还在以西北风格为主的城池内发掘出长江中游风格的陶豆。这说明蚕丛氏不仅在成都平原站稳了脚跟，而且和长江中游地区已经有了交流。

从山区进入平原，蚕丛氏与洪水进行了顽强的搏斗。这从宝墩文化遗址群的选址和城墙的夯筑可以看出。蚕丛时代的古城均分布于平原西部边缘的冲积扇鱼脊台地上。这些台地"远支流，近干流"，既便于渔猎和生活取水，又能避免水患，并且城内地面都高于城外。而筑城时，城墙长边与河流的西北—东南走向完全一致，城址呈不规则的长方形，很利于防洪。城墙建筑采用"双向堆大，斜向拍夯"的办法，墙体角度在 30°～40°之间，有的遗址还筑了内外两道城墙。以宝墩古城为例，部分外墙体如今残宽还有 15～25 米，残高 1.5～4 米不等。城外有一条 10～15 米宽的壕沟。或许这壕沟正是古代的一条河流，因为在城墙断面的最下层，明显有河流冲刷后留下的淤泥。这表明这样的城墙防御敌人的功能在次，防御洪水袭击是更主要的。这一点从郫县古城看得更清楚，其城垣用了大量鹅卵石，防洪功能非常明显。

宝墩文化遗址群的发现，说明蚕丛氏不仅对水有充分认识，知道如何利用丰富的水资源为人类服务；而且已初步懂得如何防洪。这是成都平原治水文化的开始。

古蜀文明史由此翻开了第一页。

柏濩：最悲壮的治水英雄

柏濩是古蜀史上第二代蜀王，其治下的王朝也是最神秘的一个。柏濩和伯鲧有什么关系？这是思考古蜀历史时提出的一个很有趣的问题。

柏濩，又称柏灌，是三代蜀王中最不为人知的一代。几乎所有史书都对柏濩语焉不详。唯汉扬雄《蜀王本纪》、晋常璩《华阳国志》、六朝《文选·蜀都赋》有简单记载。扬雄说："蜀王之先名蚕丛，后代名曰柏濩，后者名鱼凫，此三代各数百岁，皆神话不死，其民亦颇随王去。"在这里，三代蜀王俨然成了前后承袭的关系，而且各自都延续了数百年。然而，这一观点却不被现代史学家赞同。

虽然柏濩湮没在历史的深处了，但从现代考古发现和民间神话与传说中，依然可以寻觅到一些蛛丝马迹。三星堆遗址第一期和第二期之间有一个明显的变化，有学者提出，柏濩的文化遗存可能就隐藏在其中。也有学者根据扬雄将"柏灌"记载为"柏濩"来推定，柏灌原本是古蜀蚕丛的一支，因逃避战争迁徙至彭州白水河与白鹿河流域。这一带多柏树、白鹤，有丰富的铜矿和玉石、陶土可满足日常生活需用。因环境变迁，这些蚕丛氏人便将部族的名称改成了"柏鹤"，并且以白鹤作为部族新的图腾。鹤与濩音相近，所以扬雄把柏鹤写成了柏濩。后人则又把柏濩误读成了柏灌。从三星堆出土的某些青铜器和玉石上有鹤的造型看，柏濩真有可能是彭州一带的柏鹤，其势力范围除了彭州，还包括郫县、什邡等地。三星堆遗址一、二期之间也许就是柏濩王的遗存。另外，既然三星堆早期跟蜀王蚕丛有关，又为什么不可能与柏濩部落有关？

也有人认为柏濩其实叫"泊灌"，是一个善于治水并以农业灌溉为主的部落。

与治水有关，还有学者从柏灌联系到传说中的鲧，认为治水失败的鲧就是柏灌。颛顼称帝后，封鲧为崇伯，故而鲧又称伯鲧；而伯鲧的封地"崇"就是今崇州市。所以柏灌就是伯鲧。距崇州不远的温江区寿安镇长青村有一土冢，当地人称之为八卦山。几年前油菜花开的季节，我与几位作家朋友去川西平原春游，在一片金黄中看到一块绿色的土包，高约3米，面积有数亩，土包长满了杂草和稀疏的树木。

村民之所以称之为山，大概缘于它的神秘性。据民国《温江县志》载，此山世代相传为柏灌王墓。八卦乃是柏灌的讹音，而柏灌又与伯鲧音近。八卦、柏灌、伯鲧三个词，若用当地方言说出来，很难让人辨清。因此伯鲧即是柏灌一说颇有些道理。

如果这个观点不谬，宝墩文化遗址群中或许就已经包含了柏濩遗存；再联系到《世本》所记载的"鲧作城郭"的说法，更能说明这一点。这些遗址的城墙符合鲧以"堵"为主的治水手段。可能是柏濩遭遇了千年难遇的大洪水，导致了"负命毁族"，后世史官便有意将柏濩抹掉，仅在民间神话中保留下鲧的悲剧。此说在《山海经·大荒西经》还能找到佐证："有鱼偏枯，名曰鱼妇，颛顼死即复苏。"好像是说，颛顼强大的时候，鱼妇尚处于弱势状态，到颛顼部族没落后，鱼妇才发展起来。鱼妇即鱼凫。从柏濩即伯鲧的视觉来理解，在鱼凫强大之前，兴旺的正是颛顼部族的柏濩。这也恰好印证了许多学者的观点：蚕丛、柏濩、鱼凫并非前后更替，而是时代大致相同的三个部族的王。

柏濩果真是伯鲧的话，那么，柏濩就是三代蜀王中最悲壮的治水英雄。柏濩以自己的牺牲，为后人治理成都平原水患提供了惨痛的教训。

鱼凫：最后胜利的治水英雄

鱼凫是三代蜀王中最后的胜利者。

1986年，在距成都城约40公里的广汉南兴村，考古发现了震惊世界的三星堆遗址。考古人员在两个祭祀坑中发掘出了大量的青铜器、金器、玉器、陶器及象牙、海贝等。这些器物制作之精美自不待说，而且许多器物的造型或图案都有长喙带钩的鸟的形象，如高40.3厘米的青铜鸟头、数量众多的鸟头勺柄、以及青铜树上的立鸟。这不是普通鸟的形象，而是鱼鹰，即四川人称的鱼老鸹；金杖上的图案则是一条鱼、一只鸟、一支箭、一张人脸。这些图案都形象地说明了三星堆人种族的来源。这无疑就是传说中的鱼凫！

在开发成都平原的过程中，鱼凫与蚕丛、柏濩先后发生了兼并战争，最终由鱼凫统一了成都平原，建立起第一个强大的古蜀王朝。《华阳国志·蜀志》载："有蜀侯蚕丛，其目纵，始称王。"

从三星堆文物的数量、规模以及器物的精美程度看，都表明了鱼凫王朝强大的经济实力。这个以鱼鹰为图腾的部族，来到成都平原后，除了从事渔猎之外，农业生产也取得了长足进步。农业是鱼凫从柏濩那里继承来的传统，因为柏濩原本是处于平原边缘的土著，是他们最早在平原上划开了农耕的第一犁。

本身知悉水性的鱼凫，在从事农业耕作中更懂得如何利用水与防止水害。三星堆城址定位再次表明了鱼凫与水的密切关系。城址北临鸭子河，牧马河由西向东穿过全城。鱼凫把城址建在两河之间，显然是为了生产与生活的方便。而对于可能发生的洪涝，也采取了防范措施。考古人员在三星堆清理出了部分城墙遗址，东段长 1800 米，南段长 180 米，西段长 600 米，断面梯形，内外侧墙多贴土，为人工夯筑。几年前，我与人文地理作家萧易特意去查看了这段城墙遗址，发现残墙上全都长满了杂草与灌木。想当年，这高大墙体所具有的防洪功能是显而易见的。我们拨开杂草，内城墙下有陶片遗存，外城墙基下至今保留着清晰可见的被水流冲刷过的痕迹，据说淤沙堆积厚度达 1 米以上。

古时候治水即是治国。为了促进农业增长，治水必定成为鱼凫王国的第一要务。然而，关于鱼凫治水，重要的史籍，如《蜀王本纪》《史记》《华阳国志》《水经注》等都没有记载，只有唐人卢求在《成都记》和宋人罗泌在《路史·前记》中保留了五个字："鱼凫治导江。"导江，即今都江堰市导江铺，在成灌高速公路南侧。唐李吉甫《元和郡县图志》："导江县，本汉郫县地，武德元年于灌口置盘龙县，寻改为灌宁县，二年又改为导江县，取《禹贡》'岷山导江'之义也。"导江铺在南齐时又称都安县，如今属于灌口镇。因城市化进程，这个历史上的县城小镇已完全融进了都江堰市区。古人特地在这里设县进行管理，充分说明此地的重要。事实上，岷江正是在这里彻底摆脱了大山的束缚，开始向平原上无拘束地漫延，因此导江铺从来就是平原上治水的起点。古蜀人常把"东别为沱"的分洪处设在这里。今天位于导江铺西南面不远的岷江，似乎依然在述说远古时期这里曾上演过的治水故事。

汶川仿成都羊子山建的大禹祭台　张义奇摄

鱼凫治理导江，显然也是为了岷江分洪，以此来保障农业生产和人的生命安全。正是鱼凫对岷江的治理，有力促进了成都平原农业的发展，也为鱼凫王国打造灿烂的三星堆文明奠定了坚实的经济基础。

然而，辉煌的鱼凫王国在兴旺了数百年后，却在一夜之间突然消失了。有学者猜测，鱼凫在派军队参与周武王伐纣时，国都被以前的宿敌联合起来攻灭了；也有人认为是大洪水毁灭了三星堆。如果是后者，那就真应验了司马迁那句话："甚哉！水为之利害也。"水能兴邦利国，水也可以废都害国。

水的利与害，在古蜀历史上还将会继续上演新的大戏。

杜宇：古蜀农业与水利科技专家

三代蜀王之后，古蜀历史进入了外来政权统治时期。杜宇是古蜀的第四代蜀王。他是来自云南昭通一带的濮人，善于农耕，后世尊之为农神。杜宇运气不佳，最后不仅丢了王位，还在一些史书中落下治水无力的千古恶名。但民间将杜宇尊为大慈大悲的农神，每到春天便化为杜鹃鸟催人耕种。

都江堰宝瓶口上游岷江畔，有一座驰名中外的二王庙。在2008年"5·12"汶川大地震中，二王庙遭遇严重损毁，如今已是重修庙宇，再塑金身。李冰作为先秦时代的一位杰出治水英雄，在此享受后人的香火已经有一千五百多年。

但是很少人知道，二王庙在供奉李冰之前，原为望帝祠，供奉的就是古蜀的农神杜宇。南朝时期，齐明帝建武元年（494），时任益州刺史的刘季连不知头脑中哪根神经搭错了，居然命人将望帝祠迁移至郫县与丛帝祠毗邻，而都江堰的望帝祠则被更名为崇德庙，从此成了祭祀李冰的庙宇。到北宋庆历元年（1041），郫县知府赵可度干脆又将郫县望帝祠与丛帝祠合而为一，名曰望丛祠。开明曾夺了杜宇的江山，二王本是仇敌。刘季连生拉活扯地将二王拽在一起合祀，或许是出于对二帝相同的敬仰。殊不知，在有意无意之间误导了历史，将杜宇治水的功绩给一笔勾销了，这是很令人遗憾的。倒是宋人陈皋在《杜宇鳖灵二坟记》中，借人之口对杜宇作了准确评价："昔者七国相血，生民肝脑涂地。独杜宇亡战争之竞，有咨俞之求，以拯斯民。虽鳖灵成洪水之功，微宇不立。议其贤则杜宇居多，载其烈则鳖灵为大。"

都江堰自远古以来就是成都平原治水的起点，杜宇是蜀地人民世代祭祀的农神。秦汉时期人们之所以把望帝祠立于岷江之滨，唯一的理由是除了农耕之外，蜀王杜宇还对治水有过重大贡献。因此，真实的杜宇应该是古蜀史上身兼农业与水利双重身份的科技专家。

杜宇是来自朱提的濮人，朱提为今云南昭通。《山海经·大荒西经》里记载了一个淑士国："有国名曰淑士，颛顼之子也。"淑士，古音即为"朱提"，即是说杜宇本是颛顼后裔，而颛顼对水是有研究的。杜宇对水的认识或许就有"家学渊源"。

来到成都平原后，杜宇娶了江源（崇州市）梁氏部落一个叫"利"的女子为妻。《蜀王本纪》载："后有一男子名曰杜宇，从天降，止朱提。有一女子名利，从江源井中出，为宇妻。乃自立为蜀王，号曰望帝。"这位从"井中出"的利，有可能是江源，即今崇州一带的部落女首领，杜宇与她联姻，结果大大增强了实力，最后击败鱼凫而成为古蜀史上的第四代蜀王。

史籍有关杜宇治水的记载不多却很明确。《水经注·江水》载："江水又东经巫峡，杜宇所凿以通江水也。"《成都记》称："杜宇都郫邑，常导合江流，治蒲泽捍御水患。"两则史料说得很明确，杜宇开凿了巫峡，让江水通过，而且杜宇还定都郫邑，并经常分流引导江河，使一些沼泽湿地得到了治理。这里的巫峡，可能是指玉垒山，巫与玉通；也可能是金堂峡，绝不可能是长江巫峡。实际就是指杜宇实施"东别为沱"的分流洪水，"常导合江流"则说明杜宇能够根据江水流量和农业生产实际情况，经常性地调整江河。足见杜宇的治水技术已经相当成熟。

杜宇依靠治水取得了农业的繁荣，从而奠定起王朝雄厚的基业。《华阳国志·蜀志》称其地域："以褒斜为前门，熊耳、灵关为后户，玉垒、峨眉为城郭，江、潜、绵、洛为池泽，以汶山为畜牧，南中为园苑。"地域几乎包括了四川大部和陕西、贵州、云南的一部分，其实力之强盛可见一斑。

然而，杜宇时期成都平原的洪水实在太过频发，致使其都城始终在瞿上或郫邑游移不定。清陈祥裔《蜀都碎事》有云："古郫城即郫县，杜宇都此。"尤其是杜宇晚期，可能因为大地震，造成河流滩堵或改道，岷江出水口水量大增，从而引起平原上更严重的洪涝，致使农田冲毁，民不聊生。已经"积百余岁"的末代杜宇不得不求助于另一位外来的首领。其结果便是最终导致了王朝的终结。

关于杜宇的灭亡，史家都喜欢用禅让来掩饰。其实中国历史上任何一个王朝的更迭都充满了血腥味，古蜀也不例外。著名神话学家袁珂先生《中国神话传说》第八章第十条注释记录了民间有关杜宇的故事，说岷江有条恶龙，常常祸害百姓，但恶龙的妹妹正直善良，在群山中开了个缺口泄洪，使恶龙无法逞威。恶龙遂将龙妹关在笼里。杜宇治水四处向人请教，一仙翁告诉杜宇，治水必须要打败恶龙救出龙妹。于是杜宇与龙妹合力，用仙翁赠的竹杖打得恶龙大败而逃。人民感激杜宇治水有功，便推举他做了国君，龙妹也成了王后。谁知杜宇遭到伙伴忌妒，那坏人竟然与恶龙勾结设计谋害了杜宇。这则神话暗合杜宇的三个重要事项，第一是娶"井中女"为妻的史实，第二杜宇是善于治水的农耕首领，第三杜宇的王位是被人夺了的，而并非主动禅让。

鳖灵：凿通金堂峡的"总工程师"

成都北部的金堂县城，十多年前还不时有被水淹的消息。记得1988年我到云顶山去开成都市长篇小说讨论会，刚到赵镇就遭遇洪水袭击。不到一顿饭的工夫，城区水已经淹过小腿。暴雨过后沱江不能及时排泄，洪水只能向城区漫延。

沱江从川西北九顶山南麓发源，流经金堂县赵镇，接纳了毗河、青白江、湔江、石亭江，向东数公里突然东插入龙泉山腹地，开凿出风光秀丽的金堂峡谷，即由鳖灵峡、明月峡、九龙峡组成的沱江小三峡。这里是成都平原的最低处，平均海拔不足400米，而入口处的鳖灵峡高山耸立，江面狭窄，每发洪水，赵镇即成泽国。2001年，政府投资1.5亿元，耗时三年，将最窄处的40米拓宽到90米。之后，再

一、溯源：走出上古泽国的治水英雄

· 23 ·

没有水淹赵镇的消息传来，2018年的大洪水是个例外。

据史书载，鳖灵峡即为鳖灵所开。《蜀水经·沱江》说："沱江又东南出金堂峡……亦云鳖灵所凿，谓之金灌口。"这位凿峡的鳖灵便是杜宇末年领导蜀地治水的"总工程师"。

鳖灵原是荆人。《蜀王本纪》载："望帝积百余岁，荆有一人曰鳖灵，其尸亡去，荆人求之不得。鳖灵尸随江水上至郫，遂活。与望帝相见。望帝以鳖灵为相。时玉山出水，若尧之洪水。望帝不能治，使鳖灵决玉山，民得陆处。鳖灵治水去后，望帝与其妻通。帝自以德薄，不如鳖灵，委国授鳖灵而去，如尧之禅舜。鳖灵即位，号曰开明帝。"《华阳国志·蜀志》也有类似记载："荆人鳖灵死，尸化西上，后为蜀帝。"

这些史料显示了杜宇政权易主的过程。荆人鳖灵的尸体被扔进大江后没向下游漂去，而是往上游浮来，并在蜀地神奇地复活了。抛开神话外衣，鳖灵很可能是荆地一个居住在水泽边的部落首领，以鳖为图腾。然而，某一天鳖灵部落与其他部族爆发了战争，鳖灵战败，逃到长江上，率族人溯江而上，最后来到成都平原。

但历史上鳖灵西迁应该是一个漫长的过程，甚至经历了不止一代鳖灵王。他们先到达黔北（今遵义又名鳖邑）地区，在此融合了夜郎国的一些小部落，然后渡过赤水河进入川南，并在南安（乐山）和僰道（宜宾）留下了遗迹。《水经注·江水》称南安是开明"故治"；《华阳国志》说"僰道有故蜀王兵栏"。

鳖灵在川南就开始治水。其成就曾引起了中原诸国的注意，还有人不远千里来向鳖灵取经。《竹书纪年》称："梁（魏）惠王十年，瑕阳（今山西安邑）人自秦导岷山青衣江来归。"鳖灵在川南凭着治水业绩，积蓄起强大的实力。之后，便叩响了成都平原的大门。此刻，末代杜宇王正被洪水愁得焦头烂额，面对鳖灵逼近，实在没有胜算的把握；加之鳖灵治水闻名遐迩，正是蜀国急需的人才，于是双方达成妥协，杜宇准许鳖灵部入蜀国境内安顿，并以治水作为前提条件，再拜鳖灵为相。

但谁也没料到，鳖灵治水走后，杜宇竟与鳖灵妻发生了婚外情。这就犯了众怒。鳖灵趁机发动宫廷政变，自立为蜀王。濮人所建立的杜宇王朝就这样被荆人的开明王朝取代了。所谓的禅让，在私有制已经很发达的阶级社会纯属无稽之谈。只不过是史家为杜宇被迫退位制造的美妙说法；而所谓的私情，笔者怀疑，可能彻头彻尾就是鳖灵为杜宇设下的美人计。

鳖灵治水依然秉承了"东别为沱"的理念。《岷阳新庙望丛古帝碑》碑文明确说："肆决东沱，复禹旧迹。"鳖灵治水具体的大工程有两处，一是《蜀王本纪》所说是"决玉山"。即《华阳国志》说的玉垒山："会有水灾，其相开明决玉垒山以除水害。"此山系由东北向西南延伸至茂、汶的龙门山脉的一部分，又叫茶坪山，是岷江进入成都平原的最后一道屏障。自大禹开始，"东别为沱"的工程就在这里展开。鳖灵"决玉垒山"也就是在这个平原的"脊骨"上开凿一道人工河，把岷江多余的水分流向东。

当年鳖灵分洪的江沱遗迹现已难觅，有学者认为"肆决东沱"处就是杜宇曾治理过的导江铺。古时这里为都安县，乃是岷江上游一座历史悠久的古城。导江铺的得名则源于"岷山导江"。也有专家称，鳖灵所开江沱，就是今天的徐堰河。还有一种观点则认为"决玉垒山"是疏通因地震形成的堰塞湖，具体位置有两处，一是彭州市海窝子湔江的关口；二是都江堰灌口，即宝瓶口。若此说成立，那都江堰的历史就还要往前推三百多年。

鳖灵治水的另一大工程是"凿巫峡"。东汉人来敏《蜀本纪》里说："时巫山雍峡而水不流，帝使令（鳖灵又写作鳖令）凿巫峡通水，蜀得陆处。"学者普遍认为这巫峡即是指金堂峡，且有《蜀水经·沱江》和《舆地纪胜》等古籍为证。尤其《舆地纪胜》说得明白："巫山壅江，蜀地潴水，鳖令遂凿山峡，开广汉金堂江，民得安居。"鳖灵在分岷江洪水的同时，又疏通了金堂峡，使岷江流经成都平原的洪水有了两个出口。只有这样，才可能真正实现"民得陆处"。成都平原的河流都呈西北—东南走向，可是龙泉山却横亘在东面和南面。河流只有西南和东北两个出口。西南的新津河谷出口很宽，而东北面的金堂峡口却很狭小，"肆决东沱"分洪出来的江水在这里徘徊不畅，甚至形成回流。因此，鳖灵的"东别为沱"，首先要疏通的就是金堂峡。

但史载的由鳖灵"凿"峡不可信，疏通则是肯定的。来敏说"巫山雍峡"的这个"雍"，道出了鳖灵治金堂峡的秘密。"雍"是堵塞之意，鳖灵疏通了因洪水裹挟杂物而堵塞的峡口，从而消退了洪水。

鳖灵给金堂峡留下了诸多遗迹。峡江南岸山石上有一刻凿的足印，传说为鳖灵迹。峡中以前曾经还有座三皇庙，祭祀"水三王"。据清嘉庆《金堂县志》称，那尊形象狰狞的神像即是鳖灵。我一直在想，民间为鳖灵塑像为何要把他刻画得面目狰狞，大概是包含了人们对杜宇被鳖灵逼迫"下课"的同情。事实上，两千多年来，民间一直流传着杜宇死后化鹃的传说，故事凄美动人。"望帝春心托杜鹃"，人们颂扬更多的是杜宇。

可惜，如今三皇庙已无踪迹，倒是金堂县至今流传着"炳灵庙""鳖灵与开明兽"等诸多民间故事，还为鳖灵峡保存着几多历史文化氤氲。

鳖灵治水使成都平原恢复了生机。"得以陆处"的古蜀人感念鳖灵，无论他通过禅让还是宫廷政变上台，人们都纷纷拥戴这位外来的治水英雄。于是，鳖灵取代杜宇，建立了新的王朝，以后"帝生卢保，亦号开明"。又经过了卢帝、保子帝等几代开明王的经营，成都平原逐渐被开发成了水旱从人、出产丰腴的天府之国。开明王国也因此成为与中原诸侯国并驾齐驱的国家。于是从开明五世起，便仿照中原礼乐，建立宗庙，正式定都成都。

然而，开明传十二世，历时三百多年，却因蜀国治水的业绩而成为虎狼之秦最早觊觎的诸侯。

二、从聚落到王都：治水业绩与遗迹

"一年成聚，二年成邑，三年成都"，这是对成都城市形成历史的准确概括。在成都从聚落到王都的漫长岁月中，水一直扮演着重要角色。蚕丛时期，人们先后在哈休、营盘山等地，就积累了与洪水搏斗的初步经验。来到平原后，又历经宝墩、三星堆的开拓，防洪和利用水的技术都进一步加强了。从鱼凫后期，古蜀人就开始在平原中心地区即成都一带游移不定地寻找建都地址。《蜀王本纪》云："蜀王据有巴蜀之地，本治广都樊乡，徙居成都。"《华阳国志·蜀志》也说杜宇："移治郫邑，或治瞿上。"从金沙遗址的发掘看，杜宇曾经一度定都金沙，因为水患，不得不在今郫县和双流一带迁徙。直到开明五世才"自梦郭移，乃治成都"，实现了历代蜀王魂牵梦绕的定都成都的愿望。因为这时，成都平原中心的治水工程已取得决定性胜利。

市区发掘出的多处古蜀遗址都是治水留下的成就。

临水而建的十二桥吊脚楼

横贯成都市区东西的蜀都大道，有一段路叫十二桥路。十二桥路东连通惠门路，曾是古代少城西门所在；往西去约两三公里就是名扬世界的金沙遗址。如今十二桥一带道路宽阔，车辆川流不息，俨然现代化都市气派。然而透过数千年历史的迷雾，这里呈现的却是另一番远古文明的景象：翠绿色的平原一望无际，树林、灌木延伸到天边；

古郫江和古检江从这里并流而过，古犀角河、摸底河等众多支流河道纵横分布在原野中。在河汉之间的台地上，矗立着与河流方向一致的聚落建筑。原来，这十二桥一带是古蜀人的居住区，也是成都最早的"市"。

1985 年，考古人员在这里发掘出了距今三千七百至两千八百年前的大型古蜀建筑遗址。整个遗址面积超过了 5 万平方米，其中将近 1 万平方米为木结构建筑。在这些木结构建筑中，人们发现有不少长度超过 10 米的地梁；地梁上有方形和圆形卯孔，洞孔整齐对应，说明上部有大型梁架。专家推测这是一处宫殿类建筑，与此配套的是大面积的房屋。从建筑规模看，十二桥地区可能是古蜀聚落中心，是人口高度密集的政治、经济和文化中心。

考古人员对十二桥遗址的建筑进行了复原，展现出的房屋是双层木结构"干栏式"建筑。底部以密集的木桩作基础，桩柱上横架地梁，梁上铺地板，上面再以竹木搭建房架，墙壁为竹篾编织，表面抹泥，房顶盖茅草。这种悬空构屋就是"居处不着地"的"干栏式"建筑。干栏式建筑原本是我国南方少数民族的建筑形式，由"巢居"演变而来，在河姆渡遗址以及良渚文化中均有发现，是古人为适应山区地势高低不平而发明的，运用到平原地区则是为了防止洪水和潮湿的侵袭。郫县古城和温江鱼凫城遗址也都采取这样的建筑方式，表明古蜀人随时都在与洪水抗争。干栏式建筑的传统在成都地区被保留了数千年，直到 1992 年府南河整治工程实施之前，两河沿岸还能看到许多立于水边的吊脚楼（又称高脚屋）。而十二桥遗址中干栏式建筑的发现，表明在杜宇时代，成都中心城区已经开始形成。这是古蜀人长期与洪水搏斗的结果。同时，这些被洪水冲毁的远古吊脚楼也说明，此时的治水还方兴未艾。

方池街用竹笼石埂镇水护岸

如果说干栏式建筑是对水的被动防范，那么竹笼石埂则是古蜀人对水的主动抵御，体现了创造性治水的文化精神。

今成都市中心城区是古郫江与古检江流经的区域，尤其城西一带是古郫江直接流经的地方。古代成都两江，面宽水大，每逢夏日更是洪水滔滔。但两江沿岸又是人口密集的市区，为了防止洪水泛滥，古蜀人不得不在河岸修堤筑坝，导分洪水。竹笼石埂便是古蜀治水过程中的一项重要发明。

1985 年，人们在方池街建设四川省总工会大楼时，人们发现了川西地区最古老的防水、分水、护岸水利工程。挖出了三条呈工字形分布的石埂，西埂长约 40 米，宽 1.2 米；中埂长 26 米，宽 3 米，东埂则由四条小埂组成，宽达 4 米。三条石埂为西北—东南走向，与成都江河流向完全一致。其考古年代为杜宇后期，即春秋末年或战国初期的治水遗址。

石埂系大小不同的卵石组成，由竹笼固定。考古工作者在卵石下找到了不少 3~5 厘米的碳化竹片，表明这就是竹笼石埂。过去人们一直认为竹笼石埂是李冰修筑都江堰水利工程的一项发明，方池街遗址则证明，古蜀人早就发明并娴熟地使用了这一治水技术。

还有一个值得注意的现象是，在两埂交汇的石埂下出土了一个陶制的猪龙，长约 14 厘米。陶龙表面有一层白色的水垢，表明陶龙是被人刻意放下去的，其镇水的意思昭然若揭。龙作为中华民族的图腾，在水文化中具有重要的象征意义，既可呼风唤雨，又能镇住洪水，是神兽。李冰后来在都江堰立三石人镇水或许正是受了古蜀人的这一启发。

除了方池街之外，原成都军区第三招待所地下也发现过竹笼石埂，而在市中心的指挥街则发现了木桩堤坝工程。从该遗址共挖出六根木桩，直径 7～10 厘米不等，其中五根排列呈直线上，与水流方向一致。木桩下部呈尖形，是人工打桩插入地下的。木桩堤坝是为加固竹笼石埂服务的。

竹笼石埂与木桩堤坝的发现，说明开明时期治水技术已日臻成熟。有研究表明，到开明王朝中期时，今成都市中心城区治水已经大见成效，方池街遗址第三层，十二桥遗址第八层，即干栏式建筑以上的堆积物中已经没有洪水冲刷的痕迹。这就为都市的形成奠定了坚实基础。

竹笼石埂是古蜀人民一项伟大的发明，此项技术后来被李冰大力运用，成就了千古不朽的都江堰水利工程，直到今天还在使用。古代蜀郡人还把竹笼石埂推广到中原去治理黄河，并且取得了巨大成功。据《汉书·沟洫志》载：建始四年（前 29），"河果决于馆陶及东郡金堤，泛溢兖、豫、入平原、千乘、济南，凡灌四郡三十二县，水居地十五万顷，深者三丈，败坏官亭室庐且四万所。御史大夫尹忠对方略疏阔，上切责之，忠自杀。遣大司农非调调均钱谷河决所灌之郡，谒者二人发河南漕船五百艘，徙民避水居丘陵，九万七千余口。河堤使者王延世使塞，以竹落长四丈，大九围，盛以小石，两船夹载而下之。三十六日，河堤成。上曰'东郡河决，流漂二州，校尉延世堤防三旬立塞。其以五年为河平元年……惟延世长于计策，功费均省，用力日寡，朕甚嘉之。其以延世为光禄大夫，秩中二千石，赐爵关内侯，黄金百斤。'"这是用竹笼石埂技术治理黄河的一次辉煌实践。实施者王延世，据《华阳国志》记载为资中人。因为他生长在蜀郡，对竹笼石埂治水颇为熟悉。他以这个有效的治水技术驯服了黄河，获得了汉成帝的提拔重奖。

金沙都城：古蜀治水的丰碑

磨氏河从郫县两河口分走马河水，向东南一路蜿蜒而来，流经成都城西，在二、三环路之间，静静地淌过金沙，继续往南，最后在送仙桥汇入锦江。金沙段的磨氏河两岸茅草丛生，鸟语花香，如今是金沙博物馆内的另一道风景。

我的记忆中，金沙还是几十年前那成片的农田，磨氏河比今天要宽许多。那时哪里会想到这里会变成一片繁华的城区，更想不到早在三千年前，这里就是辉煌的王都。杜宇灭了鱼凫后，三星堆被废弃，古蜀国的政治、经济、文化中心逐步转移至成都城西古郫江岸边。杜宇初期以金沙为都城建立杜宇王朝，后因洪水袭击，加之鱼凫残余势力的反抗，迫使杜宇迁都。以后经过鳖灵的长期治水，直到开明五世，古蜀人才在杜宇故都金沙重立宗庙，正式建都。金沙都城是古蜀人治水后所取得的最辉煌的成果。

刻在巨石上的治水秘诀　张义奇摄

2001 年，金沙村基建工地上传来消息：三星堆之后，古蜀文明的另一个遗址以惊人的辉煌展现在人们眼前。在分布于磨氏河两岸约 5 平方千米的范围内，不仅发掘出了大量房址、陶窑、墓葬、灰坑、象牙堆积坑等遗迹；更重要的是出土了罕见的珍贵文物，包括数以千计的金器、铜器、玉器、象牙、石器、骨器、木器以及数以万计的陶器、陶片。两百余件金器中，以金面罩、射鱼纹金带、鸟首鱼纹金带、蛙形金箔、喇叭形金器最引人注目，特别是太阳神鸟金箔，厚仅 0.02 毫米，外径 12.5 厘米，内径 5.29 厘米，中间十二个旋转齿状光芒，象征太阳公转一年十二个月，周围四只镂空神鸟，则代表一年四季。每只鸟有三足，与《山海经》《淮南子》等古文献记载的“金乌负日”的神话一致，反映了古蜀人特殊的日神崇拜。太阳神鸟制作之精美令人惊叹，如今它不但作为成都悠久历史文化的象征，而且被国家文物局确定为中国文化遗产的标志。

金沙还出土了一千五百余件精美的青铜器，以及两千余件玉器、石器；而成吨的象牙，保存之好，数量之多，更是令人叹为观止。

金沙遗址与同时期的十二桥以及更早发现的羊子山土台，共同形成了一个完整的古代国家都城的结构。经过长期的治水，江河之间的成都市区已经完成了从中心聚落向古代都城的转变。

至此，古蜀人从哈休、营盘山到宝墩、三星堆、金沙，一条清晰的治水下山的路线被考古发现完整地勾勒出来。古蜀文明从岷江河谷发轫，终于在成都生根开花并发扬光大。

建在平原广阔水网上的王都

成都作为蜀王国都，仅是一座自由都市，而并无城。有“市”无“城”是秦灭蜀之前成都的特征。《管子·度地》云：“内为之城，内为之阔。”城是指围墙以内广阔的地方。“市”则是商品交易的地方。有墙包围的交易场所，就叫城市。因此，成都在秦以前只是有市无城的王都，即自由都市。所谓自由都市，著名历史学家徐中舒教授称，它原本是边境上没有城防建设的自由市场，后来定居的人多了，自由市场就成了自由都市。从金沙遗址出土文物看，金沙文化是三星堆文化的延伸。但金沙与三星堆有一个显著的不同，就是金沙遗址至今没发现城墙。此外，黄忠小区、十二桥一带作为成都城市最早的雏形区域，也没有发现古蜀时代的城墙；而各遗址的分布不成规矩，没有中轴，可见成都城市在形成之初就与中原城市的布局迥异，成都城市是依江河地势的走向而建。这一方面是因为城市原本就是散漫的自由市场，另一方面同时也是更重要的原因是山川形势决定了城市的面貌。

从自由市场到自由都市，再到蜀王都城，成都一直沿袭着不设防的传统。成都不设防可以有多种合理的解释，首先是多水造成了筑城的艰难。众多的江河如渔网一般在平原撒开，要在河汉之间修筑王都规模的大城，其困难是可想而知的，这从后来张仪筑城的不易就能看出。其次，筑城妨碍了便利的水运。古蜀的运输主要靠水运，古蜀人的独木舟往来于江河湖泽极为方便，这是成都形成自由都市的重要因素。若建城墙，则为商品交易造成阻滞。其三，水道虽然不利于城墙建设，但本身也是天然屏障。以水为墙的城市，在古代并不只成都一处，蜀国的临邛（邛崃）、武阳（彭山）、南安（乐山）；巴国的江州（重庆）、枳（合川）、阆中等，都是无"城"之城。其四，古蜀的统治者，从杜宇到开明似乎都没有筑城的习惯。杜宇是濮人，即僰人，乃是荆人的一支，而荆人从来不筑城；开明是地道的荆人，更没有筑城的要求。荆人原本居住在农村公社，聚落四周围以荆棘作防御。定都成都后，都城本已有水为屏障，筑城墙实在不必要了，顶多依照祖先的习惯以栅围城。这就是古书所载的"管钥成都，而犹树木栅于四周"。

一座王都敢于建在平原广阔的水网地带，说明成都的江河已不再是远古的洪荒之水，而是充满了人文精神的文明之水。这文明之水造就了灿烂的古蜀文化，也滋养着千秋后世的今天与明天。

一个使用船形棺材的民族

古蜀人活着的时候不断与水抗争，死后似乎也离不开水。水已经作为一种文化意识融入了古蜀社会的各个角落。

2000 年 7 月，位于中心城区的商业街又有了一个考古发现，人们在四川省委机关食堂的基建工地挖出了古蜀开明晚期的墓葬，考古断定为蜀王的家族墓地，是仅次于三星堆的古蜀文化遗存，据今大约2500 年。这就是被评为当年全国十大考古发现的成都商业街船棺葬。消息一出，各色人等纷至沓来，我作为记者也有幸目睹了工地上的情景：在长约 30 米、宽约 20 米、总面积约 600 平方米的墓坑中，排列着大大小小共十七具因表面脱水而出现裂纹的船型棺木；棺木下还横垫着许多枕木。据介绍，这些枕木都是楠木，而船棺则是桢楠，均由整段桢楠木树干刳凿而成，其中最长一具有 18.8 米，直径 1.7 米，树龄都在百年以上。由于墓葬处于地下水位线以下，经过数千年的侵蚀，船棺表面已经腐朽，但其内木质结构良好，质地依旧较坚硬。船棺中不仅出土了众多的漆器，还有编钟、编磬的木架及鼓、竽等乐器。这些文物的出土，以实物证明了《华阳国志》等古书中所说的开明在成都"立宗庙，以酒曰醴，乐曰荆"的史实，充分说明成都城区这块冲积扇上的洪水通道，在经过杜宇至开明时期的不断治理后，已经成为古蜀人居住的新区域。

这些所谓的船棺，指打开棺盖它们就是一艘艘独木舟。而独木舟对终年居住在江河湖沼之间的古蜀人来说，是捕鱼和交通往来最重要的工具，是他们一生都离不开的。古人事死如事生，坚信阴间与阳间一样有世俗生活，人死后在另一个世界也需要独木舟。所以他们的棺材也需要做成船形。然而船棺葬并不是开明蜀王家族的独享权利，而是临水民族共同的习性。正验证了中国古代"北人骑马，南人乘船"

的说法。北方贵族以他们生前喜爱的车马殉葬，南方贵族自然也要把他们生前的交通工具带走。

事实上，整个巴蜀地区都曾有过船棺葬的历史。在蜀地，除了商业街船棺葬遗址外，蒲江、青白江、罗江、什邡、绵竹等处都曾出土过船棺。2018 年 4 月，考古人员在青白江大弯双元村 7 组发掘出的船棺墓葬群，年代比商业街船棺更早，数量更多，规模更大，共清理出二百六十余座墓，出土了上千件文物，其中包括六百余件纹饰精美的青铜缶、鼎、匜、盆、鬲、甑、甗；还出土了精美的漆器，纹饰图案有仙鹤、树木，以及斟酒、跳舞、射箭的人像。从船棺中出土的人骨，经考古专家分析属于一个成年女性。这就进一步表明，船棺葬不是男人的专利，而是当时普遍的殡葬方式。

一个将棺材都要做成船形的民族，足见水对于他们的深远影响。商业街船棺葬并非古蜀人治水的遗迹，却非常直观地表现了古蜀人与水相知共存的密切关系。

成都城的始创

扬雄《蜀都赋》云："蜀都之地，古曰梁州。禹治其江，淳皋弥望，郁乎青葱，沃野千里。"经过治理的文明之水成就了古蜀国的富裕，也创造了灿烂的古蜀文明。种种迹象表明，定都成都后，开明王朝凭借雄厚的国力，曾经一度萌生过问鼎中原的念头。然而，梦想仅仅是昙花一现。蜀水文化滋润的温柔之乡，无法养育出一代具有雄才大略的君王。相反，便利的蜀都江河却成了古蜀灭亡的祸水。水为之利，水为之害。历史再一次验证了司马迁辩证的水文化观。

决定古蜀命运的一场辩论

公元前 316 年，秦国朝廷发生了一场决定蜀国命运的辩论。论辩双方的代表人物分别是纵横家张仪和大将军司马错。

公元前4世纪，经过商鞅变法而日益强大的秦国开始了扫合六国的统一战争，先取魏国的河西与上郡大片土地，随后又打败了韩、赵、魏、燕、楚五国联军。当时秦国虽胜，但由于中原各国的合纵，使强敌秦军兵戈东指暂时受到阻碍。于是秦人把贪婪的目光转向了相对孤立的西南。秦惠文王即位后一直在寻找灭蜀的机会。史书中所载的"石牛便金"故事就是秦国的一大阴谋。郦道元《水经注·沔水》引来敏《本蜀论》云："秦惠王欲伐蜀，而不知道，作五石牛，以金置尾下，言能屎金。蜀王负力，令五丁引之成道。秦使张仪、司马错寻路灭蜀，因曰石牛道"。秦王抓住蜀王贪财好色的本性，开通了金牛道，为伐蜀做好了准备。

而此时，蜀国却自己为秦国提供了一次千载难逢的机会。

蜀与巴两国原有世仇。蜀王将自己的兄弟苴侯分封至葭萌（即昭化—汉中一带），原本是为抵御巴国。岂料苴侯竟与巴暗中通好。消息传到成都，蜀王大怒，亲率大军讨伐，苴侯不敌，连夜败走巴国。蜀王怒气未消，转而攻巴。巴王恐国破，于是向秦求救。秦国此时正面临韩国来袭，秦惠文王欲先攻韩后伐蜀，却又拿不定主意，于是便召集朝臣议论。

司马迁在《史记·张仪列传》中记载了他的先祖司马错与张仪的这场辩论：

"司马错与张仪争论于惠王之前，司马错欲伐蜀，张仪曰：'不如伐韩。'王曰：'请闻其说。'仪曰：'亲魏善楚，下兵三川，塞什谷之口，当屯留之道，魏绝南阳，楚临南郑，秦攻新城、宜阳，以临二周之郊，诛周王之罪，侵楚、魏之地。周自知不能救，九鼎宝器必出。据九鼎，案图籍，挟天子以令于天下，天下莫敢不听，此王业也。今夫蜀，西僻之国而戎翟之伦也，敝兵劳众不足以成名，得其地不足以为利。臣闻争名者于朝，争利者于市。今三川、周室，天下之

朝市也，而王不争焉，顾争于戎翟，去王业远矣。'

司马错曰：'不然。臣闻之，欲富国者务广其地，欲强兵者务富其民，欲王者务博其德，三资者备而王随之矣。今王地小民贫，故臣愿先从事于易。夫蜀，西僻之国也。而戎翟之长也，有桀纣之乱。以秦攻之，譬如使豺狼逐群羊。得其地足以广国，取其财足以富民缮兵，不伤众而彼已服焉。拔一国而天下不以为暴，利尽西海而天下不以为贪，是我一举而名实附也，而又有禁暴止乱之名。今攻韩，劫天子，恶名也，而未必利也，又有不义之名，而攻天下所不欲，危矣。臣请谒其故：周，天下之宗室也；齐，韩之与国也。周自知失九鼎，韩自知亡三川，将二国并力合谋，以因乎齐、赵而求解乎楚、魏，以鼎与楚，以地与魏，王弗能止也。此臣之所谓危也。不如伐蜀完。'

惠王曰：'善，寡人请听子。'卒起兵伐蜀，十月，取之，遂定蜀，贬蜀王更号为侯，而使陈庄相蜀。蜀既属秦，秦以益强，富厚，轻诸侯。"

两人观点各有道理。张仪认为不该出兵巴蜀，而应向东伐韩，取三川之地，夺象征天下的九鼎，便可挟天子以令诸侯，从而荡平六国。而张仪则错误地认为，蜀国是"西僻之国而戎翟之伦"，没有看到蜀国肥沃的土地和丰厚的财富。司马错正相反，认为蜀国虽处西僻，但为戎翟盟主，又有桀纣之乱，秦国不费吹灰之力即可得到土地、人民和财富。若攻韩劫天子，则势必引起诸侯公愤。据《华阳国志·蜀志》记载，司马错还列举了伐蜀的好处："蜀有桀、纣之乱，其国富饶，得其布帛金银，足给军用。水通于楚，有巴之劲卒，浮大舸船以东向楚，楚地可得。得蜀则得楚，楚亡则天下并矣。"他认为灭蜀不会引起六国注意，更关键的是蜀国地广物丰并有大江直达楚国；有雄厚的后勤保障和强悍的巴国士兵，便可一举灭楚。所以得蜀即得楚，楚亡则天下归一。

二、从聚落到王都：治水业绩与遗迹

秦惠文王深以司马错的分析为然。遂于是年十月派张仪、司马错、都尉墨率大军南下。蜀王亲临葭萌关迎敌，大败退至武阳（今彭山），终为秦军所杀。蜀太子及丞相亦战死于白鹿山（今彭州市）。是年冬，秦军扫平蜀国残余势力，古蜀灭亡。《华阳国志·蜀志》记载了古蜀开明王朝灭亡的过程："周慎王五年（前316）秋，秦大夫张仪、司马错、都尉墨等，从石牛道伐蜀。蜀王自于葭萌拒之，败绩。王遁走，至武阳为秦军所害。其相、傅及太子退至逢乡，死于白鹿山，开明氏遂亡。凡王蜀十二世。"

在治水即治国的上古时期，从蚕丛氏到开明氏，历经两千多年时间，历代蜀王以聪明智慧和不懈努力同水患抗争，最终开发出了丰饶的成都平原，创造了远古辉煌的蜀地文明。他们绝对没有料到，蜀国最终会因为肥沃的土地与便利的水路而成为强秦最先吞并的目标。

濒水之城成都

开明治水不仅"使民得陆处"，而且奠定了成都城市的基础。开明在武担山（即北校场）建王宫，以此为中心，今老城区西部便形成了最早的城市。蜀灭后，公元前311年，秦国所封的蜀国丞相陈壮发动叛乱，被张仪、司马错平定。陈壮兵败被杀。

为镇压蜀人的反抗，秦国采取了一系列措施，其中有几项很重要：一是改蜀国为蜀郡，彻底断了蜀人复辟的念想；二是从关中迁徙秦人入蜀，改变当地人口比例。四川史上第一次大移民中就有汉代著名的富豪卓氏、程郑氏家族。三是筑城。就在剿灭陈壮这一年，成都平原同时建成了三座呈品字分布、互为犄角的城池：成都、郫、临邛。成都城又分为大城与少城。大城先筑，其城北近武担山（原为古蜀王宫所在），南至赤里（今上南大街）。据《华阳国志》载："大城周回十二里，高七丈"；城墙下有粮仓，城上有观楼、射栏。筑城一年后，张仪又在大城西侧再筑少城，将原治赤里的成都县迁移到少城内。

古蜀国各地的聚落原本依江河地势所形成。张仪筑成都城于武担山之南，亦顺河流而建，两条大江从城西和城南并流而过，犹如两条古代的高速公路，把城市与外界密切相连。而城西北、城北、城东，则因筑城取土所致，形成了众多的人工湖，如柳池、天井池、龙堤池、千秋池等。这些人工湖"津流径通，终年不竭"，既方便了农业灌溉，提供了市内交通，又能够为城市泄洪。因而初创的成都便是一座水滨之城。

· 由于张仪是在水网密布的平原筑城，遇到很大困难，城垣屡屡坍塌。干宝《搜神记》载："秦惠王二十七年（前311），使张仪筑成都城，屡颓。忽有大龟浮于江，至东子城东南隅而毙。仪以问巫，巫曰：依龟筑之。便就，故名龟化城。"《元和郡县图志》也载："州城，秦惠王二十七年张仪所筑。初仪筑城，屡颓不立，忽有大龟周行旋走，巫言依龟行处筑之，遂得竖立。"此外，《蜀王本纪》《晋太康地理志》《周地图记》等古籍都有类似说法，某天一只大龟从江中上岸，绕成都爬行了一周。巫师称，这是神龟示迹。于是张仪下令沿龟迹筑城，果然成功。所以成都从此有了一个别号叫龟城。神龟视迹固然是神话，却也足以证明，初创的成都城是在一片泥淖潮湿的土地上建立起来的。因此城形不可能像咸阳城呈方形。还是赵抃《成都古今集》说出了龟城的真相："初仪筑城，虽因神龟，然亦顺江山之形。"

既是依河流走向所建的城，当然城垣无中轴，不规矩。龟城的传说，可能是张仪智囊制造的神话，目的是颂扬张仪的通神能力和筑城的艰难，却也说明了成都与水的关系。

关于张仪筑城，当代史家有不同的观点。《成都通史》就认为，成都城是蜀相陈壮所建。因为张仪率军攻占巴蜀后，于次年就返回关中去了。秦武王元年（前310）他正在游说燕国，在返回途中听说武王新立，因惧怕武王，遂投奔魏国，次年便死于魏国。因此张仪不可能参与成都城建。真正组织建城的陈壮后来参与谋反被诛，于是人们把他的功劳算到了其他人头上。此说很有道理，历史上把一个人的功劳算到另一个人头上的事不胜枚举。

蜀都水香｜依水而生的天府锦城

天府石兽：蜀都古国的治水神器

　　成都市博物馆内展出有一头高 2 米、长 3 米、重达 8 吨的石兽。这是 2013 年 1 月 8 日，考古工作者在天府广场原电信大楼工地上挖出的，是四川地区迄今为止发现的最早的大型石雕。这个浑圆饱满、大头占据了身长三分之二的石兽，似狮又似犀，细看则什么都不是。对天府广场出土的这个"四不像"的大家伙，专家称之为"天府神兽"。至于神兽凿刻的时间和用途却众说纷纭。一直关注石兽出土的谢天开教授认为其是五代时期蜀皇宫门前的瑞兽，是秦惠王送给蜀王的五头石牛之一。依据便是《华阳国志》中"石牛便金"的记载。其实这是断章取义，同一史料还说，石牛运到成都后并没便金，于是惹恼了蜀王，责令退还了石牛："既，不便金。怒，遣还之。乃嘲秦人，曰东方牧犊儿。"石牛不仅被退还了回去，而且还骂秦人是放牛的小子（秦人的先祖的确是为周王牧马的）。既然石牛被退回去了，怎会遗留在天府广场地下呢？

　　也有考古专家说，可能是李冰令人凿刻的五个石犀之一，是作为水则或是镇水的灵物。这当然也是有依据的。《蜀王本纪》说："蜀守李冰作石犀五枚，二枚在府中；一在市南下；二在渊中；以厌水精。"李冰凿了五头石犀，其中有两头放在成都府。《华阳国志》也类似的记载。郫县犀浦就因石犀而名为犀浦县。《元和郡县志》云："犀浦县本成都县之界，垂拱二年（686）分置犀浦县。昔蜀守李冰造五石犀，沈之于水，以压怪，因取其事为名。"李冰凿的石犀究竟是啥模样，所有史料都只说是"犀"。而出土的神兽，模样却既不像犀也不似牛，又怎敢肯定是李冰之物？再从艺术的角度看，神兽的"萌"态也不像是秦汉时之物，而与人类幼年时期的作品更接近。早期艺术家所追求的常常是某种超越物质具象的精神寄托，体现在艺术作品创作上往往充满神秘性。《山海经》的中那些精灵古怪的动物即是如此。"四不像"的天府石兽会不会也是这样呢？

　　既然不能确定这是何种动物，又难断定其年代，那么我们不妨做进一步的猜想。我以为，这石兽既不是秦国的石牛，也并非李冰时代的石犀，而是比李冰还早的古蜀国开明王朝的镇水神兽，它的名字就叫"开明兽"。

　　《山海经·海内西经》对此有描述："海内昆仑之虚，在西北，帝之下都。昆仑之虚，方八百里，高万仞，上有木禾，长五寻，大五围。而有九井，以玉为槛。面有九门，门有开明兽守之，百神之所在。""昆仑南渊深三百仞，开明兽身大类虎而九首，皆人面，东向立昆仑上。"袁珂在《山海经校注》中说，开明兽就是神陆吾。若是陆吾，那它还有一个变化之身："虎身而九尾，人面而虎爪。"原来这开明兽是天帝的守门神，体如虎身，有九个尾巴或九个人面脑袋。

　　可是在民间传说中，这头神兽变化更大。它是蜀王鳖灵的坐骑，因为帮助鳖灵成功治水并夺得王位，故而鳖灵即位以后为报神兽之恩，将国号改为"开明"。然而，这"九头人面或者是九尾的大虫"怎么与"天府石兽"扯得上关系呢？关键就在于它在民间有如孙行者一样的七十二般变化上。据传，鳖灵在登上王位之前，曾遭遇到杜宇大臣丹和的谋害，丹和欲将鳖灵烧死在祖庙中，却不料鳖灵骑着开明兽从火海中冲出。此时的开明兽已不是《山海经》中描写的"九头虎"，而是"马头，虎身，龙尾的瑞兽"。可见这开明兽是变幻莫测的。四川人民出版社 1991 年出版的《成都民间故事集成》所收录的《鳖灵与开明兽》的故事，至今还在彭州市一代的民间流传，其中讲述的开明兽便是前后变化的。

　　神话传说固然不是现实，但其中却透露出一种真实的历史文化信息。开明蜀王是古蜀国的一位治水英雄。他的身后，"得以陆处"的人们时常思念鳖灵的治水功绩，便幻化出一种神兽并将其凿刻出来作为镇水的灵物。民间也的确还有传说是鳖灵死后，为继续治水，化为开明兽。但当时人们若要将开明石兽雕凿成一头人面九首或九尾的老

二、从聚落到王都：治水业绩与遗迹

· 41 ·

虎，非但不美观，工艺上也更麻烦，好在神兽是可变幻的，于是便综合几种与水密切相关的动物于一体，创造出"天府石兽"这般模样的镇水兽。

成都天府广场出土的镇水石犀

以上猜测如果不谬，那么"天府石兽"的出生年代至少应该上溯至古蜀开明末期。退一步说，即使"天府石兽"是李冰制作的五只石犀之一，想必也应该与古蜀的开明兽有着千丝万缕的传承。因为它们都是镇水的神兽。

天府石兽是古蜀治水文化的结晶，也是蜀都治水取得重要成就的象征。

三、成都水话：江、桥、河

距成都城西北约 40 公里有座秀美的城市，它就是都江堰市。这里是岷江进入成都平原的起点。从都江堰市中心往北去约两公里，便是先秦时代留下的千年古堰。古堰工程宏伟壮丽却并不显山露水，完全与自然融为一体，是古人与"自然"合作创造的一个奇迹。

都江堰每年吸引着无数中外游客，人们在此接受古蜀水文化洗礼，体悟两千多年前中国人的伟大发明创造。

都江堰：古秦之水流不尽

都江堰原本是个军事工程，完工后却成了惠泽千古的民生工程。据说抗战期间，日本为摧毁中国战略后方，派飞机轰炸成都时，欲寻找的最大目标就是都江堰。但飞行员在都江堰上空无论盘旋多久也找不到拦水大坝，投下的炸弹除了在岷江中溅起几朵水花外，毫无收获。日机轰炸的传说无论真假，至少说明了都江堰的本质特征，那就是无坝引水，这是先民在治水中因势利导的一项伟大发明。

都江堰市原称灌县，在南宋之前，还先后有湔堰、湔堋、北江堋、金堤、都安堰、侍郎堰等名；司马迁则直接称之为离碓（今作"离堆"）。《史记·河渠书》："蜀守冰，凿离碓（即"避"），辟沫水之害，穿二江成都之中。"

蜀国灭亡后的数十年中，秦并未在蜀地兴建水利，而是急着稳定后方，践行司马错的方略。"蜀既属秦，秦以益强，富厚，轻诸侯。"

（《史记·张仪列传》）此时秦国在蜀地如《华阳国志·蜀志》所载："但置蜀守张若，因取笮及楚江南地焉。"周赧王三十年（前285），张若指挥秦军直取今天雅安、西昌、宜宾等川南地区，兵锋直指楚国的黔中郡。又过了五年，即公元前280年，司马错率十万巴蜀士卒、船舶万艘，沿岷江、长江东下攻楚，一举占领了楚国的黔中郡的临沅地区；三年后，张若再起兵，攻占楚国巫郡等大片地方。但这一次秦军遭到了楚国大军的强力反击，所占十五座城池得而复失。于是两国签订停战协定，保持了三十年的和平。

伐楚受挫，秦意识到建立蜀郡后方基地的重要性。要真正达到"得蜀即得楚"的战略目标，必须大规模改造成都的水环境，使岷江集航运、防洪、灌溉于一体，才有利于战略物资的聚集。于是，秦孝文王派"能知天文地理"的李冰做蜀守。关于李冰，史书中记载很简单，《史记》中只有"蜀守冰"三字。《汉书·沟洫志》记载了"蜀守李冰"，人们才知道了他的姓名。前些年从都江堰岷江中出土的三个石人中，其中一个石人身上刻有李冰的名字，才真正证明了史书记载实有其人。有关李冰的记载文字虽然少，但他的功绩却赫然清晰。

李冰到任后，立即对成都平原及周边进行详尽考察。《华阳国志》说："冰能知天文地理，谓汶山为天彭门，乃至湔氐县，见两山对如阙，因号天彭阙，仿佛若见神。"李冰正是通过对成都周边山地进行了详细的考察研究，发现居于平原中央的岷江对成都威胁最大，但同时又最利于航运，便决定把治水工程的起点放在岷江出山的地方。这就是都江堰渠首工程。

都江渠首古堰

渠首工程由鱼嘴、飞沙堰、引水口三大部分组成。《水经注》《华阳国志》都有李冰"壅江作堋"的记载。壅即是阻挡，堋是指分水堤。李冰充分利用地形坡降度，在白沙河与岷江交汇口下建分水堤，是为鱼嘴。岷江被它分为内江与外江，外江是岷江主流，内江水则引入成都平原。鱼嘴以竹笼卵石垒砌成埂，长约800米，前端宽3米，中部宽 40 多米。鱼嘴完全利用地形地势引水，可在不同水位条件下，起到自动调节水量的作用，从而充分解决成都的航运、灌溉、洪涝问题。郦道元《水经注·益州记》对此的记载为："堰其右，检其左，其正流遂东，郫江之右也。"

　　鱼嘴下游数百米是飞沙堰，依然用竹笼卵石砌成。其功能是泄洪和排砂石。鱼嘴已将大部分砂石排入外江，但仍有少量砂石进入内江，飞沙堰便是对砂石的第二次清理。内江水流量越大，飞沙堰的功能越强。洪水季节，内江四分之三的洪水通过飞沙堰排出去，从而保障了成都免于洪涝；枯水季节，泄洪功能自动停止，又保证了内江有足够的水量用于航运和农业浇灌。

　　位于鱼嘴下游约 1 公里多的虎头岩下是内江的进水口，也就是举世闻名的宝瓶口。这里犹如成都平原上的一道天然"水闸"，无论岷江发生多大洪水，宝瓶口进水量达到每秒 700 立方米之后，多余的洪水都被拒之口外。

鸟瞰都江堰

关于宝瓶口，民间一直流传着许多美丽的传说。其中李冰父子凿离堆最接近历史真相。故事说，李冰选择的进水口是虎头岩下一条鳖灵没有凿通的旧沟，开山的办法是火烧水激，使山石迸裂。这与《史记》的记载是吻合的。宝瓶口处于二王庙断裂带，岩石为红色砾岩，间夹有砂岩、泥岩，由于水流侵蚀，李冰凿离堆之前，这里已经出现能通水的裂隙。所以李冰当年见到这个号为天彭阙的地方，"仿佛若见神"。于是他选择离堆建造了一道可控的进水口。

在没有现代工具的情况下，都江堰渠首的开凿是一件难以想象的巨大而艰难的工程，是古代蜀地人民的一项伟大创造。对都江堰这项举世公认的杰作，两千多年来，无数文人都给予了热情的赞扬与评价。我也想把青年诗人刘云奇的新作《都江堰赋》收录在此，姑且不论作品本身的艺术长短，但其中描写的李冰治堰的过程，足以让我们对那段历史产生敬畏：

滚滚岷江，亘古为难，洪流奔吼，飞水连天。江隐冤鬼，虽飞艄不得桴渡，山藏魑魅，虽猛虎不得近前，夫小民之所恐惧，蛟龙之所霸占也。

其时群雄割据，天道混乱，六合八方，战火连连。经略巴蜀，谋士献策于密室；剑指荆襄，将帅推演于殿前。计议已定，秦王挥师南下，郡吏举家西迁，欲治千古之水患，将开万顷之良田。

于是，征樵夫，猎户，游侠，妇孺，缚山民为苦役，率甲士以扬鞭，挥血汗于荆棘，抛尸骨于林间。杀虎为帐，烹蛇为饭，织草为履，砍竹为担。冬伐古木，春修悬山之栈，夏凿巨石，秋淘绝地之滩。斧劈高崖，开宝瓶之灌口；血凝黑砂，垒鱼嘴之堤堰。逆乎造化，战乎鬼神，不停寒暑之变，不息晨暮之分，如斯二十载，终见江流初缓，江堰始成。

嗟夫！一统江山，惟万岁之绵然，蚁民命丧，惟帝王之不见。堰渥良田，谋一隅之固守；粮征刀兵，算天下为大乱。

都江堰渠首工程距今已经两千多年，与它差不多同时期的古埃及、古巴比伦的水利工程早都消失在历史的地平线下，唯有都江堰至今还在发挥着巨大的作用。都江堰可谓是人类水利科学的奇迹。创造这个奇迹的固然是李冰和他领导的蜀地人民，但更重要的是他们在工程建设中所遵循的顺应自然、道法自然的哲学思想。作为一座巨大的无坝引水枢纽，完全实践了无为而治的道家哲学理念；而且比起大禹治水"东别为沱"的疏导思想又前进了一步。大禹是把水害消除掉，而李冰则非但要除水害，而且要达到水利万物的境界。这就是都江堰既能成为防洪工程，又能成为引水灌溉工程的伟大所在。

两江珥其市，九桥带其流

都江堰水利是一个系统工程，除了渠首之外，二江穿城便是重要的渠尾工程。《华阳国志·蜀志》："冰乃壅江作堋。穿郫江，捡（检）江别支流，双过郡下，以行舟船。"今天从空中鸟瞰成都市区，府南二河就像碧绿的玉带一般环绕在城市中心。两江环绕的中心就是昔日的古城，故而史书称之为"二江抱城"。不过，这是晚唐以后的格局；李冰时代的二江是并行流过成都城西南和南面。

都江堰渠首工程把岷江一分为二，多余水量从外江经平原西部边缘向东南流去，从此解除了成都的岷江水患；而内江从宝瓶口下来后，在郫县又被分流，其中二江直接流经成都城下，成为古代成都的两条交通大动脉。司马迁和班固都说李冰凿离堆，避沫水之害，随即又说"穿二江成都之中。此渠皆可行舟，有余则灌溉，百姓飨其利。""穿"字可能是李冰疏导了以前的旧河道，使之成为能通航的江河。"有余则灌溉"说明李冰兴建都江堰的初衷是为军事，在没有战争的和平时期，才能"百姓飨其利"。这是符合秦灭楚的战略需要的。有了二江便利的交通，岷江上游的竹木、山货、矿产以及各地的粮食、布匹等军队所需的战略物资便源源不断汇集成都。宋人刘光祖在《万里桥记》中说："自秦置守，李冰通二渠，为蜀万事利。"的确如此。

由于二江的开通，成都"市"向南移至郊外，置于二江之间，由此开创了六百年"二江珥市"的局面。

今天的成都二江即府、南河，统称锦江。古代的二江却因朝代更迭有过许多名称，而有关二江流经的区域则历代争论不休。但可以肯定的是，从宝瓶口沿冲积扇脊线左侧偏于成都西北流经成都的，称为郫江，又叫内江、北江、中日江、成都江、府江、都江等；从宝瓶口沿冲积扇脊线右侧、略与郫江平行流向成都的叫检江，又称走马河、流江、锦江、大江、清远江、外江等。两条江在成都城南平行而流直至汇合，流过江口复称岷江。

除了凿二江，李冰还挖了沟通二江的石犀溪。所谓"穿二江成都之中"应该指的是这条人工河，即：从今下同仁路南口市桥不远处分郫江水，向南经方池街、南校场、人民公园南侧入检江。20 世纪 80 年代方池街发掘的竹笼石埂便属于石犀溪的防洪堤。

二江与石犀溪的开通，使古代成都成了一座交通发达的水城。

二江珥市

作为都江堰渠系工程，二江和石犀溪的开凿，极大提高了成都古代水上的交通运力，也为成都的农业、手工业及生活用水提供了便利。李冰开创了成都市六百余年"二江珥市"的经济格局，也奠定了成都城市水网的千年根基。到晚唐时，郫江改道，形成"二江抱城"；而城内又先后开凿了解玉溪、金水河；至明代，再添一道御河。成都城俨然已是一座水的都会。

成都在古蜀时代就是一个无城的自由都市。张仪建城后，便在大城之中"市张列肆"，建立起了交易不同商品的专业市场，并设有"亭吏"进行日常管理。李冰穿二江成都以后，极大促进了成都市的经济交流。原有的市已经不能满足商品流通的需要，李冰遂将市迁移至大城外的二江之间。这个"市"北靠郫江，南濒检江，中间有石犀溪作为水上交通，同时为了便利城与市的联系，李冰又在二江之间兴建了七座桥梁，从而把城与市融合成了一个整体。这就是"二江珥市"局面的形成。扬雄《蜀都赋》以："两江珥其市，九桥带其流。"概括了秦汉时期成都城市与水的关系。珥，是指玉做的耳饰。作者把成都城比喻为美女的头部，而把"市"看成耳上的佩饰，非常形象生动地写出了成都城市建设的面貌。

二江珥市的水城面貌从李冰开始一直延续了六百余年，在锦水的历史深处留下了古代成都一段难忘的过往。

直到盛唐时期的到来，水城之都又将以新的姿容呈现在历史的幕布上。

解玉之溪贯东西

李冰穿成都的二江，流经城西和城南，城北与城东只有张仪筑城时留下的几个湖泊。到了盛唐时，城东这一带人口逐渐增多，水源成了亟待解决的问题。

今成都市中心蜀都大道东段有座千年名刹大慈寺，名播中外，香火不绝。唐代的大慈寺，规模是当今的数倍，其地东抵府河岸边，西至大科甲巷；北达书院街，南跨东大街。史载寺内有九十六座禅院、八千五百多个房间，面积在千亩以上。寺庙当年的盛况可见一斑。

大慈寺的始建年代要追溯到北周和隋代。唐至德二年（757）得到扩建，大慈寺进入了鼎盛时期。又因唐玄宗避"安史之乱"到成都，为大慈寺题名，故而又称大圣慈寺。由于这座成都最大寺院的兴起，吸引来大量的香客，寺庙门前雪锦楼的广场上，渐渐地形成了一个新的季节性市场，包括蚕市、药市、扇市、七宝市（交易各种器物和珠宝，谓之七宝市）。市场交易经久不衰，其生意火爆的程度，以

蜀都水香
————
依水而生的天府锦城

至于到五代时期，前蜀皇帝王建登楼观看市场后，竟然动了课征桑税的念头，一度使得桑农纷纷砍倒桑树。

新市场的出现，人口的聚集，表明自秦汉以来"二江珥市"的状况已经发生变化，成都"市"开始从城西、城南向城东扩散。然而，城东无河流的局面却严重制约了商业经营与人们的生活。正是在这种背景下，唐贞元元年（785），由时任西川节度使韦皋主持，开凿了一条横贯西东的城中河流，因河中之沙可打磨玉石，故名解玉溪。

解玉溪故道在千年后的今天已难觅踪迹，只能从市内某些街道名称中去寻找它一丝丝昔日的记忆，比如新华大道上的一段玉沙路，似乎就与解玉溪有关。宋人祝穆《方舆胜览》说："解玉溪在大慈寺之南，韦皋所凿。用其沙解玉，则易为功。"河中出产能够解玉的沙，绝不是一般的细沙，极有可能是金刚砂；而这种砂又不可能一朝一夕积累起来。如此说来，解玉溪是利用了古时的旧河道，而且必定与大江相通。但由于古籍中难觅解玉溪流径的记载，后世学人只能根据成都城市的地形地貌进行大致推测：解玉溪从城西北引郫江（内江）水，沿西北—东南走向穿城而过，经大慈寺之南流过，最后在合江亭附近注入检江（外江）。1995 年，人们在大科甲巷发现了一条 6~8 米宽的水道，之后又在北新街支巷有同样发现，于是专家推测，这可能就是解玉溪的支流。关于解玉溪的流径，当代学人李思纯先生的考证最详尽："解玉溪自西北城垣外引水入城，经金马南街（古碧鸡坊）而达通顺桥；更稍向东南，而至老玉沙街、成平街、新玉沙街，以达桂王桥北街之西边（街西天主堂内后圃，今有桥存而无水，云即桂王桥），折而南行，经梓潼桥至藩署街，折流向东（四十年前，其地犹有大沟渠遗迹，今已筑路填平）；更曲南流，经北打金街，中北打金街之西，折而东行，经江南馆街，沿东西糠市街之北（即大慈寺门前）；续向东流，至油篓街北口出城。"

随着解玉溪的开通，城东经济得到了进一步开发，不仅大慈寺门前的季节性市场愈加繁华，而且又增添了夜市；解玉溪两岸的玉器作

·50·

坊也因为有河砂解玉而鳞次栉比，其盛况一直持续到两宋时期。此外，解玉溪与大慈寺也构成了唐宋时期成都的著名的名胜景区，每逢春天或年节佳庆都人头攒动。袁说友编《成都文类·超悟院记》云："成都大慈寺……地居冲要，百工列肆，市声如雷。"这是锦江水给成都市的发展带来的一次新变化。

流金淌银的金水河

距韦皋开解玉溪六十八年后，唐大中七年（853），西川节度使白敏中在城中再开凿了一条横贯东西的金水河。《四川通志》云："金水河在成都城内，唐白敏中所开，旧名禁河。"明天启《成都府志·关梁》也说："金水河，蜀南府门街，白敏中开渠环街。旧名禁河，王明叟、席光大、范成大相继修之。"这条在成都城中流淌了一千二百年的河流，今五十岁以上的"老成都"大概还记得它的模样。

金水河，又称金河，其踪迹至今尚可寻。人民公园正门，入园处一座小拱桥，桥下绿水茵茵，渠水与公园湖泊相通，如今是公园中的一处景色。殊不知，这窄窄的水沟在几十年前还是金河的一段。金河水进入公园后，经东门半边桥（今已扩建称文翁路）流出。每逢夏日洪水期，半边桥下游金河沿岸都聚集不少打鱼人，搬罾、撒网总会有大收获。因为公园湖里的鱼遇到洪水就会被冲出来。

据宋人李新《后溪记》所载，金水河源自郫江位于城西的石犀渊，与郫江平行。也有人认为金水河是从摸底河（即磨氏河）引的水。据《四川通志》所收录的清代项诚《开浚成都金水河事宜》载："此河上流，当日原通灌县。江水从郫县两河口引入磨底河（即磨氏河），径达成都县西门水洞入城，由贡院前三桥、青石桥、玉河沿一带出华阳县东门外水城，直达府河。"从光绪五年的成都地图上看到的具体流向是：由今通惠门北边进城，大致沿着蜀都大道少城路，在人民公园折向东南，经西御街，穿越人民南路一段（皇城前），过盐

三、成都水话：江、桥、河

市口、青石桥，再横穿红星路四段（原南打金街），向东南再过耿家巷、红石柱南端，后在合江亭（明清称状元洲）汇入检江（锦江）。显然，经过从唐到清千年时间的流转，金水河下游的流径已有所变化。据《蜀水考》称，金水河下游有一段曾与解玉溪重叠，也可理解为金水河原是注入解玉溪的。

白敏中开凿金水河后，在河上架了八座桥梁。《后溪记》载有其中四座桥名，即笃渊桥、建昌桥、安乐桥、龟化桥。龟化桥即青石桥。明清以降，金水河上的桥梁陆续增加，最多时有二三十座，是成都城中桥梁最密集的河流。现在可查到的桥梁名称有：清源桥、金花桥、节旅桥、斜板桥、龙凤桥、通顺桥、拱背桥、银锭桥、半边桥、皇城三桥、锦江桥、卧龙桥、青石桥、太平桥、一洞桥、余庆桥、老

金河曾经穿城而过　　［法］杜满西存照

卧龙桥、板板桥、景云桥、金津桥、金水桥、铁板桥、普贤桥、大安桥。这些桥梁中有的在几十年前还可见，如半边桥、青石桥、锦江桥等，如今除了卧龙桥街边留有桥型浮雕外，唯有人民公园正门内的银锭桥（当然桥早已被改建）尚能勾起老成都人对金河的记忆。

金水河的贯通对城东经济发展起到了决定性的作用，不仅解决了人们的生活用水问题，而且航运还为商家带来了极大便利。当年金河上有一种无舵、不分船头船尾，被称为"两头忙"的小船，往来于城内外，专事从城外大码头向城内转运货物。青石桥因此成为城中最繁

忙的物流中转站。之所以盐市口、东大街在清代能成为商贸中心，金水河至关重要。

金水河真是一条流金的河！

郫江绕廓，二江抱城

如果说解玉溪与金水河构成了成都城内的河流干道和发达的水系网络交通，那么，郫江的改道则是成都河流与城建史上的一次革命性的变局。唐乾符三年（876），高骈将原来在城南与检江（唐称流江、外江）并行而流的郫江（内江）改道经由城北、城东绕行至城东南与检江汇合，使李冰以来的两江形成了对成都城的一次历史性的"合围"。

促使郫江改道的直接原因是南诏的入侵。

公元七世纪后，大唐西南的吐蕃、南诏相继崛起。"安史之乱"后，盛唐每况愈下，吐蕃与南诏则结成同盟，屡犯大唐国土。成都便是南诏觊觎的地方。大和三年（829），南诏大军首次围困成都，撤退时掳走了数万工匠和大量奇珍财货。之后的数十年中，又屡屡来犯。高骈接任西川节度使后，所做的头等大事便是扩建罗城，将秦汉以来的城墙扩展至检江边，使城围达二十五里，高广各二丈六，其上广一丈，且建有楼橹廊庑五千六百零八间。另一件大事就是使郫江改道绕城，以此加强城北、城东的防御。这一系列的举措，巩固了成都城防，加之高骈曾在交址打败过二十万越兵，南诏对成都的攻掠才就此偃旗息鼓。因此，郫江的改道与李冰当年"穿二江成都之中"一样，首先主观上是为了军事防卫的需要，但客观上却给城东经济的发展带来了进一步便利，一直到当代还在发挥重要效能。

高骈改道新开的江叫清远江（即改道的郫江）。为了引水，高骈首先将城西縻枣堰老郫江进水的南口堵塞，然后在北口新挖一河道，使其沿罗城北缘东行，再经城东北今猛追湾折向南流，后在合江亭与检江合流。宋人欧阳忞《舆地广记》载："唐乾符中，高骈筑罗城，遂作縻枣堰，转内江水从城北流，又曲而南，与外江合。"

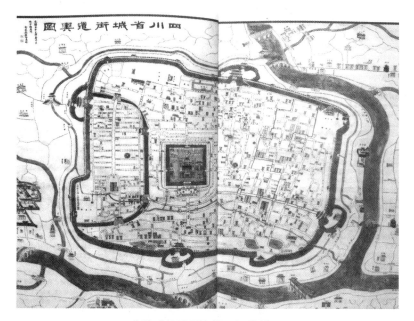

晚清成都地图上的二江抱城

郫江改道后，其故道断流，为城西的防御不至于减弱，高骈又开挖了西濠。前蜀杜光庭《神仙感遇记》中说："高骈筑罗城，自西北凿地开清远江，流入东南，与青城江（检江）合。复开西北濠，自阊门之南，至甘亭庙前与大江合。"甘亭庙在今宝云庵附近，即百花潭北门。所以西濠就是犀角河的一段，如今叫西郊河，从琴台路西侧流过。

郫江绕城，使六百多年"二江珥市"的城市格局，变成了"二江抱城"。不仅强化了古代成都城防，方便了城内市民生活，也为城市水环境增添了新的亮色。

御河：最后开凿的人工河

御河是成都最后开凿的一条人工河。

从秦到唐宋，经过一千多年的发展，成都城已经形成了"二渠四脉"的水网系统。其中，解玉溪到北宋时一度淤积，于是绍圣初年（1094），成都知府王觌又命人开了一条引水渠，名曰后溪，百姓称为王公渠。此渠在解玉溪北面西门外曹波堰引水横贯西东，与解玉溪形成南北相映的穿城干渠。由二江与干渠派生的众多支流遍布全城。成都遂成为名副其实的水城！

至明代，水城成都再添了一条拱卫王城的御河。洪武十五年（1382），朱元璋下令为其子朱椿在成都大城内"以蜀先王旧城水绕处为外垣，中筑王城"。其中心地址就在今人民南路四川科技馆一带。不过当年的规模更宏大，面积近40万平方米，蜀先王"旧城水绕处"，如隋唐至五代的摩诃池（龙跃池）水系北起骡马市，南至红照壁，东到顺城街，西达东城根。明蜀王城是在填平大片淤池基础上建成的，城外"蓄水为濠"。这护城的壕沟就是最早的御河。明亡之后，蜀王城被改造成贡院。雍正九年（1731），人们在金河与御河之间新开了一道壕沟，连通了金、御二河，从此御河成了一条"为有源头活水来"的真正河流。老西御街原痣胡子包子店旁西顺河街之间，20世纪70年代还有座横跨其上的石桥，桥下的水道尽管早已经淤积，但早先它是沟通金河与御河的。

御河连接金河后，由南向北，在玉带桥折向东流，最终汇入府河（清远江）。御河流径的地方，其信息至今仍在街道名称中保留着，如东、西御河沿街、梓潼桥、桂王桥等。

四、长虹卧波：水与桥交织的记忆

有河就有桥，自古以来，无论在城市还是乡村，只要有人的地方就有桥。

桥，与人类如影随形。

桥，伴随人类行进的步伐，见证人类文明的成长；桥本身也成为人类物质文明与精神文明的载体。各式各样古代的桥、当代的桥，连通的不仅仅是此处与彼地，更是连接着过去与现在、现在与未来。所以，桥是人类社会进步的里程碑，桥是一部凝固的历史。

那么，什么是桥？

著名桥梁科学家茅以升说："桥是空中的路。""桥的作用是跨越河流与山谷，以便连通道路。"正是因为桥的这一物理特性，桥在我国古代被称作"梁"。汉字中的"桥"与"梁"，今天已组合成为一个词，但在古汉语中则是互为释义的两个词。许慎在《说文解字》中说："梁，水桥也，从木水，刃声。"又说："桥，水梁也，从木，乔声。"段玉裁《说文段注》说得更明白："梁之字，用木跨水，今之桥也。"由此可见，早期的桥都是木桥。

中国历史记载最早的桥是《拾遗记》中大禹治水时期的鼋鼍桥，鼋鼍分别是两种动物，即鳖与鳄。以鳖鳄为桥，显然是神话，只有大禹这样传说中的英雄才能使用。我国真正供人行走的桥，专家推测可能出现在公元前 21 世纪，但史上记载能行人的第一座桥则出现在公元前 11 世纪，这便是西周时期渭河上的一座浮桥。《诗经·大明》记载，周文王为迎娶有莘国之女太姒，"亲迎于渭，造舟为梁，不显其光"。这种舟造的浮桥，尽管能行走人畜，甚至能通车辆，却并非"空中的路"，真正现代意义上的桥梁，出现在公元前 6 世纪左右，即《初学记》中所谓"以木为梁"的桥。到汉代，随着砖石拱结构技术的成熟，"以木为梁"遂向"以石为梁"演变，河流上开始出现石拱桥。

《华阳国志》说："蜀江众，多作桥，故蜀立里，多以桥为名。"直到清末，傅樵村写《成都通览》时还说："四川虽属山国，而成都实为泽国。"据他统计，当时成都城内外，存在的无形之桥和有形之桥还有二百一十七座。由是可以想象水是如何贯穿成都全城的。

与水结缘的成都，桥便成了城市的一道风景——那些如长虹卧波一般的各种各样的桥，有些已湮没在浩渺的时间长河，另一些却依然闪耀在遥远的历史星空。李冰的"七桥"即是如此。

李冰造桥，七星镇水

今天的锦江像一条玉带环绕在成都市区，这是晚唐以来才形成的二江环抱的格局。之前，二江在城西和城南平行而流。这是大禹治水理念"东别为沱"的反映。靠近城的一条叫郫江，又名内江、市桥江、府江、成都江等，这是府河的前身；与郫江并流的叫检江，又称外江、流江、锦江、笮桥江、清远江等，是南河的前身。二江如今统称为锦江。

秦灭蜀之初，因忙于镇压蜀人的反抗和伐楚战争，并未对二江进行大规模的水利建设。但在伐楚的数十年拉锯战中，秦人充分尝到了二江运输的甜头，于是开始大力经营成都这个伐楚的前进基地。李冰接任蜀郡守之后，一场空前的水利工程拉开了序幕。其最重要的贡献是开凿了惠泽万世的都江堰，而直接在成都城建设的项目便是疏通成都二江，建七桥，开石犀溪，把成都"市"南移至郊外二江之间，形成了成都"二江珥市"的布局。

扬雄《蜀记》云："星桥上应七星，李冰所造。"《华阳国志·蜀志》载："长老传言，李冰建七桥，上应七星。"七星者，就是我们常说的北斗七星，即天枢、天璇、天玑、天权、玉衡、开阳、摇光。前四颗为斗勺，后三颗是斗柄。斗勺中的天枢、天璇连线向外延伸，就是人们判定方向的北斗。古人把北斗星想象成上天（太一）坐着车一年四季在天上巡游。《史记·天官书》说："斗为帝车，运于中央，临制四乡。分阴阳，建四时，均五行，移节度，定诸季，皆系于斗。"李冰七桥之所以对应北斗七星，是欲赋予七桥镇水的意义，故而七桥总名又称"七星桥"。李膺《益州记》记载的七星桥分别为冲星桥、玑星桥、员星桥、长星桥、夷星桥、尾星桥、曲星桥。而《华阳国志·蜀志》记载的桥名则是冲治桥、市桥、江桥、万里桥、夷里桥（又叫笮桥）、长升桥、永平桥。《水经注》则记载了九座桥，名称也略有区别，为冲里桥、市桥、江桥、万里桥、夷桥、长升桥、升仙桥、笮桥。

七桥有五座在郫江上，只有长星桥和夷星两桥在检江上，它们和郫江上的玑星桥、员星桥正好形成"斗勺"，冲星桥、尾星桥、曲星桥三座相连则如"斗柄"。因为李冰，七桥蜚声海内。东汉大将吴汉讨伐割据巴蜀的公孙述时，刘秀特别吩咐他："安军宜在七星之间。"足见七桥远近闻名。

那么七桥今安在？据《成都通史》载，冲星桥约在今魁星楼城墙外桥附近；玑星桥在西胜街口与西校场正门之间；员星桥在文庙前街靠近南大街一带；长星桥即今万里桥，俗称老南门大桥；夷星桥在万里桥西，即在百花潭与南门彩虹桥之间；尾星桥在北巷子与红光东路交叉口；曲星桥在通锦桥附近。

跟随书本的指引，2012年春的一天，我专门骑着自行车去这些地点"寻访"古桥，结果是早就预料到的。郫江故道上的"五桥"旧址要么已是宽阔的通衢，要么则是林立的高楼，哪里还有桥的踪迹？在这些地方居住过的老人甚至不相信此地曾经有过古桥。也是难怪，因为郫江改道已经一千多年，古桥当然也早消失在历史长河中了！好在 检江（南河）河道变化不大，"七星"中的"二星"总算还有迹可寻。这"二星"便是夷星桥和长星桥。

夷人杰作是笮桥

去过都江堰的人会记得岷江上的那座"安澜索桥"，古时是以竹索辅木板建成的悬空吊桥。

成都城外也曾经有这样的桥，叫夷星桥，是李冰时期的七桥之一。夷星桥又称笮桥，是古代少数民族的杰作。

从文翁路往南直抵锦里中路的锦江边，有一株树龄百年以上的皂角树，树旁有座人行拱桥，是前些年建的。但它的位置则是李冰所建夷星桥的旧址。根据专家描述，夷星桥的位置在万里桥西约 1 公里处。锦江在这里拐了个大湾，民国时这段江岸是乱葬岗，俗称"娃娃坟"，20 世纪五六十年代变成了成都著名的渣滓坝。这渣滓坝东头的锦江上有个渡头，来往南门城内外的人都喜欢由此走近道，渡船费一分或两分不等。我小时候曾听说这里早先有吊桥，多次遭洪水冲毁，所以后来就变成了我所看到的渡船：一条竹索横跨江中，两头系在两岸的大树上，船老板一般不用撑杆，只需拉竹索船就能渡江。至今江边那株百年老皂角树身上还有竹索勒过的痕迹。我小时候常与小朋友到渡口去逗那船老板，故意拿他忌讳的言语气他。再后来，渡口废弃了，为方便 502 厂职工上下班，人们就在老渡口处架设了一座小型钢索吊桥。桥面系木板铺成，行人或自行车从桥上过时，桥身便四下摇晃。如今这座人行水泥拱桥是在吊桥撤除后才建成的，应当不到三十年时间。只是不知当年人们在此建桥时，是否想到这正是先秦时期笮桥的旧址。一二十年前在整治府南河时，工人曾在百花新村南河段河道挖掘到数十根巨型圆木桥桩，分为五排排列，每个桩长 3 米。专家推测这就是古笮桥遗迹。从排列桥桩看，笮桥长 60 米，宽足有 20 米，这比起两千多年后的钢拉索桥宏伟壮观了许多，从而也说明古代的锦江是一条宽阔的河流。

笮桥之所以称夷星桥，并成"七桥"中独特的一座，是因为它是富有民族特色的桥。"夷"是对古代少数民族的称谓，之所以又叫笮桥，则直接说明了是笮人所建。笮人又称笮都人，主要居住在川西高原中部和南部及大邑、蒲江、邛崃、崇州一带。秦灭蜀后，荥经、汉源的笮人部落曾投奔蜀侯，成都的笮人应是那时移民来的。李冰建七桥时，将笮人群居地的桥交给了笮人建，并准许他们按照自己的民族习惯来建桥。所以笮桥便不同于其他桥，而建成了一座索桥。李吉甫《元和郡县志》对此是这样描述的："篾作四条，以葛藤纬络，布板其上，足从风摇动，而牢固有余，夷人驱牛马来去无惧。"

李冰时的检江，江面宽阔，水激浪大，这样的大江上悬空一座索桥，无疑是城市的一道美丽景观。即使千年之后，大诗人陆游见到笮桥，也禁不住想到故乡的钱塘江，在《闻浣花江声甚壮》中写道："浣花之东当笮桥，奔流啮桥桥为摇。分洪初疑两蛟舞，触石散着千珠跳。壮声每挟雷雨横，巨势潜供鼋鼍骄……"

诸葛亮的万里桥

万里桥是七星中的另一座名桥。"安史之乱"爆发后，唐玄宗逃难来到成都。一天，皇帝銮驾来到锦江边的一座大桥前。玄宗在桥头伫立良久，问此是何桥，左右回答名叫万里桥。玄宗听后无不感叹："开元末年，高僧一行曾说二十年后有国难，朕当有万里之行，这就是啊！"

一千多年后，我站在新南门大桥向西眺望，仿佛还能从烟波中看到唐玄宗经过的銮驾，然而映入眼帘的却是一座现代化的双层大跨度的立交桥。这桥的前身就是李冰建"七桥"中的长星桥。《蜀都名胜记》称："南上为万里桥，亦名笃泉桥，桥之南有笃泉矣。"因桥南曾有一眼笃泉，故而又叫笃泉桥。但民间则一直称为南门大桥，因为桥正好在南门城门洞外。

万里桥曾是一座七洞石拱桥。几十年前，我家离桥不远，我小时常去桥上耍。但我看到的万里桥，已在 1953 年改建过，桥面被放平，加了桥栏和灯柱，但石墩和拱洞还是清代的。记忆中，那桥洞总有看不完的风景。从洞中东望，小天竺到新南门一带尽收眼底。夏天还可下到桥洞去摸鱼逮虾，桥墩的石缝多鲢鱼、黄鳝之类；运气不好，也可能抠出一条水蛇。

李冰造的长星桥是啥模样，已很难说。但从 20 世纪 50 年代成都出土的汉代画像砖《车马过桥图》拓片看，应为木桥。1988 年 4 月维修万里桥时，人们发现了秦汉时期的砌砖和基石，基石上可见成排的木桩孔洞，印证了木桥的猜想。秦汉时建桥多以木为梁，技术上则采取木石混合结构。

宋时，万里桥则是廊桥。宋人刘光祖在万里桥重修后应成都府侍郎赵汝愚之邀，写过一篇《万里桥记》，虽没言建桥材质，却说原西川转运使沈义伦修的万里桥"犹陋弗称，且易坏，久将莫之"。再从陆游描述万里桥"朱桥架江面，栏影摇波光"的诗句看，木质廊桥是肯定的。

木桥极易毁于洪水和战火。明末战乱，万里桥再次被毁，康熙五年（1666），四川巡抚张德地联络布政使郎廷相、按察使李翀霄及同僚官员，捐俸银重建万里桥。桥廊匾额书有"武侯饯费祎处"，成都知府冀应熊题了"万里桥"勒石于桥下。康熙五十年（1711），万里桥大修过一次，之后一直使用到乾隆五十年（1785），四川总督李世杰再修。这次重修采用以石为梁，桥面拱形，桥身加栏。新万里桥高三丈，宽一丈五，长十丈。从此万里桥告别了木廊桥的历史。清光绪三十三年（1907），马长卿又一次扩修，建成了一座长 85 米、宽 15 米的七孔大石桥，时任四川总督赵尔丰题写了万里桥石碑。此后，万里桥被称为南门大桥。抗战时期，下游建国门外修了座新南门大桥，于是万里桥便改称为"老南门大桥"。

万里桥因诸葛亮而成为成都最富文化内涵的桥之一。《元和郡县制》载："万里桥，架大江水，在县南八里。蜀使费祎聘吴，诸葛亮祖之，祎叹曰：'万里之路，始于此桥。'因以为名。"而按《万里桥

四、长虹卧波：水与桥交织的记忆

记》，说法则有二。其一，"古今相传孔明送吴使张温，曰：'此水下至扬州万里，后因以名。'"其二，"费祎聘吴，孔明送之至此，曰：'万里之道，从此始也。'"于是，历代文人对万里桥赞美不绝。杜甫写过好些赞万里桥的诗，其中，"窗含西岭千秋雪，门泊东吴万里船"是妇孺皆知的名句。岑参《万里桥》诗则说："成都与维扬，相去万里地。沧浪东流疾，帆去如鸟翅。楚客过此桥，东看尽垂泪。"张籍《成都曲》也是名诗："锦江近西烟水绿，新雨山头荔枝熟。万里桥边多酒家，游人爱向谁家宿。"苏东坡亦留下了"我欲归寻万里桥，水花风月暮萧萧"的名句。

清代的万里桥　[日]山川早水摄

自诸葛亮始，万里桥就成为文人雅集送别之地，所以自古以来多酒家。1906 年在桥头开设的"枕江楼"餐馆红火了数十年，直到1949 年，枕江楼酒家才关张。李劼人重写《大波》记述了枕江楼酒家的兴旺，称它地点选得好，加之卖的是河鲜，所以很快就从小饭铺摇身一变成了一家馆厨派而兼家常味的南堂馆子。枕江楼以醋烧五柳鱼和醉虾远近闻名,民国要人张群、冯玉祥、投敌前的周佛海以及不少文化名流如张大千、徐悲鸿、老舍、萧军等都光顾过。1938年,张恨水从沦陷的首都南京逃难来蓉,本地文人为他洗尘,宴毕留墨,饱含国仇家恨的大作家挥笔写成一首《七绝》:"江水呜咽水迢迢,惆怅栏前万里桥。今夜鸡鸣应有梦,晓风残月白门潮。"为万里桥再添了一笔凝重的色彩。

20世纪50年代后,枕江楼改造成了旅馆;1995年,万里桥被彻底拆除。如今,大桥南头修建了一幢酷似轮船的建筑,命名为"万里号"。"船"上生意火爆。这幢船形建筑似乎想表达"门泊东吴万里船"的历史意境,又似乎在述说"万里桥边多酒家"的人文传统。只是原本浩浩荡荡的江水,如今只剩下一河浅浅的清水了。

从万福到濯锦:清远江上的名桥

从地图上看,府河由北向东流到猛追湾突然来了个九十度大转折。这种近乎规整的转向明显具有人工开凿的痕迹。的确,二江在晚唐时期终于发生了巨大变迁。杜光庭《神仙感遇记》卷五说:"高骈筑罗城,自西北凿地开清远江,流入东南,与青城江合。"青城江即为检江,又称锦江。这样,原在城西南和南面与检江并流的郫江被人工改道经城北、城东向东南流并在合江亭汇入检江,从此形成了成都二江抱城的格局。

改道后的郫江称为清远江,在新开的河道上随即先后建起了不少桥梁。其中有几座至今还存在,但它们只有古名,却不是古桥。

北门风俗"万福桥"

今人民北路一段和人民北路三段之间有座大桥,名万福桥。那是1958年开通南北通衢大道人民路时新建的一座桥。老万福桥则还在下游一点,即今万福桥和北门彩虹桥之间。在20世纪80年代出版的地图上还能找到老万福桥的地名。

清代的万福桥南曾经有条土路蜿蜒在河道与城墙之间，一直通向北城门。万福桥处于城北要道，是进出新都、新繁一带的交通要道，因而在此处建桥很是考究。据清同治《成都县志·津梁》记载："万福桥，县北二里。架木为桥，上覆以屋，有亭有坊，长五丈，宽丈余。"可惜这座有彩楼的木质廊桥，在1947年的大洪水中被冲毁了。今天，我们只能从现代本土作家李劼人小说重写本《大波》描写的一鳞半爪中想象万福桥当年的风貌："万福桥是一道跨在府河上面，不算长，却相当宽的木桥。两边有高栏杆，上面是板鳌抓角的桥亭，已多年没有修理，金碧彩画全着尘土糊得没眉没眼了。"

万福桥的建桥历史已有千年，宋代时这里就有了廊桥。据说其桥名就源自桥头的牌坊，上有"万福来朝"匾额。另有说法是，桥头有座净众寺，后因供奉曾给百姓惠泽的益州知府张方平，便改名万佛寺，口语叫成万福寺，因此，桥也就成了万福桥。因为"万福"就是吉祥，所以老百姓把万福桥视为吉祥福地，每有婚嫁，总会抬花轿去桥上走一遭。久而久之，花轿踩桥就成了古时候成都北门一带的风俗。

错将清远当驷马

清远江凿通后，罗城北面太玄门外的江上建起了一座木桥，史称清远桥，又叫迎恩桥、大安桥，俗称北门大桥。

清远桥最早是座石桥，具体建造年代不详，但可以肯定在宋代之前就存在了。因为南宋四川制置使京镗正是不满意这座小桥，才下令重建的。并且，他把新建的清远桥更名为驷马桥。京镗（1138—1200），豫章人（南昌），亦号松坡居士，曾任过丞相。淳熙十五年（公元1188年），朝廷委派他任四川安抚制置使兼成都知府。此公尚文，自己就是词人，对古代文学大家推崇备至。他主持重建了成都北门外的清远桥后，写下了一篇《驷马桥纪》，开篇便说："出成都城北门不百步，有桥，旧名清远。凡自佗道来成都者，必经焉。"京镗在文中引经据典，推论《成都集纪》中所记秦汉七桥没有清远桥，升仙桥却在其中，因此这清远桥就应该是升仙桥。同时他说："（司马）长卿负天地飘飘凌云游天地之意气，发轫趋长安时，欲与蜀山川泄其不平。其操笔大书，当于万目睽睽之地，决不在三家市无疑也。况象应七星之义，必其屈曲连属，不应'升仙'独与它桥相辽绝。"于是京镗认定清远桥就是升仙桥，而升仙桥是司马相如题过字的桥，那么就理应改名为驷马桥。京镗不仅亲自题写《驷马桥记》，而且还赋《水调歌头》一首：

> 百堞龟城北，江势远连空。杠梁济涉，浑似溪涧饮长虹。覆以翚飞华宇，载以鱼浮叠石，守护有神龙。好看发源水，滚滚尽流东。
>
> 司马氏，凌云气，盖群公。当年题柱，从此奏赋动天容。果驾轺车使蜀，能致诸蛮臣汉，邛筰道仍通。寄语登桥者，努力继前功。

汉代画像砖上的车马过桥

制置使是南宋时四川的最高军政长官，京镗的话没人敢反驳，如此便以讹传讹。殊不知给后世制造了一系列的混乱，直到明代《四川总志》才更正过来。京镗大人建桥造福于民的举动是值得赞扬的，但

四、长虹卧波：水与桥交织的记忆

他老先生读书不求甚解，留下了一个千古笑谈。当然，这也是当今的官员们需要引以为戒的。

京镗所建所谓"驷马桥"，其规模造型依照《驷马桥记》载，"石其址以酾水，如堆阜者三；屋其背以障风雨，如楼观者十有五。楹板其虚距江底高二十有二尺，其修十有七丈，其广二丈。甃南北两涘以御冲决，冀东西两亭以便登览"。原来，这是一座漂亮的廊桥！

然而岁月无情，木桥终难敌风雨侵蚀。明朝建立后，南宋"驷马桥"的旧址上，重新修起了一座五洞石桥。由于北城门此时称为大安门，桥也就改称大安桥了，并且名称一直沿袭至今。大安桥在府河波涛中屹立了数百年，虽经多次修葺，但终究无法承受现代城市之重。1996 年，古老的大安桥在人们眷恋的目光中向历史深处走去。

濯锦长春名海内

清远江下游至罗城大东门外，又有一桥，明代称濯锦桥，清代改名长春桥，民间俗称东门大桥。明代时，桥畔有不少织锦作坊，而下游二江合流处濯锦效果又好，所以称此桥为濯锦桥。但濯锦桥绝不是明代才建的。清末修补此桥时，人们曾挖出过宋碑，证明至少在宋代就有了，或许还应该更早，当在高骈筑罗城后不久。因为濯锦桥正好架设于罗城东门外，按城内外交通常规来说，此处江面上是应该有桥的。至于唐宋时此桥叫什么名字，就不得而知了。

最早见于地方文献记载是明天启年间的《成都府志·关梁》："濯锦桥，府城东门外，其下有坊，江合二水，濯锦鲜明。"明代成都织锦手工业发达，虽被蜀王府垄断经营，产量不如从前，但工艺更精湛，作坊规模更大更集中。濯锦桥附近集中出现了大量的织锦作坊。工人们织出的蜀锦不仅在江里濯洗，而且成品也在这附近码头装上船并运到全国各地。蜀锦是古代成都最重要的外销商品，也是蜀文化的重要标志，体现了成都人民的高度智慧。以濯锦来命名这座桥，足见蜀锦对成都古代经济文化发展的影响。

濯锦桥到清代更名为长春桥，长春桥的名字是否来源于五代时期，倒是值得考究的。《蜀梼杌》载，前蜀王建时，罗城东门叫万春门，那么城门外的桥名带上"春"字则很自然。另外，清代时，长春桥附近，即今"水井坊"一带出现了不少酿酒坊。据《成都通览》记载，附近就有好几家烧房、糟坊，如周义昌永糟坊、谢裕发新糟坊、胡庆丰隆糟坊，以及傅聚川元糟坊、杨义丰号糟坊、彭八百春，等等。中国酒文化中，往往以"春"字代酒。那么，这濯锦桥名的变化，是否与此地酒业的兴起有关呢？

明代的濯锦桥是座石桥，但到清朝时大概坏掉了，于是不得不进行重修。清嘉庆《华阳县志·津梁》有简略记载，称长春桥"高二丈，长十余丈，阔二丈，中稍隆起，冀以栏楯，石材拱式，有三孔桥洞。创建年月无考，乾隆五十年（1785）重修"。修葺过后的长春桥一直使用到清末，于光绪十二年再次重修。对此，民国《华阳县志·津梁》也有记载："长春桥，治东五里余天福街，跨油子河，即府河。石材拱式，三洞。清乾隆五十年重修，光绪十二年（1886）又重修，旧名濯锦桥，俗称东门大桥。"

长春桥是一座历史文化底蕴深厚的古桥，从濯锦桥到长春桥，再到百姓直呼的东门大桥，名称演变中包含了多少丰富的历史文化内涵！

安顺桥与九眼桥的最后记忆

锦江上最后远逝的古桥是安顺桥与九眼桥。安顺桥曾为廊桥，九眼桥是石拱桥。安顺桥弱不禁水，常遭冲毁；九眼桥雄伟壮实，风雨几世纪。它们都是万里、驷马之后成都最著名的桥，也是几十年前才湮没的古桥。

命运多舛安顺桥

今青莲上街与十二北街之间的锦江上，有座兴安桥。其实这就是以前的安顺桥。1981年7月中旬的一天，我正路过新南门，忽听得路人喊："安顺桥垮了！"我忙跟过去看"热闹"，只见断裂的桥面斜插在激流之中，岸边人们喊声和哭声响成一片。那几天下暴雨，锦江水势浩大，流速极快，水面上漂浮着不少从上游冲来的圆木、杂物，桥可能正是被这些东西阻塞而冲断的。听人说，桥垮塌时，桥上有不少人，过桥的和专门跑来看洪水的，被垮桥倾倒下去了几十个。这是安顺桥留给成都人最近的一次惨痛记忆。

安顺桥之名，本意为平安顺畅，可多数时候却只有"淹"而没有顺。在20世纪中后期不到四十年的时间里，它已经是第二次遭洪水冲毁了。1947年夏天，一波洪峰袭来，清朝留下的安顺廊桥被冲毁了，江心只剩下三座孤零零的石桥墩。洪水退后，人们利用原先的桥墩架设了一座木桥。以后虽屡有小修，却总算挺过了若干年。1980年，木桥被拆除，原址上建起了比原来更宽阔结实的钢筋水泥桥，却不料仅在一年后就被洪水吞噬。后来再次重建此桥，桥名不再用"安顺"二字，而改成了"兴安桥"，"安顺桥"的名称则送给了合江亭下游不远一座新建的仿古廊桥。

古安顺廊桥始建于何年已无从考证，最早可见的地方文献记载是清嘉庆年间的《华阳县志·津梁》："安顺桥，旧名长虹桥，治外城大佛寺前，跨外江，长二十丈，阔一丈，架木为之，上覆以屋。创建年月无考，乾隆十一年（1746），县令安洪德重修，并题额。"修桥的银子，据说是安洪德捕获了一个巨盗后缴获的赃款。"析其赃之无主者"，于是用这笔所谓无主的钱财修了安顺廊桥。其实在安洪德重新修桥前三年即乾隆九年（1744），安顺廊桥就被冲毁过，后由当时的四川按察使李如兰主持了重修。熟料，三年后又被冲毁了，这才有了安洪德的又一次重修。从历史上看，安顺桥一直命运多舛！安洪德用赃款修桥的传说无论真假，这一次重修的安顺廊桥在风雨波涛之间挺立了整整两百年，可谓一个奇迹了。

马可·波罗与安顺桥

古安顺廊桥消失了，一座现代的新安顺廊桥则在下游约500米处矗立起来。为保存成都廊桥的历史文化记忆，2003年，政府新建了一座三洞石拱廊桥。新廊桥继承了古廊桥的文化精髓，又融入了现代的精神特征。桥主体长81米，宽23.6米，一大两小三个石拱洞组成台阶式的桥面，桥下迎水面两个桥墩，墩上两只卧狮栩栩如生，狮尾是两个泄洪圆孔；桥上两端各有亭阁，连接亭阁的便是二层的主桥楼，红柱黛

近处为新安顺廊桥，远处是老安顺桥　冯荣光摄

瓦。如今桥楼作为一家餐馆随时恭候游人光临。楼外桥面两侧有石砌栏楯，栏柱上雕刻龙饰花卉；廊桥南北两端各有四柱三开的牌坊，牌坊楹柱上有对联，两端牌坊下大理石墙面上则刻有马可·波罗的头像和旅行线路图及《廊桥赋》。新安顺廊桥集历史文化和商贸旅游于一体，如今已成为成都锦江上一道独特的人文景观。

马可·波罗在其游记中曾写到成都廊桥："市内有一座大桥横跨其中的一条河上。从桥的一端到另一端，两边各有一排大理石柱支撑着桥顶。桥顶是木质结构，装饰着红色图画，上面还铺瓦片。整个桥

面上排列着工整的房间和铺子，经营各种生意，其中一幢较大的建筑物，是收税官的住房。凡经过这座桥的人都要缴纳一种通行税。据说皇帝陛下每天从这桥上收益类似于拜占庭金币一百块的税款。"

这段话如今被刻在新安顺廊桥南段的大理石墙上。许多人认为马可·波罗写的这座大桥就是安顺廊桥。当然，也有人说他写的是万里桥。因为万里桥正对南门，来往商旅更多。其实，不管马可·波罗写的是哪座桥，重要的是他记述了成都廊桥的文化特征：桥上有房屋，壁上有画；大桥不仅能通过行人，而且能遮风避雨，还兼作交易市场。安顺桥作为廊桥，无疑也是具有这一功用的。

桥是弯弓塔是箭

九眼桥是成都古桥中相对年轻却最大的一座石桥。它原名洪济桥，又名锁江桥、镇江桥。其始建年代有几种说法，明代李长春《新修洪济桥回澜塔碑记》载："皇帝在宥之（万历）二十有一载（1593），蜀左余一龙于两江合流之所修建，桥成，为洞者九，纵四十丈，横四十尺。远而望之，虹舒电驰，霞结云构，若跨碧落而太空为门。俯而瞰之，飙涌涛春，鲸尺鲵走，若驾滇渤而巨浪为溜。"天启《成都府志·关梁》记载的建桥时间却要晚两年："洪济桥府城东二里，万历二十三年（1595）布政使余一龙所建，以镇水口，为洞者九。其南岸即回澜塔，为形胜壮观。"而民国修订的《华阳县志·津梁》所载则还晚两年："万历二十五年（1597）创建。"2011 年出版的《成都通史》采用的是 1594 年一说："此桥创建于明万历二十二年。"时间上各家说法不一，但内容则是一致的：建桥者是布政使余一龙，桥为石材拱式九洞，南岸建有回澜塔，目的是"以锁水口"，故而又叫锁江桥。

在明末战乱中，洪济桥遭到破坏，于是乾隆三十五年（1788），四川总督李世杰下令重修，之后更名九眼桥。清代的九眼桥，桥面呈拱形，来往车辆极不方便。所以在民国时，桥上出现了一批职业的推车人，他们帮助拉货的架架车和黄包车过桥，然后获得点微薄的酬劳。九眼桥直到 20 世纪 50 年代，才将陡坡放缓；后来又区分出快、慢车道，中间快车道呈拱形，两边人行道是平桥，成为一些人夜晚摆摊设点的场所，卖旧书的和卖"夜光皮鞋"的小贩最喜欢这里。九眼桥面的快、慢车道的隔栏是以青砖砌成的，十字中空，这种格局一直保持到1991年九眼桥被拆除。

关于九眼桥，成都民间有许多故事，传说铁拐李就是从这里升的天，桥面上有块红砂石板上还留有一只脚印；又说那中间的桥洞下有个海眼，直通大海，人在桥上仔细听还能听出海眼中的嗡响。不过，流传最广的还是张献忠的故事。1644年，张献忠趁明末大乱之机在成都称帝，国号大西。这个杀人如麻、以"剿四川"闻名的乱世大王，有一天登上回澜塔，举目一望，他的皇宫承天殿尽收眼底；再一看脚下这座气势恢宏，形如弯弓的锁江桥，顿时使他抽了口凉气：这桥如一张巨大的弓，这塔不就是一支利箭吗？这还了得！即刻把箭给朕拆了！彭遵泗《蜀碧》记载了这则轶事："成都锁江桥畔，有回澜塔，贼登其上，见内城宫殿，语从官云：桥是弓，塔是箭，弯弓正射承天殿。遂命毁之。"但故事结局有些荒诞，说在拆塔的时候，挖出了一通诸葛亮留下的石碑，上有篆文云："修塔余一龙，拆塔张献忠。岁逢甲乙丙，此地满地红，好运终川北，毒气播全川。吹箫不用竹，一箭贯当胸。"这种谶语式的传说，除了印证1646年张献忠在西充县凤凰山被清军肃亲王豪格一箭射中后被擒杀的史事外，主要还是人们对这个杀人魔王恨之入骨的一种文字泄愤。人们痛恨张献忠对回澜塔与锁江桥的毁坏，更诅咒他对大量无辜生命的屠戮。

九眼桥在老成都人记忆中是一部历史！1991年，拆除九眼桥时，我专程赶去与这座我熟悉的古桥道别。眼见它被拆得七零八落，石条石墩如同抖散的骨架横七竖八躺在浅水中，一种"落花流水春去也"的悲凉之情涌上心头，使我真切感觉到一段历史已经与我们的时代渐行渐远了。

蜀
都
水
香

依
水
而
生
的
天
府
锦
城

散落的古桥群：联结水城版图的网点

李冰之后，成都水系变化最大的时期是唐代。晚唐解玉溪、金水河开通后，又相继有清远江绕城，凿西濠（今西郊河）护西城。历经宋元明清，在这些河道上又不断引水，使城区形成了一张庞大的水系网。

有水必然有桥。水网上星罗棋布的桥，不仅方便了城市交通，也给城市增添了新的历史人文风景。许多桥直到几十年前还存在，如今它们大多化为地名，刻在了城市的版图上。我对 20 世纪 90 年代以前成都老城区的街巷做过粗略估计，发现以桥命名的街巷就达六十余条，除去重复的，桥名变街名至少在四十条以上。

桥是水网上的结

金河从西门外入水至城东连接解玉溪，横贯城市东西。金河最早有八座桥。宋人李新《后溪记》称有八座桥，但他只提到了其中四座桥名："有笃渊、建昌、安乐、龟化等八桥跨水上。"

元明清几朝，金河上又相继建设了不少桥梁。据《成都城防古迹考》所列桥名，金河上的古桥有二十六座。金河从城西垣铁窗入城，有清源桥。清同治《成都县志·津梁》记载："清源桥，现西城外百步，石桥。上有奎星阁，有土城栅门，跨金水河。"往下有金花桥，此为郫江故道，李冰七桥中的市桥就在附近。再往下有节旅桥、斜板桥、龙凤桥、通顺桥、拱背桥、银锭桥、半边桥。金河过半边桥后就出了少城往东，北穿西御街至皇城有三桥，再向东南穿过东御街折向盐市口有锦江桥、卧龙桥、青石桥以及下游的太平桥、一洞桥、余庆桥、老卧龙桥、板板桥、景云桥、金津桥、金水桥（又名拱背桥）、铁板桥、普贤桥、清安桥、大安桥，然后回到清远江，即府河。金河是市中心最后消失的水道，金河上的群桥也就成为最后被"埋"进城市地下的古桥群。

御河最初开挖是在明代。洪武十年（1378），朱元璋封其十一子朱椿为蜀王，并在成都大建蜀王府。御河即是环绕蜀王城的护城壕沟，故又称王府河。明正德《四川志·蜀王府》称御河"蓄水为濠"，就是一圈积雨而成的死水沟。到清初，在修复因战乱毁坏的蜀王城（百姓俗称皇城）时，新挖了一道沟濠，连通金河，从而激活了御河水。于是御河上陆续建起了一系列的桥，今留下名称的有兴隆桥、板桥、宝莲桥、龙眼桥（两座）、后子门桥、同善桥、履安桥、平安桥、义成桥、青龙桥（三座）、通顺桥、状元桥、玉带桥、双堰桥、总汇桥、梓潼桥、双庆桥、桂王桥。御河是市区出现最晚，却是最早淤积的水道。御河上的桥非常有名，如今桥虽不在了，但许多桥名都成了市区的地名，如平安桥、玉带桥、梓潼桥、桂王桥等已经是城市标志性的区域。

在上述两水源头，即西门外的西濠水系上还有不少古桥，最著名的有磨氏河上的两座石拱桥，即遇仙桥、送仙桥。传说每年农历二月十五，各路神仙在青羊宫聚会就是通过这两座桥来去的。所以就形成了成都每年一届的传统花会。

西郊河（又名犀角河，俗称洗脚河）上亦有两座名桥，一座是浣花廊桥（与浣花溪旁的同名）。明天启《成都府志·关梁》记云："浣花桥，府治西门外，旧名大市。巡抚东皋刘公创建，且置坊于上。四门始为一体，长桥引波，巨榜悬空。驷马与万里对峙，濯锦与浣花相望。争雄竞丽，实为锦城之壮观云。"此桥旧址当在西月城街和北巷子交汇处，今已没有河流的遗迹，桥当然也就失踪了。另一座是十二桥，原为廊桥，今还在，但桥是新桥。老廊桥始建于民国 5 年（1916），虽不算古桥，却非常富有古桥特征，木质平式，桥上有房，而且雕梁画栋。桥名源于"扬一益二"之典，扬州有二十四桥，"益二"便得其一半，故称十二桥。此地曾是古蜀人聚居之地。1985 年，考古工作者曾在桥西掘出了规模宏大的干栏式建筑。一直以来，成都人都醉心于在江边建吊脚楼，不知远古时此地有无桥。

至于城内外其他小溪流上的石桥，那就数不胜数，不一而足了，譬如我儿时居住的柳荫街，长不足三百米，街头街尾却各有一桥，东头的叫柳荫桥，西端的称拱背桥。小桥由青石砌成，有石栏，桥面留下了鸡公车碾出的道道车辙。

如果把水视为成都城市大地上的一张网，那么各式各样的桥就是这网上的结。

王者三桥

今东、西御街口与人民南路之间、天府广场南侧，成都地铁在此地下交汇。半个多世纪前，金河却在它地面上流淌。河上有三座石桥正对皇城的三道门洞，三桥中间一道为平桥，两边为拱桥。清同治《成都县志·津梁》载："三桥在治南贡院前街，跨金水河。"如此格局令人想到北京天安门前的金水桥，那是帝王专制时代皇家的阵仗呀！成都三桥虽没有北京金水桥的规模，却也不乏王者气派。事实上，当年朱元璋命人建蜀王府，正是按照封建礼制规格建造的。

从明朝到民国，三桥居然躲过了明末的战火，在金河上静卧了五个世纪。皇城的主人早已换了一茬又一茬，先是大明的朱姓子孙；后又被那个陕西定边来的流民皇帝占据，撤退时还放了一把大火；清代修复后，皇城变身贡院，成了读书人求取功名的地方，三桥对应的也不再是象征皇权的城门洞，而是一道三开的"为国求贤"大石牌坊。清廷倒台了，入驻皇城的先后有大汉军政府、四川军政府、民国四川省政府，主事的人如走马灯一般你方唱罢我登台。

1911 年 11 月 2 日，三桥周围人山人海，欢声雷动，头悬辫子的大清臣民高喊着"中国万岁"的口号，高嚷着宣布四川脱离朝廷。却不料，立宪派人争得的只是假独立，不到半月，原四川总督赵尔丰就指使巡防兵暴乱，把成都城中的官库、银行、当铺、商铺以及公馆豪宅洗劫一空。此时革命党人才发现赵尔丰不除，辛亥革命难以成功。12 月 12 日，三桥再次人头攒动，躲在督院街总督府内的赵尔丰被绑到皇城明远楼前，在军民一片喊杀声之中，这个被四川人称为"屠夫"并导致了辛亥七月十五"开红山"（即成都血案）的封疆大吏的人头落在了三桥下。经历了几百年帝王专制的三桥，荣幸地赶上了共和的开端。

三桥所在地，清朝叫三桥正街，民国时，人们把桥南桥北分开，分别称为三桥北街、三桥南街。1958年，政府决定修一条连接火车北站和南站的人民路，三桥所在的河道被填平扩宽，建成了人民南路一段。

从此，三桥沉入了历史。

满汉分界半边桥

今人民公园正门有座小拱桥，叫拱背桥，是金河群桥中硕果仅存的一座桥，当然古桥早已改造成水泥桥。桥下的水道正是金河故道。当年金河向东流出公园东门遇上一座桥，叫半边桥。如今此处既看不见河，更没有桥，只有文翁路上拥堵的车辆。

半边桥是座石桥，微拱，20世纪70年代还存在。对这个怪异的名字，我小时候常常心中犯疑，分明是座完整的桥，怎么就成了"半边"呢？其实半边桥只是它的俗称，它本名叫灵寿桥。清朝建少城分治满汉，其东水关的城墙规划恰好从灵寿桥中间通过。于是筑少城时，就先在桥上安了块大铁板，然后在铁板上砌墙。工程完毕后，灵寿桥被一分为二，一半在大城，一半在少城，它对大城与满城来说都是名副其实的半边桥。

城墙阻隔了灵寿桥两百多年，直到1912年少城拆除，半边桥才恢复了全貌，但俗名却沿用下来。半边桥曾为民族分离之桥，辛亥革命后又可谓是民族团结桥，它直接见证了满汉民族由隔绝到融合的过程。

半边桥所连接的道路也因此分别得名半边桥南街与半边桥北街。桥南两侧都是民宅，后多改建成商铺，沿街后来也成了农贸市场；北街有旧商店和饭馆。成都市图书馆就在桥头西侧。这个抗战前建起的市立图书馆，一度改名中正图书馆，1949年后又叫过人民图书馆，后来复归成都市图书馆名称。

五十多年前，金河已淤积成排污河，只有夏日涨大水，河中才能见到活水涌来。而每当这个时节，半边桥就异常热闹，周围不少居民会聚到桥洞下游来捉鱼，有搬罾的，有撒网的，小男孩则有拿撮箕、铁叉上阵的。无论用啥方法，多少总会有收获。因为一涨洪水，公园湖里的鱼就顺着金河冲了出来，所以夏季的半边桥头常常就成了捕鱼场。

城中码头青石桥

青石桥是金河上最古老的八桥之一，初见于宋人李新的《后溪记》，曰龟化桥，原本是一座廊桥。明天启《成都府志·关梁》有记载："龟化桥在华阳县治南金水河之东，俗呼曰青石桥。"民国《华阳县志·津梁》中说："有石桥，治东南三里青石桥街，金水河。石材，平式，一洞。清乾隆五十七年（1792）重修，民国 15 年（1926）改修。旧称龟化桥，原有覆盖，改修时拆卸，如今形。"民国改修的青石桥，一直保留到了 20 世纪 80 年代，金河早淤塞了，桥却存在了许多年。

青石桥之所以叫龟化桥，乃是为纪念协助张仪筑城的神龟。传说张仪筑成都城时，城墙总是垮塌，后经人指点，按巨龟爬行轨迹筑城才获得成功。因此，成都又别名龟城。后来巨龟死在了城东，可人们却认为它是升天了。化者，即升天也。龟化桥是神龟升天的地方。

近现代青石桥之所以有名，是因为这里曾有个繁荣一时的水码头。青石桥码头临近古代成都的商业中心东大街，金河又直通府河，城外大码头上云集的各种货物便经由金河，用一种不能掉头的名叫"两头忙"的小船转运至青石桥码头，再由搬运工人送到各商号店铺。青石桥码头因为承担了货物转运站的角色，在大清至民国的数百年间，这一带便成了人们娱乐和购物的中心区域，茶楼、酒肆、商铺鳞次栉比，做买卖的，推车抬轿的，游玩的，人流络绎不绝，喧哗声响成一片。

明清时期的青石桥，俨然一幅天府之国版的清明上河图。

升仙水之桥：从驷马桥到五桂桥

二江之外，成都城北还有一条古老的升仙水，这就是今天的沙河。

李膺《益州记》载："升仙水，起自始昌堰。堰有两叉，中流即升仙。"卢求《成都记》中说："城北有升仙山，升仙水出焉。"升仙山即凤凰山，由张道子在此修炼成仙的传说而得名。从升仙山流出的水因此叫升仙水。升仙水更名沙河是宋代以后的事，大概因为升仙水的源头发生了变化之故。

现代沙河从城北洞子口府河分流至城北、城东，至东南回到府河，全长22千米。几十年前，我曾骑自行车沿河走过全程，留下记忆最深的是那一座座小巧、古朴，却已风化严重的石桥。2017年夏天，我再次沿河岸走了一回，整治后的沙河俨然一道绿色长廊，唯一遗憾的是，波浪之上再难见古石桥的踪影，虽然也有几座现代仿古石桥为沙河留下了些许历史记忆，但这些仿古石桥终归缺乏岁月的沧桑感。

升仙水也好，沙河也罢，早先它的波涛之上都曾经有过许多的古桥，直到今天，除了闻名遐迩的驷马桥之外，还有三洞桥、五桂桥、踏水桥、杉板桥、跳蹬桥、多宝寺桥、观音桥，等等。只是，这些名称上的古桥，实则都是现代的水泥桥了。人们只能从它们的名称中去想象曾经那一座座悠久、古朴的石桥。

风流千古驷马桥

升仙水上最古老的桥是升仙桥。升仙桥因与司马相如结缘改名驷马桥。

从成都市中轴线上的天府广场出发，经顺城大街、玉带桥、锣锅巷、草市街、北大街，跨清远桥（即北门大桥），再往北过解放路二段、梁家巷，在解放路一段北口与驷马桥街之间的沙河上，有一座宽阔的水泥大桥，这就是驷马桥。

驷马桥的桥面是前几年才修整过的。只见大桥南北两头四端都有汉阙式的装饰建筑，阙下两端塑有正在飞驰过桥的驷马高车，另两端阙墙上则有简短的文字说明驷马桥的来历。阙是秦汉至三国时代的标志性建筑。依古代礼制，只有都城才允许建阙，"城阙辅三秦，风烟望五津"句中的城阙，就是指古都长安的城阙。巴蜀在西汉末年曾有十二年时间被公孙述割据，定成都为都，始建城阙；东汉末年，刘焉据蜀，也打算效仿公孙述，在雒县（今广汉）建筑阙门；三国蜀汉时期刘备在成都称帝，成都城更是名正言顺地作为帝都兴建了城阙。左思《蜀都赋》留下了"华阙双邈，重门洞开，金铺交映，玉题相晖"的名句。

城阙是一个时代的象征。驷马桥头的仿城阙建筑让人们顿时穿透两千年的历史烟云，感受到时空岁月的壮阔和美丽。

《史记·司马相如列传》记载，西汉文景时期，成都城中一位被父母唤作犬子、大名司马长卿（前179—前118）的少年，渐渐成长为一名才华横溢的青年辞赋家。年轻人自幼怀抱鸿鹄之志，素来景仰战国时代的赵国上卿蔺相如，于是干脆将自己的名字改成了司马相如。景帝在位（前157—前141）期间，青年司马相如欲去都城长安一展宏图，遂"以赀为郎，事孝景帝"。

就在离开成都北上时，司马相如来到升仙桥，眼见桥下滚滚逝去的河水，再北望伸向远方一直连接都城长安的大道，心中发下誓愿，遂提笔在桥头送客观的木柱子上挥毫写了一行大字："不乘高车驷马，不过汝下。"《华阳国志》有记载："城北十里有升仙桥，有送客桥，汉代司马相如初入长安，题其门曰：'不乘高车驷马，不过汝下'也。"高车驷马，即是四匹马拉的华贵的车。我国古代礼制对车辆驾马的数量是有严格规定的，不同身份等级的人所乘车辆驾马的数量也不同。《宋书·礼志五》说："天子所御驾六，其余副车皆驾四……"逸礼《王度记》曰："天子驾六，诸侯驾五，卿驾四，大夫三，士二，庶人一。"由是可见，司马相如少年时期便有鸿鹄之志，绝非甘心做个一般的士人，而是要成为公卿级的朝廷重臣。

然而，梦想的实现并不是一帆风顺的。由于景帝不好辞赋，以写辞赋擅长的司马相如仅仅得了个武骑常侍的闲职。这不是他想要的。一次，梁孝王刘武来朝拜景帝时，司马相如得以结交梁孝王门下的齐人邹阳、淮阴枚乘、吴庄忌夫子等一批辞赋大家，并且与这些人一见如故。于是司马相如向朝廷称病离职，前往梁孝王封国与志趣相投的文士共事。这期间他为梁孝王写了篇著名的《子虚赋》。几年后，梁孝王去世了，司马相如失去经济靠山，只得默默地回到成都。在路过升仙桥时，当年的题字还在，面对此情此景，不知他心中有何感想。因为他还未实现先前的誓言。

不过，金子总会发光。司马相如飞黄腾达是在娶了临邛卓文君，再次北进长安后。这一次，由于武帝喜爱辞赋，加之成都老乡、皇帝的狗监杨得意的推荐，司马相如终于得到了朝廷赏识。从建元六年（前135）起，武帝授予司马相如中郎将之职，两次派他出使西南夷，使邛、筰、冉、駹、斯榆等蛮夷都归顺了朝廷。所以当他出使回归途径成都时，太守亲自赶到郊外来迎接，县令则背着弓箭在前面作警卫，凡蜀人均感觉颜面增光。司马相如不仅有功于国家，也实现了他"高车驷马"衣锦还乡的个人理想。

升仙桥从此与司马相如结缘。司马相如以他不朽的功名赋予了古老的升仙桥厚重的文化底蕴！

如今的驷马桥，桥面宽阔，行人、车辆来往如织；桥下沿河两岸，绿草茵茵，树木成行，河水静静流淌，偶尔翻出几朵浪花，像是在跟岸上的人们亲切地交流；而浅水下一丛丛深绿的水草随流摇摆，不禁使人联想起徐志摩的诗句："软泥上的青荇，油油的在水里招摇。在康河的柔波里，我甘心做一条水草。"（《再别康桥》）

河岸的树荫中有人在垂钓，曲曲弯弯的绿道上，则有人在散步，在跳舞，在练拳；还有人坐在椅子上静静地看书。2017年8月的成都罕见的炎热，驷马桥旁的沙河两岸，每天都有不少居民聚集在此享受荫凉。我走进乘凉的人群中，与他们攀谈、闲聊驷马桥的来龙去脉。然而多数人只晓得这桥和古代的某个文人有关，其他便说不清了。或许他们连桥头的文字都没认真看过。终于看到一位八十多岁的老先生散步走来，我赶忙迎上去请教。"这个桥不是原来的驷马桥。"老者第一句话就让我觉得问对人了。老人指着百米开外的铁路桥说："原来的老驷马桥在铁道那个地方，是座石桥。20世纪50年代初修铁路时，让沙河改道拐了个弯，驷马桥也就向南移了百多米。"那座与公路交叉的铁路桥，曾经被老成都人视为成都的第一座立交桥，没想到那里竟然就是古老的驷马桥遗址所在。我继续问老人知不知道驷马桥曾经叫升仙桥，他看了桥一眼，说他在高笋塘生活了八十多年，没听说过驷马桥叫升仙桥。这也难怪，驷马桥的名称已经有一千多年，升仙桥不过是南宋以前的事儿了，能有多少人知道呢？

然而老先生却告诉我，如今沙河上的确有座升仙桥，就在自来水二厂旁边。这倒是一下提起了我的兴趣。我按老先生指引，往北穿过羊子山路，在十分清冷的荆竹南路与横桥街交叉处的自来水二厂旁果然见到一座桥，南北两端各建有一个四方小亭，桥栏两头立柱上刻有很小的三个字——"升仙桥"。居住在附近双沙路一小区的蔡先生说，这座升仙桥是2002年整治沙河时才建的，以前没桥，两岸全都是农田。我顿时明白了，人们之所以要在驷马桥上游新建一座升仙桥，显然是想为当代沙河保留一个更为古老的记忆！我在桥头亭中小憩一会儿，心中自问："这亭子是不是仿古代升仙桥的送客观呢？"

还是回头再说老升仙桥。

最早的升仙桥是什么样的，史上并无记载。从成都站东乡青杠坡出土的汉代画像砖看，秦汉时期的升仙桥也应该是木桥。再联系到送客观，应该还是一座能遮风挡雨的廊桥。木桥是一种梁桥，是继浮桥、悬桥之后使用时间最长的桥梁形制。所以古人称桥为梁。桥既是由梁构成，那么水中便有若干立柱作为驾梁的支撑。今之净居寺沙河大桥，虽是钢筋混凝土材质，却也采用的是古老的立柱式架梁，水中竖有若干水泥根立柱。

进入汉代后，中国的石桥技术得到了长足发展。升仙桥是何时从木梁桥变身成为石拱桥的，现已很难考证。但至少在唐代它还是木梁桥，有唐人罗隐的《升仙桥》诗为证："危梁枕路歧，驻马向前时。价自有朋得，名因妇女知。直须论运命，不得逞文词。执戟君乡里，荣华竟若为？"到了宋代后，社会经济繁荣，南来北往的路人增多，升仙桥想必已改建成石桥；至明清时期那就肯定是石桥了。日本间谍岛崎役治在20世纪20年代拍摄了一张驷马桥的照片，那显然是一座镌刻着岁月痕迹的石拱桥。

升仙桥的名字，首先得益于不远处的升仙山。其次得益于升仙水。升仙山即当今之凤凰山，秦汉以前叫斛石山。民间传说，有位叫张伯子的道人曾在山中修行，后来修成了正果，得道升天，在此骑着红色斑纹的老虎飞腾而去。于是斛石山便更名升仙山了。也有另一说：老子出关时留下五千言《道德经》，并对关令尹喜说，千日后可寻吾于成都青羊肆。尹喜届时如约赴会，却不见老子踪影。打听得知老子去了油子沟桥。尹喜又赶去油子沟桥，亦不见老子，却看到天空中有紫色祥云，以为是老子在此升天成仙了。因此，油子沟桥被改名为升仙桥。桥下的油子沟河也成了升仙水。元人费著的记述涉及这个传说："三月三日，出北门，宴学射山。既罢后，射弓。盖张伯子以是日即此地上升。巫觋卖符于道，游者佩之，以宜蚕避灾，轻裾小盖，照灿山阜。晚宴于万岁池。"清代学者李元曾记载得更明白："相传三月三日张伯子道成，得上帝诏，于此山驾赤纹乌菟上升，因改名升仙山，桥亦名之。"但李元并不相信这个传说，所以他当即就问道："然修道何处，上升何年，且土阜高不过数丈，又当城市嚣尘处，仙人何取于此？盖附会也。"然而不管怎样，因为有升仙山、升仙水，桥自然就成了升仙桥。

倒是唐人李远的一篇《题桥赋》，运用丰富的文学想象，渲染了司马相如与驷马桥的故事：

　　昔蜀郡之司马相如，指长安分将离所居，意气而登桥有感，沉吟而命笔爱书。倘并迁莺，将欲夸其姓名；非乘驷马，誓不还于里间。原夫列骑留连，乡心顾结。铜梁杳杳以横翠，锦江翩翩而逆浪。徘徊浮柱之侧，睥睨长虹之上。神催下笔，俄闻风雨之声；影落中流，已动龙蛇之状。观者纷纷，嗟其不群。染翰而含情自负，挥毫而纵意成文。渥泽尚遥，滴沥空瞻于垂露；翻飞未及，离披且赌其崩云。盖以立誓无疑，传芳不朽。人才既许其独出，富贵应知其自有。潜生肤蚤之心，暗契纵横之手。于是名垂要路，价重仙桥，离离迥出，一一高标。参差鸟迹之文，旁临彩槛；踊跃鹏搏之势，下视丹霄。既而玉垒经过，金门宠异。方陪侍从之列，忽奉西南之使。乘轺电逝于遐方，建节风生于旧地。结构如故，高低可记。追寻往迹，先知今日之荣；拂拭轻尘，宛是昔时之字。想夫危梁薜剥，清墨虫穿；长含气象，久滞风烟。几遭凡目之见嗤，徒云率尔；终俟瑰姿之后至，始觉昭然。所谓题记数行，寂寥千载。何搦管而无惑，如合符而终在。惊后进而慕前贤，亦丁字而有待。

　　升仙桥沾了大才子的文气而流芳百世，最后竟把张伯子成仙的典故湮没了。京镗因司马长卿的题记改了桥名，却如当代历史学家唐振常先生所言："似是为相如得官而赞，实是对文学的纪念。"两千多年来，司马长卿与驷马桥的故事被世代传诵演绎，已成为古老沙河上一个永恒流淌的浪漫传奇。

　　正是因为司马相如的缘故，历代文人墨客都以吟诵驷马桥作为一大雅事，尤其唐宋诗人。最著名的一首是唐代大诗人岑参的《升仙桥》："长桥题柱去，犹是未达时。及乘驷马车，却从桥上归。名共东流水，滔滔无尽期。"汪遵则以《升仙桥》为题连写两首诗，既赞颂司马相如，又称道向汉武帝推荐司马相如的杨得意。其一："题桥贵欲露先诚，此日人间笑率情。应讶临邛沽酒客，逢时还作汉公卿。"
其二："汉朝卿相尽风云，司马题桥众又闻。何事不如杨得意，解搜
贤哲荐明君。"宋代著名"三范"之一、华阳人范镇的《升仙》诗则
似乎又多了一层思索的意味："去用文章结主知，出衔恩旨谕皇威。
相如终古成轻诧，桥上空题驷马归。"

真可谓，悠久的升仙桥，厚重的驷马印！

今日驷马桥　张义奇摄

古风神韵三洞桥

说起三洞桥，许多人会想到城西"永陵"旁的那座三洞桥，因桥
头"带江草堂"的大蒜烧鲢鱼闻名于世。郭沫若曾有"三洞桥边春水
生，带江草堂万花明"的诗句。

但此处要说的是城北沙河上的古三洞桥，是过去人们北上川陕大
道的重要桥梁。

沙河流过驷马桥后，拐两道大弯，穿过二环路北四段，来到了
416医院背后，此处河湾两岸有小块开阔地，以前是农田，现在成了

临河的露天茶园。一年四季无论寒暑，成都的老茶客们都把这里坐得满满的。茶客们来此必过的一桥，就是三洞古桥，呈南北向横卧在沙河上。古三洞桥，顾名思义有三孔，始建于清光绪年间，系红砂石砌成的拱桥，桥面呈弧形；桥面两侧各有二十四根对称方形栏杆石柱，柱上有狮身石刻作装饰；水面上两个桥墩，在迎水面有青龙石雕，龙身鳞片清晰，张牙舞爪，做工堪称精致。但老桥经过百年风雨，风化严重，狮身和龙眼都模糊了。所以在2004年沙河整治工程中，政府对古三洞桥进行了重新修缮。

重新修葺的三洞桥依然是三洞石拱，栏楯石板上雕刻有精致花卉图案，桥头石柱上有简单的"古三洞桥记"。但仿古三洞桥和老三洞古桥还是有区别的，最大不同便在材质上，新桥用的是青石板，古桥用的则是红砂石板。古桥经岁月的磋磨，如饱经沧桑老者：桥面坑坑洼洼，被鸡公车碾压的辙印像额上的皱纹；桥身风化严重，桥栏石柱上的兽头也难辨认，桥墩迎水面的几个龙头要么没了下巴，要么失了鼻梁。若能留到今天，或许更应算是古升仙水上的一景。

鉴于古三洞桥的历史内涵，整治沙河时又在"沙河八景"中专设了"三洞古桥公园"。地址在古三洞桥上游数百米的三友路沙河桥旁，西起三友路，东至泰兴路，北以沙河为界；南至李家沱小区，占地面积53 000平方米。公园设计重点体现引水、分流、灌溉的文化主题。院内由入口广场、水帘墙广场、音乐喷泉、三洞古桥、假山、木马栈道、亲水廊道几大部分组成。

水源广场、喷泉、水渠、假山水池、方格水池、卵石驳岸系列景观，反映了成都平原的水利格局，再现了古蜀的治水文化。中心广场的文化背景墙还镌刻着古蜀治水的历史画卷。

三洞古桥公园之所以建在古三洞桥上游，一是因为三洞桥的文化含义，二则这里上下几座桥过去都叫三洞桥，人们分别叫附近几座桥为上三洞桥、中三洞桥、下三洞桥。老上三洞桥在二环路北侧，即离驷马桥更近一些的原成都预制板厂（现为住宅小区）背后；下游一里多今二环路北三段和北四段交界的沙河大桥就是原来的中三洞,今虽然保留着老桥名,但老桥早已变身为单孔的水泥大桥了;离中三洞桥百余米远的下游,416医院后这座古三洞石桥,原是下三洞。下三洞是几座古桥中保留最完整的。所以,人们在旧桥址上修葺了这座"古三洞桥"。

古三洞桥　张义奇摄

据老人讲,早先的几座三洞桥建得大致一样,只有大小的细微差别。但奇怪的是,对上中下三洞桥顺序,却缺乏统一的认定。新华出版社2015年出版的《成华坐标》一书认为,上三洞桥即是现在修葺的三洞古桥,中三洞桥在圣灯乡马鞍村境内,估计是指今之虹波桥,下三洞桥则是踏水桥。成都作家冯荣光先生可谓是"老北门",他也指着虹波桥告诉我说这是中三洞,但上三洞桥和下三洞桥,他也说不清。这就把人弄糊涂了,若虹波桥是中三洞,如此说来,这三洞桥就不是三座,而是有四座了。而四座三洞桥建于何年何月,已很难说清。从桥的造型和风化程度看,最晚也应该是清朝,或者说这是清代在古桥址上建的"新桥"。唐振常先生说："桥高而陡峭狭窄，这才是古桥。"以此标准打量，几座三洞桥是有古风神韵的。

乌龟桥·五桂桥

沙河流到市区东南就属于下游了。与上游几座三洞桥同样知名的还有几座五桂桥。五桂桥的本名应该是"乌龟桥"。塔子山北侧有个地方曾叫乌龟坝。乌龟是古代的灵物，就像成都城被称为龟城一样。把桥命名为乌龟，不仅是所处地名的要求，而且也有吉祥的含义。却不料，乌龟后来成了骂人的忌讳语。于是乌龟桥也就顺理成章地喊成了五桂桥。

五桂桥也分为上五桂、中五桂和下五桂。上五桂桥即双桂路与迎晖路之间的沙河桥，如今是进入成渝高速公路的高架斜拉双层大桥，但据老人说，以前是一座三洞石桥。我对这座老桥已没多少印象，只记得它是座老石桥，桥栏由矮矮的石条砌成，在塔子山公路的弯道和陡坡下，因为每次从农村劳动回来，走过此桥就有了回到城里的感觉。

上五桂桥西，有条约两里长的沿河土路，叫古雅坡路。路南头拐弯处有座五洞的红砂石桥，不宽且稍长微拱，是通往下沙河堡场镇的要道，这就是中五桂桥。据说古桥原也是三洞，有两洞是 20 世纪 50 年代第一次整治沙河时增添的。而今古桥已拆除，代之而起的是下游不远处新建的一座宽广的三洞仿古大石桥，因地处五福村而命名为五福桥。五福桥均由青石镶砌，栏板有花卉图案，两边四十根栏柱上雕刻盘龙，颇具古典特色。

再往下游去，连接锦华路一段和二段有座水泥平桥，叫锦华桥，地图标为沙河大桥，人们则称其为下五桂桥。其实真正的下五桂桥还在下游不远的老成仁路上，图上标为老沙河桥。早先也是三洞石桥，60 年代叫"红专桥"，后来改称"红砖桥"。如今该桥桥墩、桥栏都装饰成白砖。如果把人们误传的锦华桥算成下五桂，那么五桂桥也就和三洞桥一样也有了四座。

五桂桥的建造年代也没人能说清楚，但从沙河下游桥梁密集程度以及与下五桥紧邻的观音桥的建造时间来看，五桂桥的建桥时间不会太晚。明代喻茂坚《重建观音桥碑记》中说："成都去城七里有沙河，近东景山之寝园，车马经游之路……成化丙申河桥颓圮……丁酉桥告成。楼上有楼，楼下有栏楯，咸集以本。桥畔有观音堂，因题其名曰观音桥……迄今甲子，历年九十……桥残缺过甚……欲易竹木尽施砖石……经始于甲子正月十二日，告成于乙丑十一月十五日。东西长二十丈，南北阔四丈，通砌以石，重重合以灰……"从这则碑记看，观音桥至少在元代就有了，再从它由廊桥向石桥的演变看，沙河上的其他石桥，无论是三洞桥还是五桂桥，都应该有悠久的历史。

五、江上千载：烽烟无尽，渔歌不绝（上）

近几年以来，气候变化明显。尤其夏天，成都常遇酷暑袭击，每当高温天气，城市最凉爽的地方大概只有河滨。经过整治的锦江与沙河，邻水公园鳞次，垂柳依依，绿树成荫。人们漫步其间，尽情享受着鸟语花香与悠悠凉风；惬意休闲的人们，或品茗聊天，或享受美食，或谈情说爱，或舒展歌喉。俨然一派和平、幸福和安宁的景象。谁也不会想起那随河水逝去的金戈铁马与烽火硝烟。

自秦灭蜀以来，两千多年间，东出三峡、南通云贵的成都江河，一直处在战争与和平交替的状态中。李冰凿二江的初衷似乎就决定了它们的命运。和平时期，它们滋养万顷良田；战争时期，还肩负支援重担。历史上数次统一战争记载着它们的功绩，滚滚的波涛也倾诉着战争的灾难。

成都江河就像饱经风霜的历史老人，一路见证着人民的苦与乐、时代的兴和衰。最终它们与它们守望的人民一道，迎来了近代民主革命的曙光。

蜀江上拉开统一战争序幕

中国第一次统一的序幕是从成都的二江上拉开的。

秦灭蜀，原本是将其作为扫合六国的后勤基地。"得蜀即得楚，楚亡而天下并"是秦的国策。秦国占据蜀国土地之后，国家综合实力大增，"蜀既属，秦益强，富厚，轻诸侯"。蜀地所出产的各类战略物资，使秦国君王感觉攻灭东方六国的时机成熟了。

于是，楚国成了秦国打击的首选目标。

之所以首选楚国，正是因为成都水上航运的便利。如张仪威胁楚王时所讲："秦西有巴蜀，大船积粟，起于汶山，浮江已下，至楚三千余里。舫船载卒，一舫载五十人与三月之食，下水而浮，一日行三百余里，里数虽多，然不费牛马之力，不至十日而距扦关。扦关惊，则从境以东尽城守矣，黔中、巫郡非王之有。"（《史记·张仪列传》）

秦国对楚王赤裸裸的恐吓，最充分的理由是建立在岷江之上的。张仪很自信地说，秦楚尽管相距三千里，但秦军乘战船从岷江东下攻楚，十日即可达扦关。不费牛马之力，每船可以载五十名军士，三个月军粮。

果然，秦昭王二十七年（前280），成都江河上燃起了战争烽火，司马错率十万兵马，万余艘战船，满载六百万斛大米，从成都出发，沿岷江而下，一举占领楚国的江州（重庆）和枳（涪陵），以及临沅等地。三年后，张若又起兵，攻占巫郡及金沙江南岸地区。但这次的战果没能巩固，楚军保家卫国，拼死反击，夺回了江南十五城。

此后秦楚两国维系了三十年和平。这期间，张若调任黔中郡守，蜀郡守则派李冰担任。李冰是水利专家，秦国此时派他到成都来任职，一定是基于军事的考量。从司马错和张若伐楚的战争中，秦国深切地感受到，若要战胜强大的楚国，必须把蜀郡建设成稳固而强大的后方基地。所以李冰一到任便实施了一系列水利工程，包括开凿都江堰、疏通成都二江，开石犀溪沟通二江，都是有计划有步骤的重要措施，都抱有强烈的军事目的，工程也多是调集军队来完成。《史记》记载，李冰在南安（即乐山）"发卒凿平溷崖，通正水道"，说明治理岷江是个军事工程。司马迁真实地记录了都江堰工程的意义："此渠皆可行舟，有余则用于溉浸，百姓飨其利。"显然，李冰开通二江，首先是为了行舟，便于运输；其次水"有余"才用于农业灌溉。可见成都的二江从一开始就是为军事斗争做准备的。

　　李冰水利工程的完成，使成都形成了两条水上交通大动脉，犹如古代的"高速公路"，使西部山区的木材、矿产、粮食等货物得以快速运出。成都由此成为蜀地战略物资的集散地。如果说都江堰把成都平原造就成"水旱从人，不知饥馑"的天府之国，那么二江则是蜀地连接中东部的快速通道。秦国正是凭借蜀郡的财富与岷江的便利交通，最终完成了统一大业。

二江合流后，江面宽阔，古时候从此即可直挂云帆出四川　张义奇摄

　　秦朝末年，成都二江再次成为统一战争中的重要补给线。

　　楚汉相争，项羽以强大的实力把刘邦压迫至巴蜀一隅，封了他个汉中王。汉王所辖土地包括巴蜀及汉中地区四十一个郡县，其中汉中平原和成都平原都是有"天府之国"称号的膏腴土地。有勇无谋的西楚霸王犯了无可挽回的历史大错，他完全不了解巴蜀富饶的土地与水量充沛的河流会对他构成致命威胁。相反，刘邦的谋士萧何却深谙蜀郡水利的重要性。如宋人刘光祖《万里桥记》所说："是时蜀号陆海，萧何藉之以基汉。"萧何一面在蜀郡整训士卒，一面大量筹集战略物资。汉高祖元年（前206），萧何亲自坐镇汉中。是年秋，汉中和川西平原都是一派丰收景象。随后，萧何便"发蜀汉米万船，给助军粮；收其精锐，以补伤疾"。岷江不仅把成都的大量物资送到了前线，也为前方作战部队输送了大量兵员。西汉建立后，身在巴蜀搞后勤的萧何以"功最盛"被刘邦封为鄼侯，成为西汉开国第一功臣，岷江和肥沃的成都平原是帮了他大忙的。

秦汉统一战争的序幕可以说都是从蜀郡水面上拉开的，成都江河一泻千里，为物资输送和军队运动提供了最便捷的通道；另一方面，江河也就犹如导火索，一路燃烧，最终引爆统一战争的炸药桶。

最后一战：刘秀一统天下

如果说，在秦和西汉的统一战争中，成都二江还只是充当了前进基地的角色，那么，东汉初年，战火硝烟便真正烧到了成都江河之上。

刘秀统一中国的最后一个战场便是在成都江河上。

西汉王莽新朝末年，天下大乱，绿林、赤眉相继起事，各地方官吏也趁机割据，但凡更有野心者便龙袍加身，自立为王。驻守蜀郡临邛的导江卒正（即秦汉时的郡守）公孙述乘乱断绝巴蜀对外交通，关门自立为蜀王。不久又在谋臣李熊的建议下于建武元年（25）在成都称帝，建立"成国"。李熊劝公孙述自立的理由除了蜀地沃野千里，出产丰盈和"战士不下百万"之外，便利的水上交通也是重要因素。蜀地有"浮水转漕之便"，可"东下汉水以窥秦地，南顺江流以震荆、扬。所谓用天因地，成功之资"。公孙述称帝后，除了大兴土木建宫殿外，还建造了一用锦帛装饰的皇家御用的赤楼帛兰船。这艘大船楼高达十层，可见当年成都江河水流之深阔。然而这也成了偏安皇帝公孙述的葬身之地。

公孙述龙兴十一年（35），也就是光武帝建武六年秋，刘秀在完成北方统一后，立即派几路大军围剿西南最后一个割据政权"成"国。其中东路军由善水战的大将岑彭率领。其实早在公孙述攻打荆州时，汉军就开始大造战船，训练水军。此刻岑彭正是带领这支东路军从三峡溯长江、岷江而上，一路所向披靡，破江州（重庆），占武阳（彭山），随即又派精骑袭击广都（双流）。公孙述眼看成都危在旦夕，使刺客诈降，刺杀岑彭于武阳。岑彭驻地名为"彭亡"，是彭祖归天之处。据《后汉书·岑彭传》载，岑彭对驻地"闻而恶之，欲徙，会日暮，蜀刺客诈为亡奴降，夜刺岑彭"。岑彭死后，公孙述乘势收复了武阳、南安，才暂时阻止了汉军攻势。建武十一年，刘秀命大将吴汉接替领水军三万从夷陵（宜昌）逆流而上。次年春，汉军从南安（乐山）进占鱼凫津（眉山境），大败蜀军，再围武阳。公孙述派女婿史兴急调五千人马增援。双方在广都（双流）大战，结果史兴被杀，蜀军大败。吴汉兵逼近成都，骑兵烧毁了成都西南郊的市桥，蜀军一片混乱。刘秀谙熟兵法，曾告诫吴汉，成都城中尚有蜀军十万，万不可轻敌，攻取成都时"安军宜在七星桥间"。可吴汉置若罔闻，却在成都西门外的检江北岸扎营，并架设浮桥；又派副将刘尚带万余人驻扎检江南岸，使部队相距二十多里。刘秀听闻吴汉布阵，惊出一身冷汗。果然，汉军遭到十万蜀兵的多路猛攻，汉军激战一日不敌，江面漂满了尸体，只好退回营中。

此时汉军北路人马由宫臧率领已攻至繁县（今彭州、郫县一带），对成都形成合围之势。危急中，公孙述采纳部将延牙之策，重金募集五千人为死士，然后派人在流江北岸市桥大竖彩旗，吹奏军乐，做佯攻状。汉军士兵没见过这般阵势，纷纷出营看热闹。蜀军敢死队却突然迂回至汉军阵中，把汉军截成两段。吴汉慌乱中掉落江中，幸亏揪住马尾巴才爬上岸来。惊魂未定的吴汉败退广都，收拢人马，发现只有七天军粮，于是打算撤兵。这时，刘秀新任命的蜀郡太守张堪领七千兵马赶到，阻止吴汉退却，并献诱敌深入之计。吴汉遂使宫臧在成都城西北三战三败，诱公孙述率数万蜀兵出城决战。汉军坚守不出，在蜀军从早至午被拖得疲惫不堪时，汉军才趁机进攻，蜀军顿时大乱。吴汉护军高午一马当先，于乱军中将公孙述刺下马来。公孙述虽被救回城中，但当晚便一命呜呼。成国皇帝一死，其属下便开城投降，割据巴蜀的成国政权覆灭，国家复归统一。

刘秀灭成战争打了两年，最终将割据巴蜀十二年的成国剿灭。但战乱给巴蜀人民造成了极大灾难，特别是攻破成都后，"连屠大城"，不仅公孙述及其将领遭遇灭族，数万无辜生灵亦惨遭涂炭。

呜咽长鸣的江水见证了成都有记载以来第一次大劫难。

刘禅升仙水畔和平交接

朝代更迭总是伴随血雨腥风，但也有例外。

一千七百多年前，成都北门外的升仙水就见证了一场政权的和平交替。升仙水即现代沙河的前身。如今沙河的源头在中环路的洞子口附近，属府河的一大分支。但在三国时期，沙河的源头还在凤凰山。汉代的凤凰山因传说修道者张伯子在此修道成仙升天而去，所以叫升仙山。从山中发源的河流就称升仙水。唐人卢求在《成都记》中云："成都城北有升仙山，升仙水出焉。"

蜀汉炎兴元年（263）冬，后主刘禅脱下华丽的锦袍冬衣，换上一件单薄的粗麻短衫，命人将自己双臂反绑了，然后率领太子、宫妃及光禄大夫谯周、侍中张绍、驸马都尉邓良等一般大臣六十余人，抬起棺材牵着羊，出了成都城东北的朔门，径直朝十里外的升仙桥缓缓而来。

刘禅是来向魏国征西大将军邓艾投降的。

两天前，刘禅就派人到雒城（今广汉）的魏军大营，向邓艾上呈了降书。刘禅在降书中说明了投降的理由："限分江汉，遇值深远，阶缘蜀土，斗绝一隅，干运犯冒，渐苒历载，遂与京畿攸隔万里。……天威既震，人鬼归能之数，怖骇王师，神武所次，敢不革面，顺以从命!"表示西蜀离开中原王朝太久了,是到回归的时候了!

战败者抬棺牵羊,反绑双手,是仿效古人,表示向胜利者驯服,这是投降仪式中不可或缺的内容。

邓艾是个知礼仪的军人,对刘禅这位亡国之君很客气。《三国志》记载:"艾至城北,后主兴榇自缚,诣军垒门。艾解缚焚榇,延请相见。"很快,魏国朝廷也下旨,封刘禅为骠骑将军,并且允许其继续居住在原来的宫中。

东汉末年,刘备率诸葛亮和关羽、张飞等一干人马经多年奋力打拼,于建安十九年(214)占据成都,建立起了天下三分有其一的蜀国,史称蜀汉。之后,魏蜀吴三国相互攻伐。蜀国在诸葛亮执政时曾经六出祁山北伐中原,均铩羽而归。诸葛亮死后,接任者姜维也在十年中五次北伐,耗尽国家财力,结果依然是仗仗惨败。

天下大事分久必合。景耀六年(263),司马昭派三路大军攻蜀,其中邓艾军队则绕过剑门关,从阴平道直插江油,蜀国守将马邈献城投降,诸葛瞻父子在涪城(绵阳)战死。在此存亡之际,刘禅采纳了蜀中士人谯周的主张,开城降魏。

若继续打,蜀国还是有些本钱的,姜维尚有十多万人马在剑门关一带,成都只要紧闭城门固守待援,定可坚守一些时日;更何况还有巴郡和广大的南中之地,与魏军长期周旋待变亦未尝不可。只是这样一来,不仅成都城要毁于兵燹,怕是整个蜀地都要燃起战火。作为一个有仁德的皇帝,首先应当考虑的是天下苍生。为一己私利的争斗,牺牲万千百姓的生命,实在是一种罪恶!既然蜀国无力回归中原,让魏国来统一,何尝不是一种选项,何必非要打得尸横遍野,血流成河呢?

战争造成的动荡,刘禅有切肤之痛。建安十三年(208),曹操在长坂坡大败刘备。刘备丢弃妻小,自顾逃命。多亏得赵云相救,襁褓中的阿斗和母亲甘夫人才"皆得免难"。《魏略》还记载了一件史事:刘备驻扎在小沛时,一天曹操又突然杀来,刘备再次独自亡命荆州。

只有几岁的小阿斗混迹在逃难的百姓人群中来到汉中，结果被人贩子拐卖。扶风人刘括买得刘禅，养以为子，并为其娶妻成家。刘禅与刘备失散时，记得其父字玄德。邻居有个姓简的人，在刘备攻取益州时当了将军，刘备派遣简某到汉中来查明真相，最终才由张鲁将刘禅送归益州立为太子。刘禅的这些经历，使他深切地憎恶战争。

刘禅十七岁即位后，他本以为可以过上安稳日子了，却不料蜀国依然内外战争不断，从建兴元年（223）至十五年（237），内部先后有牂牁太守朱褒，益州大姓雍闿，越嶲郡夷王高定等人叛乱，同时还有诸葛亮南征，以及六出祁山。这些征战不仅耗费了蜀国大量财力，而且使得青壮年人口大减，真是民不聊生！

世人都传诵诸葛亮的鞠躬尽瘁死而后已，却不知刘阿斗的宽厚仁德。建兴五年（228）三月，刘禅给屯兵沓中（今甘肃舟曲）的诸葛亮下诏书，告诫说"朕闻天地之道，福仁而祸淫；善极者昌，恶积者丧，古今常数也。是以汤武修德而王，桀纣极暴而亡……夫王者之兵，有征无战，尊而且义，莫敢抗也，故鸣条之役，军不血刃，牧野之师，商人倒戈"。他要求蜀军"今旍麾首路，其所经至，亦不欲穷兵极武"。这些文字既是提醒丞相，又何尝不是刘禅的治国之道以及他内心善的流露！直到最后亡国，刘禅还不忘在降表中请求魏军怜恤蜀国百姓："大魏布德施化，宰辅伊、周，含覆藏疾……"一代帝王能具备这种仁德的品质，应该说是很难得！这一方面是中国文化的熏陶，另一方面也是战乱留给他的启示。或许正是基于内心对和平的极度渴望，促使刘禅选择了放弃抵抗。他的这一决定，对蜀汉宗庙固然是一种耻辱，却使成都避免了如西汉末年那样的一场大杀戮，而且加速了国家的再次统一，顺应了历史潮流。

然而，历代文人似乎对刘禅不以为然，文艺作品更是视其为大傻子，于是有了"乐不思蜀"的千古笑谈。其实，这条史事却并非出自陈寿的《三国志》，而是为其作注的宋人裴松之所引《汉晋春秋》之说，真伪难以辨别。即使真有其事，又能证明什么呢？当年曹操与刘备煮酒论英雄，一个惊雷，刘备把手中筷子都吓掉了，结果刘备被人誉为大智若愚，刘禅继承乃父的韬晦之计，却被视为傻子。岂不是典型的成王败寇论？

真实的刘禅首先是一个知识丰富、有气度、有作为的君王。诸葛亮曾评价他："知量甚大，增修过去期望。""朝廷年方十八，天资任敏，爱德下士。"首先是仁德。在位四十一年，大赦竟然有十四次之多，这在历代帝王中是绝无仅有的。无论他出于什么样的目的，都不可否认这是专制时代的一种"仁政"。比起那些动辄杀掉成千上万人的暴君，"胸无大志"的刘禅更具几分人情味。其次是宽容。从彰武三年（223）刘备永安宫托孤后，整整十二年中，蜀汉政权完全执掌于丞相一人之手，且丞相还不时对他耳提面命，史上哪个君王能有如此大的包容度？再次是俭朴。史上从没有关于刘禅骄奢淫逸的记载，有一年他想充实后宫乐人，结果还被谯周劝阻。刘禅当皇帝时走得最远的一次就是去都江堰。《三国志》载：（建兴十四年夏）"后主至湔，登观阪，看汶水流，旬日还成都。"观阪，即是离堆。可见，这次出行有可能是参加祭祀李冰的活动。此外，刘禅还去过龙泉山，传说今洛带镇就因其玉带落井而得名。刘禅去望川原（江安河）坐船游江也有记载，也不过就在温江或双流一带。

至于说重用宦官黄皓，倒的确是刘禅的失误，但那不过是蜀汉最后五年的事。其实黄皓仅仅是压垮蜀汉的最后一根稻草。

成都人民对刘禅归魏是持肯定态度的。宋代之前，汉昭烈庙一侧，与武侯祠相对应的还有一座孝怀庙，祭祀的就是刘禅。后来地方官为突出诸葛亮，拆除了此庙。成都人民为无处安身的刘禅重新建了一座庙，取名安乐寺，位置在西南影都一侧。寺庙前门在人民中路，后门在提督街。安乐寺到民国时还存在，抗日战争胜利后一度成为黑市。20世纪五六十年代，安乐寺被改为成都中心菜市，即以后的红旗商场。

王濬楼船下益州，金陵王气黯然收

1968 年，百花潭中学校园中出土了一件战国时代嵌错宴乐攻战纹铜壶。壶身三层图案中有一层是水陆攻战图，再现了古蜀时期成都江河上最早的战斗。随着造船业的进步，二江之中出现了战舰。新津一出土石棺上，刻有一战船图，高大的楼船，旌旗飘扬，戈矛斧钺兵器列阵，说明成都江河已有正式的水军。

西晋武帝司马炎即位后，制订了灭吴计划。泰始八年（272），武帝将已升任大司农的原益州刺史王濬重新派回成都，令其做攻吴战略准备。王濬（206—286），字士治，小字阿童，弘农郡湖县（今河南灵宝西）人，西晋名将。王濬曾任过广汉太守，益州刺史，颇有政绩，又熟悉蜀地的江河。他志欲秉承司马错等前人的经验，以成都黄金水道运输粮食和士兵，然后顺流直捣建业（南京），一统中原。为实施这一计划，王濬以屯田兵和退伍老兵为骨干，组建立了一支七万人的庞大水军，并征集成都民间坟地松木，拆除部分庙宇建筑，制造了无数大型战舰。王濬所造连舫战船有城楼望台，四道门出入，来往可骑战马。

《晋书》上有记载："武帝谋伐吴，诏濬修舟舰。濬乃作大船连舫，方百二十步，受二千人。以木为城，起楼橹，开四出门，其上皆得骑马来往。又画鹢首怪兽于船首，以惧江神。舟楫之盛，自古未有。濬造船于蜀，其木柿蔽日江而下，吴建平太守吾彦取流柿以呈孙皓曰：'晋必有攻吴之计。宜增建平兵。建平不下，终不敢渡。'皓不从。寻以谣言拜濬为龙骧将军，监梁益诸军事。"吴国建平郡太守吾彦发现长江上漂来大量木屑刨花，知道蜀地将有军事行动，便上疏吴主孙皓，请求增兵并修筑防御工事。但昏庸的吴主孙皓并不以为然。吾彦只得自己在长江航道上拉起巨大铁链，以阻王濬战舰东下。不久，吴国西陵督步阐据城降晋，因未能得到都督荆州军事的晋尚书左仆射羊祜的增援，被吴国大将陆抗平定，因而阻滞了西晋灭吴进程。但王濬已经练就了一支精锐水师，其战船更是天下无敌。据《晋书·王濬传》记载，王濬先后数次上疏发兵。咸宁四年（278）冬，司马炎终于决定发兵攻吴。时年已届七十岁高龄的王濬终于得以带领水军从成都登船，顺流而下。一路上战船绵延百里，行进所向无敌，轻松拿下了石头城（南京城西）。孙皓见大势去矣，只得命人抬着棺材至王濬军中投降。至此，三国历史正式结束，中国再次统一。

　　西晋统一战争的最后一幕，晚唐诗人刘禹锡用诗歌记载下来，其《西塞山怀古》诗云："王濬楼船下益州，金陵王气黯然收。千寻铁索沉江底，一片降幡出石头。人世几回伤往事，山形依旧枕寒流。从今四海为家日，故垒萧萧芦荻秋。"

岷江上航行的木船　陈志强存照

六、江上千载：烽烟无尽，渔歌不绝（下）

乱世国宝顺江而下，兼济中国

然而，西晋是个短寿王朝，司马炎之后，新即位的惠帝是个白痴。元康六年（296），秦州（天水）、雍州（西安）氐羌人暴动，关中地区兵荒马乱，加之连年灾情，大批流民往汉中和巴蜀就食。永守元年（301），当西晋朝廷决定遣返入蜀流民时，遭到坚决抵制。流民首领李特趁机集结七千多人在绵竹揭竿而起。李特自称大将军，率军向成都进发，一举攻破郫江防线，兵分两路围攻成都，北路从益底渡江，南路赤水（黄龙溪）渡江，郫县、广都均被李特攻克。蜀郡太守徐俭打开少城投降，李特在成都少城改元"建初"，称王立国。但不久李特即被害。西晋光熙元年（306），李雄即皇帝位，以青城山道士范长生为相，学公孙述，定国号为成。后传位至李寿时，再改为汉，故史书称李特建立的流民割据政权为成汉。

成汉国一度歌舞升平，在西晋末年曾经有过昙花一现的繁荣。因此成汉国的第四任皇帝李寿想也学习王濬，造大舰练水师。然而历史却没给他机会，李寿即位仅仅五年就病逝了。成都在经过短暂的和平后，东晋永和二年（346），江河上烽烟骤燃，桓温率大军溯江而上，在江口登陆，与成汉军大战于流江笮桥一带（今锦里路百花潭至彩虹桥）。成汉皇帝李势不惜倾举国之力与桓温决一死战。眼看形势对东晋军队不利，连参军龚护也战死了。桓温只得下令让军队撤退。却不料，鼓吏犯错，将退兵鼓击成了进军鼓，结果令东晋军队士气猛增，李势的部队反而一败涂地。桓温乘势挥兵杀入成都，焚火烧城。成都城再次遭受大劫难。李势最后投降，西晋流民李特建立的成汉政权最终被东晋灭掉了。

李势虽然投降了，但成汉的一些旧臣却陆续拥兵自立，形成了大小军阀割据的混乱局面。之后，成都江河上硝烟不断，从东晋到南朝，整个巴蜀地区都处于南北对峙的动荡中，成都的"主人"如走马灯般变幻无常。直到隋朝建立，成都总算安定下来，隋朝统治者因袭前人经验，以成都平原为重要基地，在江河上大造舟舰，为灭陈统一全国做准备。开皇元年（581），虢州刺史崔仲方给隋文帝杨坚上奏章："速造舟楫，多张形势，为水战之具。蜀、汉二江是其上流水路冲要，必争之所。"成都的江河再次担负起了促进国家统一的重任。

隋朝命短，仅仅三十七年就灭亡了。唐初李渊在灭隋过程中，再次借助成都平原的富足与水运资源，"运剑南之米，以实京师"，并以巴蜀师顺江而下直捣江陵，最终完成了全国统一。《旧唐书·陈子昂传》中有诗人陈子昂的一段话："蜀为西南一都会，国家之宝库，天下珍货聚出其中。又人富粟多，顺江而下，可以兼济中国。"其言与当年张仪之语如出一辙。

然而至晚唐，成都江河之间烽烟再起。这回来犯的是云贵高原的南诏军。

"安史之乱"前，大唐西部和南部的两个少数民族政权结成联盟，它们在大唐边疆攻城略地，不断扩张。吐蕃的势力东向扩展到川西山区，南诏则北进至大渡河流域。蜀地前所未有地遭遇到两面威胁。其中南诏更是一度攻到成都城下。

太和三年（829），南诏大臣王嵯巅率军占领成都城西十日，撤退时掠走了大量珍宝和数万男女、工匠。"其所剽掠，自成都以南，越嶲以北，八百里之间，民畜为空。"退至大渡河边时，王嵯巅对被掠成都人说："此南吾境也，听汝哭别乡国。"一时间，大渡河畔哀号震天。诗人雍陶用《哀蜀人为南蛮俘掠》四首诗记载了这悲伤的一幕：

"但见城池还汉将，岂知佳丽属蛮兵。锦江南渡遥闻哭，尽是离家别国声。""大渡河边蛮亦愁，汉人将渡尽回头。此中邮寄思乡泪，南去应无水北流。""越巂城南无汉地，伤心从此便为蛮。冤声一恸悲风起，云暗青天日下山。""云南路出陷河西，毒草长青瘴色低。渐近蛮城谁敢哭，一时收泪羡猿啼。"

咸通十一年（870），由南诏改称的大理军分两路攻入剑南，其中酋龙指挥的一路占据新津、双流后，再次兵临成都城下。百姓扶老携幼纷纷涌入城内，每户占地不过一床。城中人口将井水都喝干了，幸亏有隋朝留下的摩诃池，才解除了人们干渴之苦。

大理军先与唐军在城北升仙桥大战，后来唐军退回城内坚守。大理兵爬云梯攻城，守军则烧滚油下倾。过几天，大理军编竹篷作防护再来攻城，守军复以铁水下浇，使城不致破。此时东川节度使颜庆复正率领唐军援兵火速赶来。酋龙知大理军不能敌，遂将所俘蜀人悉数削去鼻耳。一时间，"居人刻木为耳鼻者什八"。

敌军刚退，颜庆复忙令新开护城河，以增强城北、城东防御。

乾符元年（874），大理军贼心不死，再度来犯，朝廷急派高骈入蜀。高骈人尚在梓州，便令成都洞开城门，遣返入城避难百姓。属下不解，担心敌兵乘机攻城。高骈却胸有成竹。果然，大理军听说高骈到了，便星夜向雅安逃窜。高骈到成都后，急令五千骑兵穷追，最终在大渡河边赶上了大理军，并捉了几十个酋长回成都斩首示众。

高骈来成都，首先巩固边疆国防，修筑关隘城池。其次是扩建成都大城，开凿清远江，即在九里堤修縻枣堰，使郫江改道，经城西北绕城东而流，在城东南合江亭与检江汇合，从而使成都城防得到进一步加强，形成了延续一千多年的"二江抱城"之景观。

由李冰开凿的成都二江并流的水系格局从此结束，自秦汉以来延续六百余年的"二江珥市"的城市面貌也发生了根本变化。

足不旋踵，前后蜀升仙桥乞降

成都老城区西北部三洞桥路和永陵路旁有一处著名的文化名胜，这就是全国文保单位永陵博物馆，成都人所称的"王建墓"。这是迄今我国发现的唯一的地上皇陵。此墓由著名考古学家冯汉骥先生于1942年发掘。

王建（847—918），字光图，河南舞阳人，平民出身。青年时期贩盐，后从军，凭借智勇兼备，一路升至宫廷禁军将领。唐朝末年，军阀混战，群雄割据。天启二年（886），王建任利州刺史，开始经略巴蜀。大顺二年（891）八月，时任西川节度使王建领兵围攻成都。锦江上战火绵延50里，不久成都城即告破。王建以川西为根据地，四处攻伐，先受唐封为蜀王，随后便在朱温代唐之后，于天祐四年（907）在成都称帝，改元武成，国号蜀，史称前蜀。王建在位十二年，大力发展生产，实施了休养生息、抑制豪强、选贤任能、繁荣文化等一系列措施，使蜀地社会相对稳定，经济与文化得以在唐代的基础上继续发展。

武成三年（910）夏，川西暴雨如注，岷江陡涨，流江（即锦江）和改道后的郫江一时洪水滔滔，眼见成都要成泽国，王建急忙到江神庙叩拜。据说这天夜里，都江堰堤坝上人声鼎沸，火光闪烁，天亮一看，大堤向南移了数百丈。导江县令黄璟向王建报告这一奇观，青城山道士杜光庭借机作《贺江神移堰笺》，大肆渲染江神仙灵："当灌口之上游，遽张神力。于是震霆业地，白雨通宵。驱阴兵而鼓譟连天，簇灵炬曰萤煌达曙。廻山转石，巨堰俄成。浸滔顿减于京江，奔蹙尽移于碛路。仰由圣感，仍假英威。见天地之合符，睹神明之致祐。"称神灵派李冰率阴兵连夜抢修大堤，以保障帝都安全。王建大喜，封杜光庭为金灵紫光禄大夫。

可江神并没保佑前蜀江山万年。光天元年（918），王建病逝，其幼子王衍继位。王衍荒淫失政，前蜀仅仅数年就被后唐所灭。

王衍即位时，最初也欲像王建一样开疆拓土，有番作为，遂于乾德二年（920）八月大举北伐。王衍把自己打扮成二郎神，引来沿路百姓惊叹。蜀军在陇州打了个胜仗，却因后勤不济而班师。王衍从嘉陵江南下，龙舟画舫，浩浩荡荡，威风八面。这次所谓的北伐，实际上是王衍的一次游乐猎色活动。不仅如此，他还在蜀地大选嫔妃充实后宫。《蜀中名胜记》云："衍大选良家子以备后宫，限年十五以上二十以下。于是后宫有昭仪、昭容、昭华、保芳、宝香、宝衣、安宸、安晔、安情、修容、修媛、修娟十四号，秩比公卿大夫士焉。"正当王衍沉浸在温柔乡中醉生梦死之际，后唐大军却枕戈待旦，准备伐蜀了。

咸康元年（925）十月，也就是后唐庄宗的同光三年十月，正当王衍在外沉湎于与美人歌舞宴乐之时，后唐庄宗遣兴庆宫使魏王继岌、枢密使郭崇韬率大军攻临蜀境。王衍混在嫔妃队伍中回到成都，群臣众叛亲离，大势已去矣。

王衍只得脱去二郎神的珠帽金甲，身穿白衣，头扎草绳，叫人抬着棺材，到升仙桥迎候后唐大军，并恭恭敬敬呈上降表："臣先人受钺坤维，作藩唐室。一开土宇，垂四十年。属梁孽挺灾，皇纲解纽，不能助逆，遂至从权，勉循舆情，止王三蜀。逮臣篡绍，罔敢迨遑，自保土疆，以安生聚。陛下嗣唐、虞之业，兴汤、武之师，廓定中区，奄征不譓。梯航毕集，文轨大同。臣方议改图，便期纳欸，遽闻致讨，实抱惊危。今则委千里封疆，尽为王土；冀万家臣妾，皆沐皇恩。舆衬有归，负荆俟罪。望廻日月之照，特宽斧钺之诛。顾仁德音，以安反侧。"

北宋史学家薛居正在《旧五代史》卷一三六记载了这一投降的场面："其（十一）月二十七日，魏王至成都北五里升仙桥，伪百官班于桥下，（王）衍乘行舆至，素衣白马，牵羊，草索系首，面缚衔璧，舆榇而后。魏王下马受其璧，崇韬释其缚，及燔其榇。衍率伪百官，东北舞蹈谢恩；礼毕，拜魏王、崇韬、李严，皆答拜。二十八日，王师入成都。"

割据巴蜀十八年的前蜀王朝至此覆灭，后唐大军从出发到灭蜀不过两月余。

无独有偶，历史常常很吊诡。四十年后，升仙桥又再次上演投降剧。

前蜀灭亡后，孟知祥用搜刮成都人的金钱买通后唐皇帝明宗，不仅得了东西两川节度使衔，还被封为蜀王。应顺元年（934），明宗死去，孟知祥立即学王建在成都称帝，改元明德，史称后蜀。可孟知祥命短，当了半年皇帝，就呜呼哀哉了。其子孟昶即位，这就是那位命人广种芙蓉，使成都有了"蓉城"雅号的皇帝。

孟昶即位不久就大兴土木，营建皇宫，在罗城外筑了羊马城，又重开护城河。短短数月就费钱一百二十万串。广政十五年（952）六月初一，孟昶在宫中看戏，因川西暴雨，都江堰大概岁修不到位，洪水涌入市区，淹没房屋上千间，淹死五千余人，连皇家的太庙都部分冲毁。孟昶只好开仓赈灾。

虽然孟昶想有一番作为，并且也一定程度上发展了蜀地的经济与文化事业，但孟昶本人生活奢靡。据清吴任臣《十国春秋》卷四十九《后蜀二·后祖本纪》说："溺器皆以七宝装之。每腊日，内官各献罗体圈金花树，所费不赀。"溺器，雅名虎子，俗称夜壶。孟昶使用的夜壶都竟然以珍珠玛瑙装饰，足见其奢靡的程度。

宋建隆元年（960），赵匡胤取后周而代之，便思谋消灭后蜀。乾德三年，即后蜀广政二十八年（965），孟昶闻北宋大军已至巴蜀国门，忙令太子领兵抗敌。然而，太子孟元喆更是个公子哥儿，一路耍到绵州，听说剑门关已失，掉头就跑。宋军如入无人之境，紧追至成都。孟昶见无力回天，只好学习前蜀，再演一次乞降剧，到城北升仙桥恭呈降表：

臣生自并门，长于蜀土。幸以先臣之基搆，得从幼岁以纂承。只知四序之推移，不识三灵之改卜。伏自皇帝陛下大明出震，圣德居尊，声教被于遐荒，庆泽流于中夏。当凝旒正殿，亏以小事大之仪；及告类圜丘，旷执赞奉琛之礼。盖蜀地居遐僻，路阻阙庭，已惭先见之明，因有后世之责。今则皇威电赫，圣略风驰。干戈所指而无前，鼓声才临而自溃。山河郡县，半入于提封；将卒仓储，尽归于图籍。但念臣中外骨肉二百余人，高堂有亲，七十非远，弱龄侍奉，只在庭闱，日承训抚之恩，粗勤孝养之道。实愿克终甘旨，保此衰年。其次得子孙之团圆，守血食之祭祀。伏乞皇帝陛下，容之如地，盖之如天，特轸仁慈，以宽为辱。臣复辄征故事，上黩严聪。窃念刘禅有"安乐"之封，叔宝有"长城"之号，皆因归欵，尽获全生。顾眇眇之余魂，得保家而为幸。庶使先臣寝庙，不为樵采之场；老母庭除，尚有问安之所。见今保全府库，巡遏军城，不使毁伤，将期临照。臣昶谨率文武见任官望阙上表归命。

具有讽刺意味的是，孟昶的降表是其宰相李昊所修。这李昊是曾经为前蜀王衍写过降表的老手，此次重操旧业，堪称轻车熟路。于是夜间便有人在其家门上写"世修降表世家"表蔑视。孟昶妃子花蕊夫人写有一首《述亡国诗》，可谓把前后蜀都大大嘲讽了一番："君王城上竖降旗，妾在深宫那得知？十四万人齐解甲，更无一个是男儿。"

蜀水泽国再遭劫火

北宋虽然灭了后蜀，但四川长期动荡，成都江河上硝烟不断。先有后蜀残余势力反叛乱，旋即又有各地农民暴动。

王小波、李顺失败后不久，"咸平三年（1000）春正月，益州军乱，推神卫都虞侯王均为首。八月，知益州兼川陕招安使雷有终败贼党，复益州，追斩王均于富顺监"。《成都文类》收录的这篇《逆贼王均平降德音》记录了成都这次因士兵暴动而引发的战争。

事件的起因是戍卒赵延顺不堪上司符昭寿欺压，率众杀死符昭寿，占领成都，拥戴原益州神卫都虞侯王均为主，称"武威元皇帝"，改元化顺，国号大蜀，设置官职，并开科取士。大蜀原是李顺的国号，但此时距离李顺失败已经好几年，国号还被人继承，可见王小波、李顺起义影响之深远。

王均一度势大，兵力达十万之众。咸平三年二月，王均领兵北攻绵州、剑门，其部将崔照、鲁麻胡守成都。北宋蜀州（崇州）知州杨怀忠攻城领兵前来成都围剿，双方大战于江渎庙，不分胜负。杨怀忠又列阵锦江笮桥附近，欲背水决战。王均派三路人马抄杨怀忠老巢，且烧了江原神祠，官军仍不撤退。王均只得退入城中坚守。《宋史·雷有终传》记载了这次作战："均众皆银枪绣衣，为数队，分列子城中。贼兵出通远门，与怀忠战数合，会暮，怀忠复退军笮桥，背水列阵，砦楮木桥南，以扞邛、蜀之路。贼故不复能南略，自清水坝、温江、金马三道来攻楮木砦，出官军后，焚江原神祠，断邛、蜀援路。怀忠三路分兵以抗之，斩首五百余级，驱其余众入皂江，获甲弩甚众。乘胜逐贼至益州南十五里，砦于鸡鸣原，以俟王师。均亦闭成都东门以自固。"

宋真宗听说成都不克，遂命大将雷有终统大军入蜀。雷有终先屯兵城北升仙桥一线，王均则诱敌深入，打得官军大败。雷有终越墙逃出。杨怀忠排兵于合水尾至浣花溪，王均派军继续追击，退至汉州（广汉）的雷有终，自己率军自升仙桥开始攻击杨怀忠。战斗之激烈，王均士卒战死千余人，赵延顺也在激战期间中流矢而亡。升仙水都染成了红色，仍不能取胜。王均再退回城中。

王均坚守成都不灭，宋朝廷又派秦翰等率八千步骑入蜀。升仙水畔再次发生血战。最后，官军挖地道攻入城内，王均突围，急行富顺准备渡江去泸州，官军穷追而至。王均兵败自杀。历时近一年的兵变终告平息。这次战乱的主战场在城北升仙水一线。《宋史·雷有终传》

屡屡提及升仙桥的拉锯战，足见城北这场战斗之惨烈。

两百多年后的南宋末，蒙古铁骑兵临城下，成都的江河再次弥漫起硝烟。端平三年（1236），阔端率蒙古大军从剑门关一路杀来，从城北沙河驷马桥（此时已不叫升仙水和升仙桥）到二江两岸尽为蒙军占据。四川制置副使丁黼趁夜出战，与蒙古兵在西门石笋街大战不敌，导致城破。丁黼率众退入城中与敌巷战。蒙军破城后，阔端令占卜者测吉凶，结论是不可久留。阔端乃书"火杀"二字，于是蒙古兵纵火焚城，居民惨遭屠戮。成都的江河见证了自西汉末年以来成都城遭遇的又一次大劫难。

之后的几十年里，宋元两军为争夺西川，多次在成都作战。最激烈的是1272年年底，南宋嘉定（乐山）知府昝万寿趁成都元军兵力空虚之机，领军从岷江溯流而上，直逼成都东门外沙坎（即沙河堡），元守军步鲁合答被打得大败。昝万寿进城将数千百姓带走，刘思敬统领元西川军进攻昝万寿，最后在青城击败了宋军。宋元的拉锯战给成都千年的文化造成了空前的大破坏。

张献忠兵败弃城，为逃亡江口沉银

明朝末年，天下大乱，成都江河又一次映照在刀光血影中。天启元年（1621），大明与后金的战事愈演愈烈。曾在播州（遵义）平定土司叛乱的辽阳总兵刘綖主张征调僰罗土兵驰援辽东。永宁（叙永）土司奢崇明表示愿出兵三万前往。却不料，奢崇明部将竟在重庆反叛，杀了巡抚、总兵等；奢崇明本人顺势取了播州，同年十月宣布建国，号大梁。随即围攻成都。四川布政使朱燮元令人开都江堰放水入锦江，使护城河水深难涉。奢崇明攻城百日不下，渐失锐气。朝廷各路援军也陆续赶到，石柱土司秦良玉引兵驰援成都，在城外升仙水一线摆下阵势。奢崇明见攻城失败，欲退守泸州，朱燮元则叫人在锦江漂放木牌，命令各州县严防奢崇明从水上逃跑。这种用漂木发布命令的办法，二百九十年后再次在锦江上使用。奢崇明自成都败退后，虽继续在川黔山区与官军周旋达九年，但最终无力再攻成都。历时三个月的成都保卫战，锦江起到了重要的阻敌作用。

然而张献忠围城时，成都便没这样好运了。崇祯十四年（1641）八月，大西军第二次围攻成都，总兵刘佳允出城迎敌战败，在浣花溪自杀。巡抚龙文光效仿朱燮元的办法放都江堰水入城，结果水未流到，大西军已开始攻城。张献忠令人用土填满一段护城河，后在城西北筑一道长栅，掩护挖地道，然后放置大量炸药，摧毁城墙十多丈。大西军蜂拥入城，蜀王朱至澍上吊自尽。据《蜀碧》《滟滪囊》记载，张献忠曾下令屠城三日，"先杀儒，次屠民，再次屠蜀中新附将卒"。传教士利类思和安文思所著《圣教入川记》也载："献忠欲剿洗全城居民……各军分队把守城门，众军驱百姓到南门就刑。"

呜咽的锦江又一次见证了成都史上这悲惨一幕！

张献忠屠城后即在成都称帝，改元大顺，号大西。这个土皇帝自称"老万岁"，占据成都期间，设立职官，开科取士，继续对川人大肆杀戮。送仙桥在四十年前还是座石拱桥，桥西侧以前有个大土包，上面长满了树。我很小时就听人说，这土包名"笔冢"。据说是张献忠借开科取士之名，诱骗各地士人到成都，然后杀掉。他们的笔砚被集中堆积如山，后来人们便把埋笔砚的地方叫笔冢。事实真假如今不得而知，但它至少表明张献忠曾经严重地打击过当年的读书人。

占据成都两年后，张献忠兵败，于清顺治三年（1646）七月退出成都。大西军撤离时，古老的成都再一次遭殃，全城除了石头外，都被大火烧毁殆尽，连河上的廊桥也在劫难逃。《明史·张献忠传》载："献忠尽焚成都宫殿庐舍，夷其城。"

张献忠搜刮的无数财宝，原本想通过岷江水路掠走，却不料有人早已在彭山江口的水道上摆好战场等着他。

我小时候在茶铺听人说书，其中就有《杨展江口大败张献忠》。如今，明末江口古战场遗址，即人们常说的江口沉银遗址已经被考古工作者发掘出来。

关于江口之战，南明和清代的一些史料早就有记载。南明建昌卫掌印都司俞忠良所著《流贼张献忠祸蜀记》中说："献忠离成都，率贼营男妇百余万操舟数千蔽岷江而下。都督杨展起兵逆击之，战于彭山之江口，展身先士卒遣小舸载火器以攻贼舟，风大作，舟火，士卒鼓勇，皆殊死战，贼败。贼舟首尾相衔，骤不能退，风烈火猛，势若燎原。官兵枪铳弩矢百道俱发，贼舟多焚，所掠金玉珠宝及银鞘数千万，悉沉江底。群贼登岸走，旋奔川北，杨展率部追之。献忠虑各营家眷众多，不能急行，此皆历年抢掠而来，乃集众贼将共议，饬令将妇女尽杀之，献忠亦杀其妃嫔数百，死者数十万。献忠犹未已，恐川兵反，行次顺庆界。大阅，尽杀川兵，不留一卒。"嘉庆《彭山县志》也载："明季杨展拒贼于江口，分左右翼，兵势甚盛，贼溃反走。展别遣小舸载火器烧贼舟。贼舟被焚，金银珠宝悉沉水底。"此外，费密的《荒书》、彭遵泗的《蜀碧》、张邦伸的《锦里新编》等，都有江口之战的记载。

原来是张献忠的财宝船行至江口，遭遇南明参将杨展的阻击。杨展用火攻之策烧毁了张献忠船队，致使大量财宝沉落江底。

张献忠究竟搜刮了多少财宝，《蜀难纪实》称"累亿万，载盈百艘"，《蜀碧》说"献忠闻展兵势甚盛，大惧，率兵十数万，装金宝数千艘，顺流东下"。

史书对张献忠劫掠的财宝去向虽有记载，但是一直没有人找到。民间流传一首童谣云："石牛对石鼓，银子万万五，谁要识得破，买来半个成都府。"几百年来，有关埋银的地点众说纷纭，有的说在九眼桥下，也有的说在望江楼下，并且还有藏宝图。抗日战争初期，四川省政府为筹措军费，专门成立了"锦江淘金公司"，从重庆运来设备，雇人在成都望江楼下的河段挖掘。先是挖出了石牛，又挖出了石鼓，似乎印证了民谣，随后探测仪又发出信号，更振奋了人心。果然，工人很快就从河底挖了几筐锈迹斑斑的铜钱。可是，再往后，探测仪好像变哑了，淘金公司再无收获。当年挖出的石牛如今还静卧在望江楼下的锦江边，无言地述说这段往事。望江楼下的财宝，很可能是张献忠为转移财宝放出的烟幕弹。这个狡猾的农民大王，在杀过无数四川人后，临走还不忘再将四川人戏弄一把。

江口古战场，张献忠沉银发掘现场　张义奇摄

或许正是张献忠财宝的扑朔迷离，很多人都不相信它的存在。就在文物市场已经有不法之徒在倒卖大西银锭时，一位很有名的地方历史学者还信誓旦旦地对凤凰卫视记者说："我可以负责地告诉你，张献忠沉银仅仅是一个传说。"我知道这位老先生对"张献忠剿四川"是持否定态度的，他当然要为张献忠辩护。可就在这位老先生"负责"不到半年，就有新闻报道，考古工作者在彭山岷江的江口段发现了沉银遗址。

从2016年12月至2018年4月，考古工作者分两期对江口进行了发掘，发掘面积两万余平方米。第一阶段出水文物三万余件，其中直接与大西国相关的文物上千件。这些文物中有大西年号的银锭和"西王赏功"金、银币以及金册、金印等，具有很高的史学研究价值；第二阶段又出水了包括"藩王金宝""大西银锭"、三眼火铳以及大量船钉、船具等在内的文物一万两千多件。这些出土文物的发掘，证明1646年夏在江口确实发生了一场激烈的大战，也证明了几百年来张献忠沉银的传说并非空穴来风。

在这众多文物中，最令我感慨的是妇女用的金银饰品，很可能每件饰品都标志着一个女性的毁灭。这些文物再次证明了"张献忠剿四川"的存在和张献忠这个所谓"农民起义领袖"的残忍本性。

"水电报"传递革命新声

大清宣统三年七月十五（1911年9月7日）中午时分，成都督院街传来一阵密集的枪声。随即，走马街、东大街上，人潮奔涌如同泥石流，有人一边跑还一边喊："开红山了！赵尔丰开红山了！"随后，东大街上的巡防军开始向奔跑的人群开枪。原来是清廷四川总督府的卫队向请愿的市民开枪射击，当场打死了三十二人，伤者无数。这就是辛亥年震惊全国的"成都血案"。

清朝末年，为反对清政府向西方列强出卖川汉铁路路权，是年七月初一（8月24日），成都人民在保路同志会领导下，举行了声势浩大的罢课、罢市、拒纳捐粮的抗议行动。这便激怒了素有"屠夫"之称的四川总督赵尔丰。他以"图谋不轨罪"，诱捕了蒲殿俊、罗纶、张澜、彭兰荪、江三乘、邓孝可、王铭新、叶秉诚九位同志会领导人，又拘捕了蒙裁成、胡嵘、阎一士等学界人士，并封闭铁路公司，查封报馆。市民闻讯，纷纷自动聚集督院衙门请愿。丧心病狂的督院卫队竟向手无寸铁的平民开枪。

血案发生后，革命党人龙鸣剑缒城而出，在南门外农事试验场（武侯祠大街至凉水井一带）与朱国琛、曹笃等商议对策，借机鼓动各地同志军武装推翻清政权。但如何把消息传递出去成了难题，因赵尔丰已经下令截断了邮路。此时恰有工人抱木片进来请朱国琛为植物写品名，曹笃立刻有了主意。于是，他们在木牌上写下"赵尔丰先捕蒲罗后剿四川各地同志速起自保"字样，刷上桐油，然后抛入锦江。这就是著名的"水电报"。

当年的锦江，水大浪急，成都血案的消息迅速传开，并激起了各地民众的愤慨。修川汉铁路的路款，原本是清政府强行从土地租税中扣除的，几乎涉及每个人的利益，如今清政府要把筑路权出卖给西方列强，而收取的百姓集资款又不退还，加之"水电报"带来的消息更加使民众感到绝望，于是各地很快就风起云涌。二十万同志军陆续从各州县云集成都，将这个西南大都会包围得水泄不通。东门大桥、武侯祠、犀浦等处都发生了官军和民军的战斗。最激烈的新津保卫战打了半个月，同志军凭借岷江天堑，用最原始的武器击退了清军的多次进攻。

由于革命党人的策动，四川保路运动迅速演变成一场推翻清王朝的斗争，并由此引发了武昌起义，最终埋葬了持续了两千多年的帝王制度。

自"李冰穿二江成都之中"，历经两千多年风雨的成都二江迎来了近代民主革命的曙光。

这是成都母亲河对现代历史的一个特殊贡献！

锦江抗战始末

离人民公园"辛亥保路死事纪念碑"不远处，建有一段"成都大轰炸纪念墙"，残垣断壁的雕塑墙记载了 1938 年 11 月 8 日至 1944 年 12 月 18 日日寇飞机数十次对成都狂轰滥炸的罪恶行径。

1937 年"七七事变"爆发后，成都锦江第一次遭遇列强的野蛮袭击，这是锦江历经的最后一次战火。成都虽然地处西僻，远离前线，但是侵略者仍然把烽火烧到了成都的江河之上。

　　有资料显示，在六年多的时间里，日机对成都先后进行了三十一次大轰炸，共起飞轰炸机九百二十一架次，投弹两千四百五十五枚，造成平民死亡一千七百六十二人，伤残三千五百七十五人，毁坏房屋一万五千二百零八间。历次轰炸中，有三次惨案令成都人刻骨铭心。一次是 1939 年 6 月 11 日傍晚 7 点 30 分左右，二十七架日机夜袭成都，分别投下了一百多枚炸弹和一百多枚燃烧弹，将盐市口、东大街、东御街、提督街、顺城街化为一片火海，市民死伤六百余人，连救火的军警和消防队员也牺牲了三十四人，房屋被毁四千七百余间，沿街商铺被毁自不待说，金河、御河边的棚户民居也遭了殃。另一次是 1940 年 12 月 27 日，三十六架日机分两批轰炸成都市区，先是由东至西，从糠市街向春熙路、少城公园一路炸过去；随后又折返，由西向东，在猛追湾、东校场间来回轰炸。据当年不完全统计，死伤数十人，毁坏房屋四百多间，民众教育馆、甫澄医院甚至成都行辕都遭到重创。最严重的一次轰炸是 1941 年 7 月 27 日上午 8 点 30 分左右，日本海军航空兵第五联队和佐伯航空联队 108 架轰炸机分四批，采取投弹与机枪扫射相结合的残忍方式，对成都盐市口、皇城坝、平安桥、青龙街、长顺街、少城公园乃至于成都郊区人群疏散地实施了狂轰滥炸，当即炸死五百七十四人，伤五百七十三人，毁坏房屋两千四百七十多间，史称"7·27 惨案"。

　　以上统计数据并非精确，因当时人们目光多聚焦在损失惨重的闹市区。其实，我曾听老一辈人讲，城郊被炸损失也不小，甚至槽营坝（今武侯祠旁的锦里）这些乡野坟地都有人被炸死。更有甚者，连昭觉寺也遭到了轰炸，寺外有名的昭觉堰就毁于日机空袭。成都两河当然也遭了炸弹，其中，北门、东门、南门等大桥都被炸过，河道上的弹坑在数十年后还存在着。南门大桥头，枕江楼下的鱼嘴前有个很深的坑，就是炸弹炸的，使河道在此形成了一个很大的洄水荡。一些游泳者常在这里跳水，谓之曰"跳炸弹"。因为弹坑太深，每年都会淹死人。所以我打小就被大人叮嘱千万不要去炸弹坑"洗澡"。府河上也有一个著名的炸弹坑，就在猛追湾府河拐弯处，其涸水沱也是炸弹炸出的，人称"猛追沱"，诨名"母猪沱"。这里的水更凶险，又是东郊进城的必经之路，到20世纪60年代还靠渡船摆渡。

有关河边被炸的惨状，我老祖给我讲过她的遭遇，说一百零八架飞机轰炸那天，她正在南门大河洗衣服。当时在河边洗衣和洗菜淘米的人不少，还有渔夫子划船赶鱼老鸹下河逮鱼。突然，听得一阵"咝咝"尖叫，然后"轰隆"一声巨响，我老祖被气浪冲倒在河中，洗的衣服和木盆也被水打（冲）走了。老祖挣扎着爬上岸，看到的情景更是惨不忍睹，刚才还有说有笑的那拨人现在是哭爹喊娘，哀声一片。更加凄惨的是河边的桤木树枝丫上挂了长长一节人的肠子和一只血肉模糊的人手，人们清洗的衣裳也丝丝缕缕地飞上了树……老祖给我讲述这段经历时，我大概只有五岁，但时隔五十多年后，我依然清晰记得，可见当时给我留下的印象之深。

美军人员正与锦江船工交涉运军粮　［美］艾伦·拉森摄于1945年

日军想通过残杀平民，消灭大后方人民的抗战意志。结果却正相反，这更唤起了成都人民的激愤。据1945年10月8日《新华日报》社论《感谢四川人民》载，整个抗日战争中，四川提供了三百零二万五千多兵员，服劳役民工总数在三百万以上，征购粮食八千万石以上。这简单的数字背后自然也包含了成都人民巨大的牺牲和贡献。成都与全省人民一道用博大的胸怀容纳了中华民族的苦难，同时也用坚强的臂膀托起了中华民族的尊严与复兴的希望。

　　成都的江河在伟大的抗日战争中依然发挥着不可替代的作用。当时虽然已经开通了成渝、川陕、川黔等主要公路，但水路仍然是连接省外的黄金水道。大批的粮食、布匹等战略物资以及省内外人员来往多凭借水路。

　　古老的锦江和它的人民一样，饱受战争的创伤，也承担着战斗的重任。

七、遗失的明珠：锦城平湖似西湖

从天府广场往南 31 公里左右，近年来新建起了一个兴隆湖，这是天府新区的一处风景胜地。虽然旅游设施尚不齐全，但每天前往游览的市民依然不少。这不奇怪，亲水是人的天性。在私家车尚未普及的时代，人们为领略湖光山色，往往比这更远的地方都会不辞辛劳乘长途客车甚至骑自行车去。蒲江的朝阳湖、龙泉驿的龙泉湖、简阳的三岔湖、青白江的凤凰湖……不都是人们踏青赏花常去的地方吗？

但上述这些湖泊终归离成都远了些，这是成都人深感遗憾的。

湖泊是城市的肺，湖泊调节气候，美化环境，为人们提供休闲娱乐的空间。有湖泊的城市总是充满灵气。北京有昆明湖、北海，保定有白洋淀、济南有大明湖，南京有玄武湖，杭州有西湖，苏州有太湖，昆明有滇池、翠湖，西昌有邛海、贵阳有红枫湖……这些湖泊为它们的城市增添了不少魅力。

然而随着城市的发展、人口的增加，曾经河道纵横的水城成都，却是河道萎缩、干涸，湖泊消失，仅存公园里供游人划船的大水凼凼。

近些年，环境问题日益引人重视，生态文明已经成为城市建设不可或缺的重要内容。于是我们欣喜地看到，湖泊又回到了我们身边。查阅成都市规划局 2016 年绘制的成都地图，我惊讶地发现，成都中心城区周边的湖泊已经星罗棋布：西北有安靖湖和安靖湿地、金沙湖和金沙湿地，东北有北湖和北湖湿地，东部有青龙湖和青龙湿地、龙潭湿地，西南有江安湖和江安湿地，南边有锦城湖和锦城湿地，东南有荷塘月色和三圣湿地。这些地图上的湖有的已经存在，有的正在建设中。据说在城市中心，即将建设的中央公园，有专家提议要恢复一片摩诃池水域。这个设想能否实现尚不得知，但至少表明人们逐渐意识到湖泊之于城市的意义以及期望保留蜀都水文化记忆的强烈愿望。

作为因水而兴、因水而文明的千年古城，成都正在逐渐张扬水的特征，正在表达水的灵性。湖泊，成都遗失的明珠终于被找回。

张仪筑城在城北挖土，形成千年白莲池，直到 20 世纪 90 年代才逐渐消失

在古代，城市与水从来都是不可分割的，古汉语中的"城池"是一个使用率极高的词汇。虽然这个"池"通常是指起军事防御作用的壕沟，但某些城市的"池"却不仅具有城防的意义，还有蓄水、泄洪、览胜等多种功能。

先秦时的成都就是这种被湖泊环绕的水城。

秦代张仪取土留下的池湖

公元前 316 年，秦国趁蜀国内乱，遣张仪、司马错、都尉墨率领大军由金牛道越过秦岭，一举灭掉了巴蜀两国。蜀国开明王兵败武阳被秦军所杀，只有安阳王率领数万军队与百姓南逃，翻越大小相岭，经牦牛道，沿安宁河，出云南，进入了中南半岛。历经千年的古蜀王朝就此灭亡。

蜀国灭亡了，但蜀王旧部并不安分。为镇压蜀人的反抗，秦国在灭蜀的次年，遣关中万家居民充实蜀地，随后又于秦惠王二十七年（前311）在成都平原建立了互为掎角之势的三座城池，即临邛、郫、成都。初创成都城依地势而建，形如龟背，其规模，据《华阳国志·蜀志》称，"周回十二里，高七仞"。之后又筑少城，周遭数里。如此高大的城墙，垒墙的泥土从何而来？张仪采取了城外就地取土的办法。取土之后，城外便有规律地留下了一个个洼地，很快这些洼地就被平原上纵横交错的河水灌满，形成了糖葫芦般的一串湖泊，犹如众星拱月般环绕着成都三面城垣。湖泊水面宽阔，既是成都城外的道道风景，也形成了拱卫成都城东、西、北三面的军事屏障。

张仪筑城留下的湖泊，在史书中被称为"池"，它们是城西北的柳池、天井池，城北的龙堤池、万岁池，城东的千秋池。从先秦直到隋唐，这些被称为"池"的湖泊都在成都城外，由于时间的湮没，它们的具体位置已经很难说准确，但可以肯定的是，它们都在今天的城市中心区域内。龙堤池位于武旦山以南，大致在青龙街一带。《成都城坊古迹考》认为，汉代扬雄的洗墨池即是其中残留的一角。魏晋时，有僧人因扬雄写《太玄经》之故，在池畔建草玄院和草玄亭；北宋时建准易堂，绘有扬雄画像供人瞻仰，池畔还有米芾题写"墨池"二字的石碑。从元代始，墨池即为书院所在地，相继建起了书堂、书楼、子云亭。近代则先后是成都县小学堂、中学堂、女子中学，再后来更名为成都十三中。而墨池，即先秦时龙堤池的一部分，直到20世纪60年代才彻底填平。

柳池、天井池，书上虽没明确记载，但根据大城与少城的位置推断，柳池当在今西大街附近，天井池则离通锦桥不远。后世城东的庆云塘是否就是当年的千秋池遗存，不敢肯定，但假若是，那么，今天的第二人民医院、成都日报社等则都处在曾经的千秋池泽国地带。

古代成都人对环境有朴素的概念，即使筑城取土，也绝不会将大地挖得千疮百孔，而是把取土与治水充分结合。无论离城稍远的万岁池，还是城下的几个池等，这些湖泊都是"津流相通，冬夏不竭"，既是水利设施的一部分，也是种荷养鱼、美化城市的人文景观。

张仪留下的诸多湖泊中最著名的当数筑少城取土后的万岁池。诸多史书都有记载。《华阳国志·蜀志》云："其筑城取土，去城十里，因以养鱼，今万岁池是也。"万岁池，又名万顷池，郦道元《水经注》说："初，张仪筑城，取土处去城十里，因以养鱼，今万顷池是也。"《太平寰宇记》："万岁池在成都府北八里，昔张仪筑城取土于此，因成池，后人呼万岁池。"《宋史·王刚传》称："万岁池在成都府城北，广袤十里，溉三乡田。"

那么，这么重要的一个湖泊究竟在哪里呢？

出成都北门，过驷马桥再沿川陕路去数公里，凤凰山脚下有个地方叫白莲池，曾经是成都渔场，十多年前还有大片堰塘。人们认定这里就是万岁池。元代费著《岁华纪丽谱》说："三月三日，张伯子于学射山上升，巫觋卖符于道，游者佩之以宜蚕避灾。太守出游，日晚宴于万岁池。"学射山即今之凤凰山，作者虽没直接谈万岁池，但将万岁池与学射山合为一谈，显然是指凤凰山下的万岁池。《四川通志》载："成都万岁池，广袤十里，溉三乡田，岁久淤淀。王刚中知府，日集三乡夫共疏之，累土为防，上植榆柳，表以石柱。州人指曰'王公之甘棠也。'"这个又被誉称为甘棠的万岁池，显然也是指凤凰山下的万岁池。

宋、元人都没错，凤凰山脚下的确有个万岁池。不过，它是不是先秦时期的万岁池则要打上很大的问号。据《玉海》载，成都"北十八里有万岁池，天宝中长史章仇兼琼筑堤，积水溉田。南百步有官源渠堤百余里，天宝二载，令独孤戒盈筑"。唐代的万岁池又称北池、北湖，史书明确说距离城北十八里。但先秦时的万岁池离城只有十里，而且那时的成都北门还在今天的市中心，若从秦城北门到凤凰山下，何止十里路？更何况秦时的一里长度比后世还要短些。由是可以推测，先秦的万岁池应该早已淤塞填平，或许基于它的名声，唐人把新筑的北湖同样称为万岁池。因而造成了一个千古误会。所以《成都城坊古迹考》也认为："张仪取土所成之千秋等池日久渐湮塞，后人乃强指凤凰山附近之唐万顷池为《水经注》之万顷池或《华阳国志》之万岁池。"

无论如何，万岁池在古代文人心中是北郊一处不可多得的风景名胜。范成大《上巳日万岁池呈程咏之》诗云："浓春沥暖绛烟霞，涨水天平雪浪迟。绿岸翻鸥如北渚，红尘跃马似西池。麦苗剪剪尝新面，梅子双双带折枝。试比长安水边景，只无饥客为题诗。"京镗《上巳游北湖》一词，将万岁池与杭州西湖媲美，将湖水视为钱塘潮："锦城城北，有平湖，仿佛西湖西畔。载酒郊坰修褉事，雅称兰舟同泛。麦垄黄轻，桤林绿重，莫厌春光晚。棹歌声发，飞来鸥鹭惊散。好似水涨弥漫，山围周匝，不尽青青岸。除却钱塘门外见，只说此间奇观。勾引游人，追陪佳客，三载成留恋。古今陈迹，从教分付弦管。"

可见万岁池景色之美！遗憾的是，随着岁月的流逝，唐代的万岁池仅剩下了白莲池的地名。前些年，政府在龙潭乡建了一大片湿地，亦命名为北湖，算是保留了一点万岁池的记忆。

摩诃池的历史始末

北京的湖泊原多为皇家御园，成都也曾经有过一个皇家湖泊。

以天府广场为中心，北到骡马市，南至红照壁，西起东城根，东抵顺城大街，中轴上这一大致范围内，在唐宋时代有大片的水域，且有水道蜿蜒其间，源源不断地送来岷江的活水。

这就是成都城市史上著名的摩诃池。李吉甫说："摩诃池在州中城内。"

《蜀都广记》说："摩诃池又名汗池，陈人萧摩诃所开也。"《太平寰宇记》称："汗池，一名摩诃。"但更多史料则认为是隋蜀王杨秀所凿。

隋开皇十二年（592），文帝杨坚第四子杨秀第二次被封为蜀王，历时十年。这期间，他在成都做的一件大事便是增修张仪旧城。唐人卢求《成都记》云："隋蜀王秀筑广子城。"张咏《益州重修公宇记》云："隋文帝封次子秀为蜀王，因附张仪旧城，曾筑南西二隅，通广十里。"杨秀筑城采取了张仪就地取土的办法，一举两得，洼地被顺便开凿成湖泊。《成都记》载："摩诃池在张仪子城内，隋蜀王秀取土筑广子城，因为池。有胡僧见之曰：摩诃宫毗罗。盖胡僧谓摩诃为大，宫毗罗为龙，谓此池广大有龙耳，因名摩诃池。或曰萧摩诃所开，非也。"摩诃池的面积有数千亩之广，使得西域来的僧人认为，水中有龙宫，所以叫它摩诃池。

摩诃池之名从隋至唐末，历经两朝三百多年。杨秀当年在湖区修建了豪华的宫苑，摩诃池实际上是王宫禁苑。但隋是个短命王朝，转瞬间就进入了唐代，昔日的王宫禁苑成了达官贵人和文人墨客览胜的风景地，实际上是唐代成都市区的"中央公园"。不少地方官员都曾在摩诃池留下了宴饮游乐的记录，严武、武元衡、韦皋、高骈等与他们的幕僚常常到摩诃池饮酒赋诗。从他们流传下来的诗句中，我们可能想象摩诃池当年旖旎绮丽的风光。"湍驶风醒酒，船回雾起堤。高城秋自落，杂树晚相迷。坐触鸳鸯起，巢倾翡翠低。莫须惊白鹭，为伴宿青溪。"这是诗圣杜甫《晚秋陪严郑公摩诃池泛舟》所写的摩诃池的秋景。武元衡《摩诃池宴》："摩诃池上春光早，爱水看花日日来。秋里雪开歌扇掩，绿杨风动舞腰回。芜台事往空留恨，金谷时危悟惜才。昼短欲将清夜继，西园自有月装回。"女诗人薛涛也曾来摩诃池泛舟，并写下了《摩诃池怀萧中丞诗》："昔以多能佐碧油，今朝同泛旧仙舟。凄凉逝水颓波远，惟有碑泉咽不流。"

晚唐文宗大和三年（829），南诏国军队一度围攻成都城，摩诃池水便成了成都军民的救命之源。据《新唐书》卷二百二十二《南蛮传》载："蜀孺老得扶携悉入成都，闾里皆满，户所占地，不得过一床，雨则冒箕盎自庇。城中井为竭，则共饮摩诃池，至争捽溺死者，或笮沙取滴饮之。"如此众多的人躲进成都城内，试想，若无摩诃池解渴，成都历史上将增加一次多么惨烈的战争灾难。

五代时期，四川被前、后蜀两个政权先后割据。摩诃池再次被占为皇家禁苑。开复七年（907），唐朝灭亡，王建在成都立国登基，史称前蜀。为了登帝位，王建曾大造舆论。据《新五代史·前蜀世家》载："是岁正月，巨人见青城山。六月，凤凰见万岁县，黄龙见嘉阳江，而诸州皆言甘露、白鹿、白雀、龟、龙之瑞。"或许正是基于此故，摩诃池被王建更名为龙跃池。

王建在位十二年驾崩，他的儿子王衍是个骄奢淫逸的主，曾作《醉妆词》自诩："者边走，那边走，只是寻花柳；那边走，者边走，莫厌金樽酒。"他刚一即位就大兴土木，营建宣华苑，命人"引水入大内御沟，东流仁政楼"，并改龙跃池改成为宣华池。张唐英《蜀梼杌》载："王衍即位之日，即治宣华苑。乾德三年，苑成，延袤十里。有重光、太清、延昌、会真之殿，清和迎仙之宫，降真、蓬莱、丹霞之亭。土木之功，穷极奢巧。衍数于其中为长夜之饮，嫔御杂坐舄履交错焉。"王衍自己写《宫词》道："辉辉赫赫浮五云，宣华池上月华新。月华如水浸宫殿，有酒不醉真痴人。"

这是摩诃池作为皇家湖泊最华丽、最繁盛的时期。花蕊夫人写下了许多描写宣华池的诗句。"早春杨柳引长条，倚岸绿墙一面高。称与画船牵锦缆，暖风搓出彩丝绦。""嫩荷香扑钓鱼亭，水面文鱼作队行。""秋晚红妆傍水行，竟将衣袖扑蜻蜓。"在女诗人眼中，宣华池一年四季都有看不完的风景。而对于宣华池的深广和华美，女诗人说"周围十里长"，"展得绿波宽似海，水心楼殿胜蓬莱"，"龙池九曲远相通，长似江南好风景"，"杨柳阴中引御沟，碧梧桐树拥朱楼。金陵城共滕王阁，画向丹青也合羞"。

然而，"国破江山老，人亡岸谷摧"。随着割据王朝的灭亡，宣华池也开始走向衰落，到北宋时已淤塞变小，不过依然有十顷的水域和美丽的风光。宋祁有《过摩诃池》二首："十顷隋家旧凿池，池平树尽但回堤。清尘满道君知否，半是当年浊水泥。""池边不见帛阑船，麦垄连云树绕天。百岁兴衰已如此，争教东海不为田。"但此时的摩诃池再不是皇家禁苑了，而是普通市民游览观光的名胜。陆游《摩诃池》对此做了注释："摩诃古池苑，一过一销魂。春水生新涨，烟芜没旧痕。年光走车毂，人事转萍根。犹有宫梁燕，衔泥入水门。"另一首《夏日过摩诃池》从游人如织的摩诃池联想到国家的兴亡："乌帽翩翩白纻轻，摩诃池上试闲行。淙潺野水鸣空苑，寂历斜阳下废城。纵辔迎凉看马影，袖鞭寻句听蝉声。白头散吏元无事，却为兴亡一怆情。"

北宋时摩诃池"蜀宫后门已为平陆"，到明代水面便所剩无几了。曹学佺《蜀中名胜记》载："今此池已为蜀藩正殿，西南尚有一曲水光。涟漪隔岸，林木蓊翳，游者寄古思焉。"同时作者还有诗云："锦城佳丽蜀王宫，春日游看别苑中。水自龙池分处碧，花从鱼血染来红。"

明亡后，清政府将蜀藩王府改为贡院，院内仍残存"一曲水光"。直到民国初年，终于被四川军政府彻底填平并将其建成了警卫队的操练场。

千年摩诃池彻底从城市的风景线上消逝了！

民间乐苑江渎池

古代成都有座江渎庙，是专门祭祀长江水神的。古人认为岷江是长江的正源，因此在成都二江边立庙。汉《郊祀志》载："秦并天下，立江水祠于蜀，至今岁祀之。"《元和郡县志》云："江渎祠在县南八里。"《括地志》也说："江渎祠在县南上四里。"陆游《江渎庙碑文》

则说："成都至唐有江渎庙，其南临江。及后，剑南西川节度使高骈大城成都，庙与江始隔。"《蜀中名胜记》引冯浩《江渎庙设厅记》："庙前临清池，有岛屿竹木之胜，红蕖夏发，水碧四照，为一州之观。"几则史料透露的信息是，江渎祠在城南并且临江。晚唐高骈治蜀之前，成都二江在城西和城南并行而流，郫江改道后，江渎庙才与江隔开，说明宋代江渎祠就在老郫江旁，至明代成了"庙前临清池"。既如此，江渎池当然就在城南。

江渎池不是人工开凿的，而是郫江故道遗留下来的潴水湖泊。江渎池面积虽不比摩诃池大，也没有摩诃池的繁华，但它是真正的民间游乐苑，湖面飘荡的是陆游所说的"半红半白官莲池，半醉半醒女郎船"。

从晚唐至宋元，江渎池一直都是城市居民纳凉避暑的好地方，文人墨客也常常到江渎池宴饮游乐。陆游《江渎庙纳凉》云："雨过荒池藻荇香，月明如水浸胡床。天公作意怜羁客，乞与今年一夏凉。"宋代成都知府田况《成都遨乐诗》也写道："长空赤日真可畏，三庚遇火气伏藏。温风澳涩郁不开，流背汗浃思清凉。江渎祠前有流水，灌注蓄洩为池塘。沉沉隆厦压平岸，好树荫亚芙蕖香。登舟命酒宾朋集，逃暑大饮宜满觞。丝竹聒耳非自乐，肆望观者如堵墙。吾侪未能免俗累，近日颇困炎景长。今晨纵游不觉暮，形为外役暑亦忘。岂如高斋涤百虑，危坐自在逍遥乡。"宋祁《避暑江渎池》："溪浅容篙短，舟移觉岸长。烟稠芰荷叶，霞热荔支房。技叠三挝鼓，杯寒十馈浆。便成逃暑醉，官事底相妨。"《集江渎池》："五月追凉地，沧江剩素涟。林烟昏暗日，楼影压池天。筱密工迷径，荷敧巧避船。机忘更何事，鱼鸟亦留连。"看来江渎池不仅有烟稠的荷叶，也有蔽日的浓荫，水面上常有微风吹拂，才常常引得人们"临池张饮，尽日为乐"。(《岁华纪丽谱》)

作为水城，湖泊之于成都这座城市一直是相影随行的伴侣，旧的湖泊淤塞了，又会有新的湖泽出现，直到百年甚至几十年前，城中还有许多的"池"或"塘"，其中绝大多数都是古代湖泊的遗韵，它们曾经与纵横交错的水道径流相通，只是在无情的岁月中逐渐淤塞缩小直至最后消失。如今我们从残存的街道名中还能寻觅到昔日湖泊的踪影，上莲池、中莲池、下莲池、王家塘、白家塘、粪草湖、小淖坝、大塘坎街、小塘坎街、南城塘坎街、莲花池、荷花池、高笋塘，等等，它们都曾经有过水波潋滟的昨天。

上中下三个莲池就在唐以前郫江故道上，在老城区南部由西向东排列，它们全都是郫江改道后留下的潴泽，因被当地居民广种莲花而得名，之后它们作为城中的湖泊存在了数百甚至千年的时间。上莲池的前身就是江渎池，江渎池缩小后成了莲池。上莲池的最后一块水域一直保留到抗日战争时期。当时为方便城内居民躲避空袭，填平了莲池，并将南城墙打开一个缺口，形成的一条路叫南城塘坎街，此路在前些年被融入了文翁路南端。20 世纪 50 年代南城塘坎街东侧被填平的莲池上曾建有一个体育场，到 70 年代后彻底被民居代替了，只留下一条上池街仿佛在提醒人们此地的过往。

粪草湖在清代还有金河相通，此处因作为城里的肥料转运地而得了个不雅的名字。金河堵塞后，湖被填平，如今成了大业路。

莲花池在老城东南、府河东岸。老成都人曾经很忌讳此地，早先听老一辈骂人总喜欢拿莲花池说事："背他妈的时，死到莲花池！"原来这莲花池是清朝和民国时期处决犯人的地方。

荷花池曾是沙河水养成的一大片水域，后因紧邻火车北站，交通便利，南来北往人流密集，成了成都市商业最繁荣发达的区域之一。荷花池可谓生意人的风水宝地。关于荷花池"风水"的来历，并非人们通常所理解的因种荷花得名。笔者小时候听得一位阴阳先生讲的故事或许可以做个注解：说是在很久以前，陕西省有个财主家的长年（即长工）很会看风水，财主便不要这长年干农活，专门叫他去寻找龙脉地，以便把先人的遗骨埋进去，让后人发达。某天这长年回来说找到了龙脉，但龙脉在移动，他得跟着龙脉走，这叫撵龙脉，要等它停留下来才能把先人骨头埋进去。财主心想这个长年是孤儿，不知自己先人是谁，根本不怕他把龙脉占为己有。于是就拿了许多银子给长年，叫他跟紧龙脉走。结果这长年撵龙脉从陕西一直到四川，最后在成都北门外的一片广阔的水泽中定住了。于是长年便细细观察这片水泽，发现池塘中每天半夜子时，就会从水中冒出一朵盛开的荷花，鲜艳无比，但一过寅时花朵便缩拢收回水中。长年记住了成都这个荷花池，回到家乡后，给东家胡乱说了个地方。财主高兴得手舞足蹈，赏了长年一个丫鬟让其成家。随后财主便将病中尚未断气的老父用砒霜毒死，取了骨头埋进长年所指的假龙脉地，然后便巴望着以后子孙显赫发达。却不料，没过两年，张献忠起事，财主家被八大王劫掠一空，儿孙都做了刀下鬼。且说那长年，东寻西问，最终找到了自己祖坟，也掘坟拣了父亲的筋骨，连夜跑到成都，趁夜半荷花盛开的时候将包好的骨头放进了花朵中，只见那荷花瓣顿时收拢潜回水中，从此不再开放。多年后，那长年与丫鬟生的几个儿子，果然高官厚禄，有的做了翰林，有的当了尚书……

听阴阳先生讲这个故事是在半个世纪前，当年荷花池在城北并不起眼，后来逐渐繁荣昌盛，真的成了商家的"龙脉"地。每每想起这个故事，我总想问那早已归道山的老阴阳先生，今天在荷花池发了大财的那些人，是不是也都把他们先人的骨灰丢进了荷花中呢?

八、古堰：成都平原上的水系遗迹

成都平原最大的堰是都江堰。除了都江堰之外，成都平原上还曾经有无数大大小小、各式各样的古堰，它们就像洒满天空的繁星一样，分布在纵横交错的水网之上。

何为堰？当今青年人除了有对都江堰的直观感觉外，恐怕很难说清。然而，只要说起"5·12"大地震造成的堰塞湖，一下就多少会明白堰的含义了。堰，就是拦水的堤坝。《汉语大词典》解释为"壅水的土坝。用于提高上游的水位，便于水运和灌溉"。只是堰塞湖是大自然的神功，而堰则是人的创造，所以，人创造的堰是有目的地"壅塞"又有目的地"引水"，从而使水完全按照人的意志流动。

星罗棋布的堤堰

成都平原处于四川盆地底部，又处于岷江冲积扇上，水多且不易分流，成为人类生存的大患。如何将水害化为水利，古蜀时代的人民进行了有益探索。堰，便是古人治水的一项发明。1985年，成都方池街出土的竹笼石埂就是都江堰之前的古蜀堤堰，它对于河道分流防洪、农业灌溉以及舟船航行一定产生过重要作用。堰对于河道众多的古代成都如此重要，也就难怪秦国灭蜀之后，要耗费巨大人力财力去修建宏大的都江堰工程。

都江堰原本是作为秦国统一战争中的军事工程，但大堰建成后，却成了一项惠民千古的伟大水利设施。于是史书称颂成都平原从此之后"水旱从人,不知饥馑"。这当然是夸张的说法,仅靠一个都江堰是不可能彻底解决水患问题的。事实上,成都两千多年间,有记载的大洪灾就有二十六次,其中十次发生在民国,最近的一次则是在1981年。都江堰的伟大在于,它创造了一个系统,将治水的思想与方法运用到了整个水系之上,其具体体现便是这些散落在河流上大大小小的堤堰。如果说都江堰是大宗,其他堰则是中宗、小宗。正是这些古堰群落,共同造就了沃野千里、富饶繁荣的成都平原。

古代成都平原堤堰之多,用星罗棋布形容一点不为过。清末傅崇炬《成都通览》所载,仅劝业道管理的成都和华阳两县的堤堰就有七十二座,其中华阳五十二座,成都二十座。郫县处于成都上游,其堤堰更是数不胜数。据省图书馆整理、中华书局2008年出版的民国《四川省地方志简编·郫县志》载:"本县之水均自崇宁、灌县来,河流凡九。九河共有大堰九十三,小堰五百四十七,共可溉田二十九万三千六百亩。"一个县就有这么多堰,那么成都平原乃至整个四川又有多少座堰?

然而,随着环境变迁,水量减少,特别是许多河道的消逝,古堰也随之消逝了。那些曾经有名的古堰,除个别名存实亡之外,绝大多数连名称也消失得无影无踪。成都城区大概也就只能寻找到龙爪堰、杨柳堰、姐儿堰、九里堤等十几个与堰有关的地名了。郫县境内的几百座堰不知当今还剩多少,但所存的石堤堰、三道堰却依然鼎鼎有名,前者是成都市的水源地,后者则是4A级古镇景区。

三道堰名称之争

从成都市区九里堤乘公交车北行约半小时,便可到达郫县北部古镇三道堰。柏条河如丝带一般从镇中飘逸而过,另一条徐堰河则在镇西镇南的田野上默默无闻地流淌。最先进入游人视野的是文化广场,柏条河从广场擦过,河边一排象征性的杩槎,表明此处曾经是个重要的古堰。走进镇中，一派灰瓦白墙、屋檐高低错落、有挑梁与风火山墙的徽派建筑与传统川西民居融为一体。虽是仿古建筑，却静静地告知人们，这里曾是一个经济发达的商业之地。

岷江流出大山后，在都江堰分出了两条河：柏条河与走马河。两河向东南流，其中走马河在聚源镇又分出一条徐堰河。柏条河与徐堰河便从三道堰流过，尤其是柏条河穿镇而过，把古镇切分为南北两半。所谓的"三道堰"，便在柏条河上。因为柏条河与徐堰河在三道堰下游不远的石堤堰合流后重新分成两河，即北边的毗河、南边的府河。毗河汇入沱江，府河则绕成都东城后在合江亭与锦江合流。这样，三道堰的水上十字路口的位置就凸显了，它成为连接岷江水系与沱江水系的枢纽。

三道堰古镇据说有一千多年历史。但作为水利设施的三道堰，恐怕时间会早很多。推至李冰时代，则可视为都江堰的配套系统；若再上溯，便可能是古蜀杜宇和开明时期的杰作。古蜀人筑堰导江很早就有传统，都江堰市区的导江铺就是杜宇导江留下的地名。而成都方池街发掘出的春秋晚期三条呈"Z"字形的竹笼石埭，表明古蜀时期成都的治水技术已经很成熟。由此推测，结合三道堰古镇的地理位置，尤其是柏条河畔的宋家河坝遗址，三道堰作为导水工程很可能在古蜀时期就形成了。

三道堰镇的得名是因柏条河上曾有三条导水的竹笼石埭。古人的聪慧在于，筑堰导水不轻易采用横向拦截筑坝的方法，而是因势利导，师法自然，顺水流方向筑堤，既抬高水位，引导了水流，又不阻碍通航。都江堰是这样，其他大小堰也是如此。正因为如此，是该叫三道堰还是三导堰，遂成许多文化人争论的焦点。三道堰"土著"作家孙宗烈先生出版了一部小说《码头》，开篇便明确指出，三道堰"从文化来源上就错了"，应为三导堰，是导水入渠之堰。从堰的功能来讲，孙老先生的观点无疑是非常正确的，但若把"道"作为数量单位看，便是"三道导水之堰"，似乎也有道理。难怪在三道堰镇，两个名称都可以随处见到。

无论是三道堰还是三导堰，古镇都因曾经所处的水路交通要道而成为富庶之地。可以想象它繁华的过往：柏条河边连绵的吊脚楼下，木船如梭，篙杆林立；码头上，货物堆积如山，客商南来北往，络绎不绝。虽说三道堰在民国时也只是个一两千人的小镇，却在明朝时就有五个会馆：湖广馆、广东馆、福建馆、江西馆、陕西馆。五省会馆拥挤一镇，这小镇昔日的繁华也就可见一斑。据老人讲，民国时的三道堰街上，茶社、烟馆、各种商铺应有尽有，经营的洋广杂货丝毫不比成都差。

商业荟萃的水乡码头，最盛大的节日是一年一度的端阳会。不仅温郫崇新灌五县的袍哥纷纷赶来聚会，而且各地的商人、戏班子和普通百姓也会前来凑热闹。平日穿梭在柏条河上的船筏都归了岸，水面上只有被装饰得五彩缤纷的船只供人娱乐，直到赛龙舟、抢鸭子，把端阳节的气氛推向高潮。

如今的三道堰，虽已失去了水陆通衢的地位，却成为人们追忆往昔、了解民风民俗和休闲度假的旅游地。走进镇上的惠里仿古街，那来自四面八方的商品和美食，似乎正在讲述古镇昨天的故事。

记忆中的古堰

李冰不仅在渠首建了功垂千秋的都江堰，也在成都的渠尾工程中建造一系列的中小型水堰。楗为堰就是有史可查的一座名堰。据《元和郡县图志》载："楗为堰，在（成都）县西南二十五里。李冰作之，以防江决。破竹为笼，圆径三尺，长十仗，以石实中，累而壅水。汉成帝时，瓠子河，王延塞之，用此法也，汉书所谓'下淇园之竹以为楗'。"有人说这楗为堰就是都江堰，显然是错的。

如果说在郫县还能看到古堰的遗迹，那么成都市区的古堰则只能从书里或者是我们的记忆中去寻找了。

傅崇炬记载的成都古堰，早已湮没在城市建设的混凝土下，只有极个别尚可在地图上寻到一点蛛丝马迹。姐儿堰、龙爪堰、杨柳堰、大官堰、九里堤，它们有的成了街名，有的则是住宅小区的名字，与堰已毫无关系。但透过这些地名，或借助于史书，依然能依稀看到这些古堰曾经的过往。浣花溪上游的龙爪堰，如今只在清水河上遗留了个龙爪村的地名。而古时候的龙爪堰可是个很有名的大堰，还是成都人的水上乐园。诗圣杜甫描写成都水光天色的名篇，不少是在这里寻到的灵感。由于龙爪堰水域宽阔，可"门泊东吴万里船"，当然也就成了古代成都的"5A"风景区。唐宋时期，特别是前后蜀时代，成都人喜爱的游江娱乐，包括端午的龙舟赛都在这里举行。同时由于水质好，龙爪堰附近自古便是手工业云集之地，闻名中外的蜀锦，直到20世纪50年代还在附近建厂；而宋代专供朝廷使用的蜀纸，也多产自这一带。

　　龙爪堰风光虽已过去，但它留给城市的是一份厚重的文化积淀。

　　成都更多的古堰则是连名字也消逝在历史的长河中了，有关它们的记忆只保留在一代人的大脑中。

　　樊家堰便是我记忆中的堰。

　　樊家堰是个小堰，地点在离武侯祠不远的建国巷的第十五中学后面。一条小河从农田中而来，宽不过数米，河名至今不晓，只知其水是从西门外周家碾分流而来，最后流到锦江去。小河流至樊家堰时，河道被人为拓宽，形状犹如瓶肚，一座石拱桥横跨在河肚上。桥下河水深且缓，加之河床全是厚厚的细沙，这里于是成为方圆几里学生最喜爱的天然游泳场。那时我不到十岁，不敢去枕江楼的鱼嘴（那是日本鬼子丢炸弹炸出的大坑，江水稍大就会形成漩涡，每年都要淹死人，但游泳的人还是前仆后继）下游泳，却常跟高年级的同学去樊家堰玩跳水。那石拱桥不算高，水底又尽是柔软的河沙，"跳炸弹""倒门板""栽迷头儿"都不会受伤。

　　因为樊家堰水好又安全，所以来游泳的小学生最多。娃娃多，就吸引了小商贩来河边经营。有个跛子经常提个长竹兜来樊家堰卖大头菜，每当岸上响起他用"爆蛇蚤"（女贞树）叶子裹在嘴中吹出的旋律时，水里的小孩会蜂拥上岸。大头菜一分钱一片，切得薄如纸，却拌得红油透亮，很是诱人；也有小锅盔夹大头菜，那要三分钱一个，买的人少些。那跛子天热时每天都来，生意做完了，他也会跳进水中与小食客们戏水。听说有回他还救过一个遭淹水的小学生的命，所以大家都喜欢这个跛子。然而有个卖糖饼的小贩就令人讨厌了。他卖糖饼，最喜欢引诱人去摸字。一只小布口袋，里面用麻将大的竹板按百家姓写有字，最少两分钱摸一回，按顺序前后决定糖饼大小。但被摸出的字从来看不到赵钱孙李，连冯陈褚卫都难见，所以摸字的人得到的往往只有指甲盖大的一两个糖饼。但有一天出了意外，十五中一个初三学生竟然摸出了"赵"字，奖品应该是一个大金龙或者一百个糖饼。糖饼老板惊呆了，老半天不兑现。于是发生争吵，情急之中，糖饼老板说漏了嘴，说口袋里根本就没有赵钱孙李，是那同学自己写的。这下可激怒了所有人，围拢来的学生嚷着要把糖饼挑子丢到河里。糖饼老板这才急了，答应立即兑现。得胜的学生欢呼雀跃，传递着金龙，你抿一口我舔一下，然后又进河里凉快去了。岸上的糖饼老板却灰溜溜地收刀捡卦，担起挑子走了。从此再没在樊家堰见到他。

沙河水上的古堰遗迹

2017 年 8 月 19 日，我沿沙河去追寻古堰的踪迹，来到沙河下游五福街附近采访。沙河岸边公园里，乘凉和健身的人很多，问了七八个人居然不知道近在咫尺的洗瓦堰。我徘徊了好一阵子，终于见到一位八十多岁的老者牵了条狗溜达过来。老人姓兰，在沙河边住了四十多年，但他也不是当地"土著"，而是从城里搬家过来的。但兰大爷对沙河还颇熟悉，从五显庙到万年场，从乌龟坝到五桂桥，侃侃而谈。对于沙河上哪些地方有堰，历数了多处，但堰名却没记住。对洗瓦堰，老人倒是十分肯定，手往沙河下游不远处一指："水闸上头一点以前就是洗瓦堰，早先那儿还有个鱼嘴。"至于为什么叫这名称，就不得而知了。

我按老人所指来到水闸，一位姓肖的工人正在打捞河上漂来的杂物。肖师傅在这里已经工作九年，每天都要从河中打捞七八筐杂物，否则水闸就要遭堵住。肖师傅指着闸门上方一条小河说，这就是洗瓦堰。沙河上的闸门稍微一关，水位就提高了，多余的水就从洗瓦堰流走。我一看，果然有一道小河，沙河水正"哗哗"地向东蜿蜒而去。洗瓦堰的水一直流到三圣乡。至于为何叫洗瓦堰，肖师傅也不清楚。

沙河源头附近还有一座洗瓦堰。据成华区地方志办公室编辑出版的《成华史话》记载："沙河起于成都市北郊洞子口，向东南流约3公里又分洗瓦堰、砖头堰。洗瓦堰是沙河干流，主要向成都东郊供水，为区内主要排水渠道，经驷马桥向东，穿越东郊腹地……"从这段记述看，此地洗瓦堰与下游那座是同名的。

而砖头堰是有史载的名堰。我在双水一带采访，人们对它的具体位置却各说不一，而且依然说不清楚名称的来历。老金牛区的新闻工作者郑先生这样解释道："以前砖在平坝少见，用砖垒堰很稀奇，所以百姓就叫它砖头堰。"这是顾名思义还是望文生义，便不得而知了。其实沙河干流与支流上有很多这样的堰，即使如今还留下名称，由于时代变迁，人们已难以说清它的来龙去脉。

堰，是成都平原上一道独特的风景，是古蜀人的伟大发明，当然也是天府水文化不可或缺的内容。堰与堤坝的不同之处在于，堤坝是以"堵"的方式治水，堰则是以"疏"的方式治水。堰是在河道上采用较低的挡水建筑物提高上游水位，以达到蓄水灌溉和增强航运的目的。堰的最大特征是利用自然地形地貌来减缓水的流速或改变水流方向。举世闻名的都江堰就是古人治水所创造的一项伟大工程。这种技术不仅被古人运用在大江大河上，也被普及到了小河小沟上，由此才造就了成都"水旱从人"的丰饶原野。

沙河流域究竟曾经有多少座堰，又具体在何处位置，现在已经无法一一准确定位。但可以肯定的是，从沙河干流到支流纵横交错的水网上，有名字的堰和无名字的堰，就像蓝色夜空中的繁星一样。始昌堰、砖头堰、洗瓦堰、响水堰、豆腐堰、昭觉堰、鸿门堰、官私堰（官和私二堰合一）、黑水堰、大包堰、关家堰、笆箕堰、莲花堰、王家堰、李家堰、张家堰、陈家堰、大关堰、小关堰、菱角堰、簧门堰……这些大大小小的堰，或以当地特征命名，或以筑堰人的姓氏命名。一般说来，在沙河干流和较大支流上的堰，规模较大，非动用乡甚至以上政府的力量不能为之，一般不会使用姓氏命名，如砖头堰、洗瓦堰、柏贤堰之类；而支流上规模较小的堰，多为家族或个人出资所建，所以常以姓氏命名。

现代人修筑的堰则在古堰技术的基础上融入了现代智慧。位于今五福桥下游两百余米的望江宾馆内，以前有座柏贤堰。也是 20 世纪 40 年代建设的一座无须人力或电力控制的自动提灌站，因鱼嘴前有一株古柏而命名为柏贤堰。据《成都文史资料》1988 年第 3 期有关资料介绍，该堰由时任四川建设厅厅长兼水利局局长的河北衡先生主持建设。《成都沙河话古今》中收有萧汉堡先生一篇短文《河上的水利灌溉工程》，记述了柏贤埝（堰）的工作原理："引水渠位于沙河东侧，渠面宽约三米，水深约一米……为提高水位，横断沙河建有一混凝土作墩的拦河坝，十余孔，孔宽约两米，置木制翻板闸门……翻板闸门……纯靠水力自动启闭。由于门的支点偏下，水少时，闸板借门的重力和低水压力自动关闭；水多时，闸门又靠水流的动水压力自动张启。"

正是这些星罗棋布分散在沙河水网上的古今水堰，在农耕时代，把沙河的功能发挥到了极致。各式各样众多的堰，通常是以灌溉田地为目的，然而一旦田间地头遭遇暴雨洪水的侵袭，它们便成为引水泄洪的通道。所以，沙河水网上的这些堰，可谓"东别为沱"理念在农业生产中最直观、最具体的实践。

然而，这些古代和现代的各种水堰，都随着河道的变化或城市的发展隐退进了历史的帷幕。当然，也有一些堰是遭到人为破坏而消失的，譬如，昭觉寺外著名的昭觉堰，就是在 1941 年遭遇日本鬼子飞机轰炸而毁灭的。当地老一辈居民至今谈论起这件事还耿耿于怀。

九、故园记忆：围井栖居的成都人

在现代都市中，水井离人们的生活已经很远。如今若要看到一口至今仍在被人们使用的传统水井，只有到远离城市的乡村去。可是即使在农村，也普遍用上了自来水，个别尚未通自来水的地方，人们使用的也已经不是传统的水井，而是看不到井口的机井。

几年前在媒体上曾看到一则报道，说乐山市中区杨家湾场镇外的长虹村有口水井叫"冒火井"。所谓冒火，是指这井冬暖夏凉。冬季冒出阵阵雾气，水温也是暖暖的。所以叫冒火井。

如今的人们真是少见多怪了！

其实几十年前，成都市区内这样的水井几乎随处可见。20世纪70年代以前，成都市内都还有相当数量的水井与市民为伴。遥想我们的儿童时代，几乎老城区的每一条街巷都可以看到湿漉漉的井台，以及围绕在井台上汲水和洗衣淘菜的男女老少。如果是在隆冬腊月，天寒地冻之时，即使无人用水，井口也会另有一番景象：只见丝丝白气，若隐若现，从深幽的井中飘升而出，如果再遇上大雾天，那简直就成了童话中的仙境一般。所以，每当花草上的水珠儿开始霜冻成冰粒的时候，小孩子们便最喜欢去井边耍水，甚至愿意主动帮着大人做这做那，显得格外勤快，其实他们的目的只是在感受那温暖可亲近的井水。而到了夏天，井水则完全换了一副面孔，变得透凉彻骨。于是炎热的傍晚，便时常有人站在井台边，将刚提上来的井水从头淋到脚下，那透心儿的清凉给人的感觉实在是无法言说的爽；而小孩们则经常将西瓜放在井中浸泡后再拿出来吃，去热又解渴。

成都在高楼大厦出现以前，地下水十分丰富，掘地三尺必有清汪汪的泉水冒出。岷江从都江堰冲出大山的包围后，立即呈扇面向平原地区舒展延伸开去，于是造成了平原上丰富的河汉湖泽，同时也向地下注入了充足的水源。处于平原腹地的成都城如被托举在一块吸满水分的巨大海绵上。或许这正是成都能够历经数千年，甚至经历周边山区如"5·12"汶川那样的大地震后，依旧岿然不动的缘故吧。水滋养了这方土地，也庇佑了这方土地，同时还给生活在这方土地上的人民带来极大的便利。水井使得远离河道湖泊的人们也能充分享受到水的恩惠。

然而这一切都已成遥远的记忆了。

成都水井的千年之功

成都城的水井尽管已经远去，但是它悠久的历史以及因它而形成的文化，已经成为这座古老城市永不磨灭的文明灯塔。

2001年，成都城西磨氏河畔的古金沙遗址被发掘出来。这是继广汉三星堆之后，成都平原最重要的考古成果。三星堆突然消失之谜，终于在古蜀国的金沙都城找到了答案。考古工作者在金沙发掘出了大批珍贵文物之外，还在该遗址芙蓉苑南的古蜀先民居住区房址外发现了水井遗迹。这口水井为圆形斜竖井，深1.48米，直径2.1米，井壁中间向外凸，呈袋状。更令人欣喜的是，井底的沙砾层中还有一只无底陶瓮，瓮底与四周都铺有卵石。显然，这是为过滤水而设置的，很符合明代徐光启在《农政全书》中对水井的记述："甃之以石，则洁而不泥。汲之以器，则养而不穷。井之功大矣。"说明古蜀人此时的打井技术已经相当娴熟。金沙是古蜀史上杜宇至开明王朝的都城，这两个王朝的年代相当于中原地区的西周至春秋时期，距今已有三千多年历史。

金沙遗址中的水井是迄今为止发现的成都最古老的水井，但并不一定是成都历史上最古老的水井。

水井是人类社会进步的必然产物，是人类文明的重要成果。远古人类原本是傍水而居，世界各地古文明遗址无一例外都濒临江河湖泊。但是随着人口的增加和人们向远离水源地开荒耕种定居的需要，生存所必需的水源便成了必须解决的问题。水井正是在这种生存危机的逼迫下被古人创造出来的。从《高士传·卷上》所记载的来看，我国尧帝时代水井就已经很普遍，《击壤歌》就说明了水井对当时人们的重要性："吾日出而作，日入而息，凿井而饮，耕田而食，帝何力于我哉？"唐人孔颖达在为《易经·井》作疏时这样称井："古者穿地取水，以瓶引汲，谓之为井。"明人徐光启《农政全书》对井的阐释是："井，池穴出水也。《说文》曰：清也。故《易》曰：井洌寒泉，食。甃之以石，则洁而不泥。汲之以器，则养而不穷。井之功大矣。"

从全球范围看，各地古人类早在新石器时代就已经掌握了打井技术。北京联合出版公司 2014 年 8 月出版的《中国古代文化常识》（王力主编，刘乐园修订）插图修订第 4 版，在介绍宝鸡北首岭出土的酉瓶时，认为"新石器时代的人基本上还不会打井，他们主要是从河里汲水"。这个结论很值得商榷。目前我们知道的最古老的水井，据说已有九千多年历史，这就是塞浦路斯西部沿海地区的几口古水井。这些古水井直径 0.75 米，深达 5 米，在井壁上挖了供人上下的凹洞，可见地下水位之低。此外，在中东戈兰高地所发现的距今八千年的古水井也是如此。这些井尽管算不上真正意义上的水井，但已经具备了水井的雏形。而德国考古人员在莱比锡地区发现的四口木结构的古井，被认定为七千多年前的遗迹，这便是现代意义上的水井了。

中国南北各地考古报告也都发现有技术成熟的古水井遗迹。中原地区最古老的水井属于龙山文化时期，在河南汤阴、洛阳、汝州、郾城等地都有发现，其中以汤阴白营的古水井遗迹年代最悠久，距今四千七百多年。该水井"井口距地表 2.65 米。形状呈正方圆角，井口分两层，大井口南北长 5.8 米，东西宽 5.6 米。东边有两级台阶，向下 0.55 米为小井口，南北长 3.8 米，东西长 3.6 米"。井壁上部向外倾斜，口大底小。关键是井壁用小圆木自下而上层层垒砌，从井口向下看，俨然汉字中的"井"字。可见，这是一口技术十分成熟的水井。不过，这还不是中国最古老的水井，迄今发现的我国最古老的水井在杭州湾余姚地区的河姆渡遗址中。1973 年发掘出的这口古水井，早于我们的黄帝时代，已有近六千年时间，是一口边长 2 米的方形水井，深 1.35 米，两百多根小圆木组成的榫卯结构支撑着井壁。我国从北到南，古水井都是木结构的方形井，说明"井"字的出现正源于水井的创造。

与西方相比，中国发现的古水井似乎时间稍晚，但技术却成熟许多。这不仅从遗迹中可以看出，从古代典籍描述中也能找到依据。关于水井的发明人，一说是黄帝。宋代高承《事物纪原》称："……《世本》又云：黄帝正名百物，始穿井。《周书》亦曰：黄帝作井。"另一说是炎帝。《后汉书·郡国志》刘昭注引《荆州记》云："神农既育，九井自穿，汲一井则九井动。"郦道元《水经注·漻水》也说："水源东出大紫山，分为二水，一水西径厉乡南，水南有重山，即烈山也。山下有一穴，父老相传，云是神农所生处也，故《礼》谓之烈山氏。水北有九井，子书所谓'神农既诞，九井自穿'，谓斯水也。又言'汲一井，则众水动'。井今埋塞，遗迹仿佛存焉。"还有一说是舜禹时代的伯益。《吕氏春秋·勿躬》说："伯益作井。"《淮南子·本经训》亦说："伯益作井，而龙登玄云，神栖昆仑。"高诱注："伯益佐舜，初作井，凿地而求水，龙知将决川，漉陂池，恐见害，故登云而去，栖其神于昆仑之山。"伯益是颛顼的后代，又是鲧禹的治水助手，最终被禹的儿子夏启所杀。

井的发明与治水关系密切，伯益作井是很有道理的。西周时有个邢国（今河北邢台一带），其前身叫井方氏，而井方氏的始祖正是这位伯益。

典籍中的种种记载，表明水井的发明不是一时一地或一人之功，而是一个持续的历史过程。正是在这一历史过程中，我们的祖先创造了丰富的华夏水井文化；同时也表明，至少在黄帝时代，"凿井而饮"已是中华先民普遍掌握的一项生存技术了。

打井兴国：古蜀两朝的崛起

古代成都不是缺水的地区，但依然有丰富的水井文化。成都的水井历史或许不及中原悠久，却独具特色。首先，结构上不是"井"字形而普遍是圆形，与方形水井相较，圆形水井的井壁不易垮塌；其次，古蜀人很早就懂得使用陶制井甃过滤，从而使井水更清澈。从城区西部和南部出土的众多陶制井圈看，秦汉时期已经普遍使用井甃过滤井水。金沙古井则是比秦汉古井更早的例证。

尽管金沙古井晚于中原，却不能说明古蜀人掌握凿井技术晚。这从史书记载的古蜀传说中就可以窥见一斑。《蜀王本纪》《华阳国志》都记载，古蜀史上的杜宇就和井有密切联系。杜宇原系云南昭通一带善于农耕的僰人。"后有一男子，名杜宇，从天堕，止朱提。有女子名利，自江源井中出，为杜宇妻。乃自立为蜀王，号曰望帝。"杜宇因为娶了"从井中出"的一位叫利的女子，于是建立了古蜀王朝。这个"利"可能是江源（崇州）一带的氏族女首领（或许这个氏族还处于母系时期）。所谓"从井中出"，说明这个部族善于打井。至于这井是水井还是火井抑或是盐井，学者各有看法。若是水井，那么杜宇从此不怕天干，可以真正做到"水旱从人"；若是还包括火井、盐井，那就更不得了，中国科技史的某些章节恐怕就得重写。总之，杜宇是以联姻的手段结合了两个部族的技术优势，积攒了足够的实力，进而打败鱼凫后入主成都平原，建立起了一个"以褒斜为前门，熊耳、灵关为后户，玉垒、峨眉为城郭，江、潜、绵、洛为池泽，以汶山为畜牧，南中为园苑"的强大的古蜀王朝。

杜宇的丞相鳖灵，一般都注意到他是荆楚人，善于治水，是从长江溯流而上来到成都平原的。很少被人提及的是，鳖灵也是"从井中出"的人。春秋时晋国音乐家师旷写过一篇《禽经》，就说："望帝称王于蜀时，荆州有一人化从井中出，名曰鳖灵。于楚身死，尸反泝流至汶山之阳，忽复生，乃见望帝，立以为相……后数岁，望帝以其功高，禅位于鳖灵，号曰开明氏。"这篇《禽经》有人说是唐代或宋代人伪托师旷之名写的。事实如何不得而知，但却明白指出鳖灵是"从井中出"的。

杜宇和开明，在古蜀历史上都曾治过水，杜宇曾凿通巫峡，还常导合江流，并且与"从井中出"的部族联姻。鳖灵更是家喻户晓的治水英雄，殊不知，他也是"从井中出"的人。由此看来，古蜀的两个王朝不仅善于治理地面的江河水，还善于"治理"地下水——打井。这是过去人们谈论成都平原水利时很少涉猎的话题。

锦城水井之数

2016年夏天，我去郊县旅游，在西来古镇街头看到一口水井，犹如邂逅久违的老友，亲切、亲热。扯上一桶清花亮色的井水，再掬一捧饱吸口中，沁人心脾的甘冽与凉爽顿时传遍全身，好生舒服啊！古镇地处五面山中，水井紧挨临溪河，难怪水质那么优良。

从远古以来，水井就与人民的生活息息相关。人群密集的地方，水井也更加密集。陕西沣西张家坡西周遗址，一个很小的范围内就有八口深达9米的水井。而巴山蜀水之间几乎随处可见水井的身影。成都平原上的水井更是如天上的繁星，数不胜数。20世纪70年代，在成都西郊修建四川省社会科学院时，人们一下就挖出了二十多口古井，说明这里在古代是人口密集的生活区域。

在自来水普及城乡的今天，水井仍然没有彻底退出历史舞台。在乡村，水井依旧是人们生活的重要助手；在城市，水井则成为一道可供观赏的风景，也是城市历史与文化的符号。文君井、诸葛井、薛涛井、双眼井、罗汉井、八卦井、梅花井、凉水井等诸多水井，就像一部部厚重的史书，反复向人们述说着成都平原昨天的故事。

甘甜的井水曾经以一种美妙、神奇的力量感染过我们。

整个成都平原究竟有多少口水井，实在是难以统计。仅仅成都老城区内的水井就曾有数千口，却是有据可查的。所谓老城区，不过是"二江环抱"的中心城区，即大致今内环线所包围的市区。在这个老城区所在范围内，20世纪70年代之前，无论大街小巷，水井直如天上的繁星一样多。每条街、每个院落都能看到水井，有些地方甚至移步换井。我小时候就听人说，仅皇城（今四川省科技馆所在地）内就有四十八口井。老城区究竟曾经有多少口井，历朝历代应各不相同。清末民初时，傅樵村先生在所著《成都通览》一书中有统计："省城凡有水井二千五百一十五眼。"在"穿城九里三，围城四十八"的土地上，大小街道不过五百一十六条，可见每条街平均至少有四口井。20世纪30年代末，城区水井统计达四千口，仅宽巷子一条街就有十多口水井。而来自民间的估计，成都水井最多的时候有六千多口。这众多的水井就像城市经络上的一个个穴位，主宰着城市的命脉。

或许正是井水的美妙，刺激了中国诗人的想象，历代诗人都有对水井的描写。于是在诗歌中水井有了另一个雅称，是为"银床"。《乐府诗集·舞曲歌辞三》中有："后园凿井银作床，金瓶素绠汲寒浆。"《乐府诗集·相和歌辞六》载梁简文帝《双桐生空井》中也有诗句："还看稚子照，银床系辘轳。"杜甫的《冬日洛城谒玄元皇帝庙》中有"风筝吹玉柱，露井冻银床"。李商隐也写过"不收金弹抛林外，却惜银床在井头"的句子。（《富平少侯》）既然水井被雅称为银床，那么李白把《夜静思》中的"床前明月光"理解成月光照在井栏上，而不是照在人坐的床榻上，似乎更准确。再联想到成语"背井离乡"，诗中"床"的意思就更明确了。

井底的历史故事：三个诸葛井

　　早期水井是社会进步的助力器，井的出现带动了原始的"市"的产生。唐代张守节在《史记正义》中写道："古者未有市及井，昔朝聚井汲水，将货物于井边货卖，故言市井。"因为井边汲水方便，原始的交易行为都发生在井边。市的出现形成聚落，再发展成邑，最后成为城市。所谓"舜耕历山下，一年成聚，两年成邑，三年成都"的记载，便清晰说明了古代都市形成的过程。由是可见，水井的发明，不仅解决了人们生活与农业生产所需，也有力促进了古代城市的发展，进而推动了人类社会历史的前进。

　　水井是因为人们生活所需而发明的，也随着人类社会实践而积淀下丰富的历史文化。西周时期，由于人们需要汲井水浇地而形成了一种农业经济制度，这便是著名的井田制。"井田"一词，最初出现在《谷梁传·宣公十五年》上："井田者，九百亩，公田居一。"即把土地按井字形状分割，中间井口部分即为公田。《孟子·滕文公上》有云："死徙无出乡，乡田同井。出入相友，守望相助，疾病相扶持，则百姓亲睦。方里而井，井九百亩，其中为公田。八家皆私百亩，同养公田，公事毕，然后敢治私事，所以别野人也。"井田制作为上古时期典型的农业经济制度，既是一种耕作与租税方式，同时也兼具有民间村落、宗法家族、军事组织等综合内容。

　　井田制对于中华民族乡土观念的形成产生了决定性的影响，并由此延伸到生活与文化的诸多领域。直到今天，我们还常用背井离乡来表达对故乡的别离。汉语中产生了数十个与井有关的成语，常用的如背井离乡、井井有条、井然有序、井底之蛙、市井无赖、井底捞月、历井扪天、挑雪填井、塞井夷灶、断井颓垣、亲操井臼、取辖投井、学如穿井、金瓶落井、雨井烟垣、古井不波、心如古井、牵牛下井、投河奔井、临渴穿井、井水不犯河水，等等。

由于井水对于古人生活的重要性，于是水井还被赋予了诸多神秘的色彩。一是将水井与名人联系并加以神话。黄帝、炎帝、伯益凿井的神话自不待说，以后历代名人都与水井有关并创造了神话传说，如尧井、舜井、禹王井、老子井、孔子井、曾子涌泉井、颜回陋巷井、屈原照面井，以及秦皇井、昭君井、文君井、诸葛井、东坡井，等等，都有美妙的故事。二是创造了井神。《山海经》记载的神山昆仑山上就有九井，由开明兽看守，所以开明兽又被视为神话中的井神。祭祀井神的传统源于殷商，最早的井神是与门、户、灶、中雷（土地）并列的五大神祇；汉民族最著名的井神是柳毅。柳毅传书的故事家喻户晓，在洞庭湖畔的君山和太湖东山至今还保留着柳毅井。民间还有其他井神形象，如井泉童子、井大夫、泉神螺女、吹箫女子以及井龙（如杭州龙井）、井鬼等。其中，井泉童子在南宋许棐《责井文》和清代袁枚的《子不语》中都有描述。三是水井守护神。这守护神在东南沿海被称为拿公，道教中则称他温元帅，是道教的四大护法神，与马王爷、赵公明、关二爷齐名。

成都平原与古代名人扯上关系并且披上神秘面纱的水井，除了"从井中出"的古蜀王之外，最著名的是诸葛井。成都有三口诸葛井。第一口在市区东锦江街。此街原名诸葛井街，因街南侧的北糠市街小学内有口双眼井，相传是诸葛亮时期所凿，井口为八卦形。宋人祝穆《方舆胜览》记载："诸葛井在大慈寺西里许，自上观之，只见其三边，更一边不知其际涯也。昔孔明凿此井，以通络王气。俗传有人入井，闻其中有鸡声。"明代杨名《诸葛井祠》说："井制与他井不同，大约中虚方丈，深二尺，井口尺许，精工坚固，非俗工所能制，以创自诸葛忠武侯，故托之名。"明代所见诸葛祠在清末尽毁，诸葛井却一直使用至20世纪70年代。

另两口诸葛井分别在双流区牧马山和青白江区弥牟镇。前者据《双流县志》记载，是诸葛亮在牧马山屯兵时，为解决士兵饮水而凿，井口有碑文。后者也传说是三国时期的古井，位于弥牟镇老横街。井乃砖石结构，有石栏，有石雕狮头。井口圆形，上井腹与下井腹成错位八角形。井深2.02米，井壁用石条垒砌，由宽到窄。井口上有提水的摇架。该井如今被列为青白江区文物保护单位。

井中的文学观照：文君井、薛涛井、双眼井

水井与文化最密切的联系表现在文学上。不仅历代描写水井的诗歌汗牛充栋，数不胜数，而且许多水井正因为作家诗人而出名，甚至有些水井直接就以作家诗人的名字流芳后世，如前面提到的屈原井、东坡井等。在成都也有三口因文学而著名的水井，这便是文君井、薛涛井、双眼井。

文君井位于成都平原西南部的邛崃市区文君街的公园内，是一口远近闻名的古井。民国《邛崃县志》云："井泉清冽，甃砌异常，井口径不过二尺，井腹渐宽，如瓶胆然；至井底，径底及丈，真古井也。"据考证，文君井与南方各地出土的汉代水井几乎一致，可以确定有两千多年历史。文君井得名于才女卓文君。"相如涤器，文君当垆"是中国古代文学史上风流千古的美谈。文君井既是司马相如与卓文君取水煮酒的水井，也是二人美丽爱情的见证。

薛涛井在成都市区翠竹丛生的望江公园内。水井直接以被誉为"大唐孔雀"的女诗人薛涛命名。其实薛涛井与薛涛原本并无关系。明人曹学佺在《四川名胜记》中记载：薛涛井原名玉女津。因其紧邻锦江，井水极为清澈。明蜀王府便在此设立制笺作坊，每年三月三日，汲井水造笺二十四幅，朝贡十六幅，其余为王府所用，市面绝无销售。这种笺秉承了薛涛的制笺方法，故依然叫薛涛笺，玉女津也就自然被称为薛涛井。明人王士性万历年间游览成都时，这样记载薛涛井："出城过濯锦桥，三里而至薛涛井。水味甘冽，异于江泉，淬为笺，比高丽特厚而莹，名薛涛笺。"薛涛井命名的历史虽然只有数百年，却有很高的文化含量。明代大文豪杨升庵在《别周昌言黄孟至》

一诗中首次将汉唐两位才女佳人联系到了一起："重露桃花薛涛井，轻风杨柳文君垆。"薛涛井与文君井因才子佳人的芳名，而荡漾着诗意性灵。

成都城中另一口与现代文学密切相关的是正通顺街上的双眼井。它是巴金的井。巴金1923年离开故乡后，原来的"家"分崩离析了，家所在的公馆也历经沧桑不复存在，唯有这口双眼井保留下来。1987年秋天，年迈的巴金老人最后一次回成都，在寻访故居踪迹时，一看到双眼井就激动地说："只要看到双眼井，我就能找到儿时的足迹。"

正通顺街的双眼井，巴金说，看到它就想起童年时的家

巴金以巨大的文学成就为成都赢得了无上荣光，也赋予了故乡这口普通的水井丰富的文化意义。

仍在跳动的心脏：成都水井知多少

水井在城市中虽然早已丧失了实用功能，但它们作为文化的一部分，已经深深地嵌入了历史的记忆。绝大多数水井消逝了，然而它们的名字却永留在城市的版图上，给城市烙下了深刻的印痕。

街道是水井留下的最明显的烙印。中国各大小城市几乎都能找到与水井有关的街道，其中最有名的以井为名的街道大概当是北京的王府井大街。成都市区以水井命名的街巷信手就可拈出好几条：诸葛井街（又名东锦江街）、铁箍井街、水井街、水井巷、铜井巷、大井巷、井巷子等。武侯祠大街旁有名的"耍都"以前就叫凉水井街。还有一些街巷虽不带井字，却是因井而得名，如玉泉街、上水巷等。历史最悠久的则是西月城南端的石笋街，唐朝时此街上还有两个古蜀留下的大石遗迹，人称石笋。传说石笋下有海眼，实则就是水井。杜甫曾写有《石笋行》一诗："君不见益州城西门，陌上石笋双高蹲。古来相传是海眼，苔藓蚀尽波涛痕……"

井水的甘冽还以饮食的美滋美味保留在成都人舌尖上。首先井水作为"饮"，是泡茶的好水。成都人泡茶一般不用城里的井水，按李劼人先生说，井水含卤太重，泡茶水面上会起一层蒙子，所以早先的普通茶铺都以"河水香茶"招徕茶客。但靠近锦江沿岸的水井却是例外，用其水泡茶就属于上等好水。20世纪三四十年代成都城内一些高档茶园，诸如饮涛、鹤鸣、漱泉等都要以薛涛井水作为泡茶的专用水。据说抗日名将宋哲元寓居绵阳时，曾专程派人到成都取薛涛井水作为茶饮。其次，井水之于"饮"的另一贡献是创造了成都美酒。文君井水不只用于涤器，也是煮酒用的好水。唐代成都的名酒"锦江春"，乃是用玉女津的井水酿成。当今闻名全国的"水井坊"，曾经与井水的关系更是密切，它的源头就在水井街的白酒烧坊。水井街众多的水井不仅是为防火而凿，更是因酿酒而生。最后，成都消失的名小吃"铜井巷素面"也得益于铜井巷的井水。

成都水井为饮食文化贡献了甘美的玉液琼浆。

十、锦江之濯：蜀锦和蜀纸的地理标志

滚滚岷江水，不仅造就了丰饶的成都平原，养育了一方勤劳智慧的人民，也极大地促进了科技与手工业的发展。其中蜀锦和蜀纸便与不舍昼夜的江河密切相关。蜀锦因为锦江水的濯漂而大放异彩，蜀纸则因为使用锦江水而更加温润。织锦和造纸是中国人对世界文明的伟大贡献。蜀锦历史悠久，闻名海内外；蜀纸兴于盛唐，蜀纸起步虽晚，但其品质依然天下闻名。古代的成都二江两岸，作坊林立。这些作坊要么是锦坊，要么便是纸坊。

都说一方水土养一方人，同样，有什么样的水也养育什么样的文化。蜀锦与蜀纸就是蜀水养育的蜀文化代表。

关于锦城与锦江之名

成都西郊浣花溪畔，风景秀丽，蜚声中外的诗圣故居作为中华民族的文化符号，已经深深地镌刻在这片土地上。杜甫之外，现代浣花溪畔还有一个民族的记忆，那就是誉满世界的蜀锦。如今这里有蜀锦作坊、蜀锦博物馆、蜀锦蜀绣展销，还有以蜀锦命名的蜀锦路。诗一般的蜀锦与锦绣一样的诗相互辉映，共同演奏着中华文化的历史交响。

蜀锦专指蜀地生产的丝织提花织锦。蜀锦多用染色的熟丝线织成，用经线起花，运用彩条起彩或彩条添花。著名作家沈从文在《蜀中锦》中说："蜀锦是成都地区生产的一种花锦。"简洁明了地概括了蜀锦的地域特色。

中国是丝绸文化的发源地，成都是蜀锦文化的故乡。蜀锦的美丽曾倾倒世界。二十多年前，我采访一个拍卖会，一块20世纪60年代蜀锦厂生产的"方方锦"被海外一位青年女子高价拍走。记者问她为何对这块蜀锦感兴趣，洋美女的回答很精妙："蜀锦有丰富的中国历史文化内涵，所以我喜欢。"的确，蜀锦不但有精美的图案、鲜艳的色彩，更重要的是它具有厚重的历史底蕴与浓郁的民族特色。众所周知，中国有四大名锦，即成都的蜀锦、南京的云锦、苏州的宋锦、广西的壮锦。而蜀锦是其中最古老的。

早在四千七百年前的新石器时代晚期，古蜀人就发现了蚕丝的用途。一支以"蜀"命名的部族在岷江上游形成，他们居住的岷山被称为"蜀山"。《说文解字》云："蜀，葵中虫。""葵"，《尔雅》释义为桑，蜀即是蚕。这个以蜀命名的部族最初叫"蜀山氏"，他们以养蚕为业，后来演变成为"蚕丛氏"。《蜀王本纪》说："蜀之先，名蚕丛，教民蚕桑。"

蚕丛氏以蚕桑文明为发端，然后沿着岷江向下游平原扩张，他们经过的地方，沿途留下了许多与蚕有关的地名，如蚕陵山、蚕陵关、蚕崖石、蚕崖市，等等。据说，当年蚕丛王为了鼓励百姓种桑养蚕，特意铸造了金蚕，是为蚕神，每年春天便把金蚕发放给桑农供奉，百姓种桑养蚕的积极性因此大大提高。直到汉代，张骞还向汉武帝建议，学习蚕丛王的办法奖励桑农。

养蚕从古蜀开始就形成了农业经营传统，蜀地到处有蚕市，成都蚕市有固定的交易期。古代大慈寺雪锦楼前的广场，每年三月即为蚕市，四月则是锦市。直到民国时期，延续数千年的蚕市还很热闹。有一首《竹枝词》是这样写的："成都蚕市正春光，妇女嬉游器具场，买得鸦锄勤拂拭，夕阳桥畔和新桑。"

养蚕的目的是为剥茧抽丝。古蜀人在长期的生产实践中，学会了用蚕丝编织锦帛的方法。这种丝织品不仅轻便，而且美丽华贵，深受富贵人家喜好。渐渐蜀地出产的丝绸织品成了名贵商品，被商人们带到了世界各地。商人们走过的路后来被史家称为"丝绸之路"。丝绸之路有南北两条，北方丝绸之路以长安为起点，而作为蜀锦发源地的成都则理所当然地成为南方丝绸之路的起点。南方丝绸之路经过的便是史书中记载的"蜀身毒道"，即出云南，经缅甸、泰国，印度至中、西亚再转道欧洲。成都通过丝绸贸易，在古蜀时期便打开了对外交流的窗口。或许这正是成都这座城市从来就具有包容性和开放性的原因之一。

由于丝与锦的传统，四川以"蜀"为简称。而秦汉时期，成都因专门设立锦官城，成都遂以锦为别号，称为锦城。岷江流经成都一段江水也因濯锦也得名锦江。《华阳国志·蜀志》说："锦工织锦濯其江中则鲜明，濯他江则不好，故名曰锦里也。"一座城，一条江，都被冠以"锦"的名号，在中国是独一无二的。

嫘祖始养蚕，蜀用提花机

养蚕抽丝的第一人传说是嫘祖。

嫘祖是有正史籍记载的中华民族的伟大母亲、华夏文明的奠基人。她也堪称历史上首位女发明家，是她发明缫丝织帛而创造了华夏民族灿烂的锦绣文化。

《史记·五帝本纪》载："黄帝居轩辕之丘，而娶于西陵之女，是为嫘祖。"有学者考证，古蜀山氏居住地汶川叠溪的"叠"字，即是先秦金文"嫘祖"二字的合文之省。嫘祖系西陵氏部落的女儿，她嫁与黄帝后，教民种桑养蚕、抽丝纺织，并把这一发明推行天下。是她与黄帝共同创造了早期的华夏文明，因此嫘祖和黄帝一样都是中华民族的人文始祖。

关于嫘祖故里，过去一直争论不休，湖北、河南、浙江、四川等多地都有嫘祖遗迹。20 世纪 80 年代，盐亭县金鸡镇出土了一通由大诗人李白的老师赵蕤题写碑文的"嫘祖圣地碑",称"嫘祖首创种桑养蚕之法,抽丝编绢之术,谏净黄帝,旨定农桑,法制衣裳,兴嫁娶,尚礼仪,架宫室,奠国基,统一中原,弼政之功,殁世不忘。是以尊为先蚕"。之后,多数学者认定四川盐亭便是嫘祖故乡。

盐亭县地处绵阳市东部,属于成都平原东北边缘的深丘地带,从成绵高速驱车约三小时即可到达。春夏时节走进这方土地,在田埂、坡地以及农家院落随处可见碧绿的桑树,脑中不禁会想起张籍"桑林椹黑蚕再眠,妇姑采桑不再田"或陶渊明"把酒话桑麻"的诗句。

盐亭县金鸡镇青龙山有个叫石老村嫘甸坝的地方,传说就是嫘祖出生地。如今这里已经扩建成旅游景点,吸引着无数嫘祖的子孙。1999年我去拜谒嫘祖陵时,规模远没今天大,却听到不少远古的故事。相传蚕丛王曾经在这里祭祀过先祖。1995年夏,嫘甸坝村民在耕地时挖出一具石棺,从里面发现了一对金属蚕,经鉴定为铜蚕和金蚕。金蚕为纯金,长4.5厘米,重7克。金蚕的发现不仅证明盐亭是嫘祖圣地,也有力地证明了蚕丛王铸金蚕奖励桑农一说的可靠性。石棺葬正是蚕丛的习俗,而金蚕乃是蚕丛时代供奉的蚕神。

在盐亭县境内,几乎随处都可以听到嫘祖的传说,看到和嫘祖有关的地名,诸如嫘祖山、嫘祖穴、嫘祖坝、蚕丝山、丝源山、茧子山、西陵洞、蚕姑庙、织绢岭、抽丝台、嫘祖印……实在不一而足。在距金鸡镇20公里的石马沟金龙山还有个藏丝洞,洞中石壁刻有嫘祖骑白马飞奔像,两旁有副对联:"王氏蚕姑丝绢藏,先祖功德黄帝妃。"民间传说嫘祖幼时名王凤,又称嫘姑、蚕姑、丝姑。

远古的传说有典籍文物作印证。殷墟出土的商代甲骨文中已有桑、丝、帛等字,而汉字以这些字为部首偏旁组成新字的更是有百余个。《华阳国志·蜀志》也载:"禹会诸侯于会稽,执玉帛者万国,巴蜀往晋。"这说明大禹时代,蜀国的丝织布帛已经畅销各诸侯国了。而蜀锦的最早记载见于《尚书》,特意将蜀国的丝织品与其他丝织物加以区分。可见三四千年前古蜀地区不仅养蚕抽丝技术已经成熟,而且织出的锦帛品质很不一般。1965 年成都百花潭出土的古蜀铜壶，壶面有采桑的场景；1975 年成都交通巷出土的四件古蜀铜戈，其戈柄两面都装饰有蚕形图案；1974 年考古人员在宝鸡茄家村鱼氏族墓葬中发现了数量不少的玉蚕片、刺绣、辫痕及其他丝织物，丝织品有斜纹显花的菱形图案。这些都表明古蜀的丝织业至迟在杜宇时期已经有高超的技艺。2013 年，考古人员又在川陕大道旁的老官山汉墓中发掘出四台蜀锦提花机的模型，更进一步证明蜀地织锦不仅历史悠久，而且技术成熟也很早。

丞相祠堂何处寻，锦官城外柏森森

秦汉时代，蜀锦迎来了辉煌时期。公元前 316 年秦灭蜀之后，秦国便在成都夷里桥以南设置锦官城，专门设置官吏，对蜀锦生产和销售进行管理。历史上，国家为一种产品专门建城、置官，是极其罕见的。这得归功于蜀锦自身无穷的魅力。

而成就蜀锦华彩篇章的首功当推来自岷江的雪水。织工们织出的锦缎经过江水的漂洗，色彩更加艳丽。蜀中文士谯周所著《益州志》说："成都织锦既成，濯于江水。其文分明，胜于初成。他水濯之不如江水。"于是，濯锦的检江从此有了另一个雅号"濯锦江"，简称锦江。至于为何检江水濯锦才鲜明，现代人的研究是检江是岷山雪水，温度低于其他河水，适宜漂锦。

蜀地养蚕织锦是一个热门行业。农户多以种桑养蚕为副业，城市居民则以织锦谋生。汉武帝时期，成都城有居民七万户，从事织锦业的不少。检江两岸官方与私营的织锦作坊鳞次栉比。这种临江建机房的传统延伸了两千多年，直到民国时，成都城东南的二江沿岸还机杼声声不绝于耳。左思《蜀都赋》曾经称赞道："阛阓之里，伎巧之家，百室离房。机杼相和，贝锦斐成，濯色江波。"秦汉代时期，蜀郡的"锦官"署四周有高墙，谓之锦官城，地点在检江南岸。有人以四川省社科院曾经挖出二十余口水井，就断定今社科院一带就是锦官城，这个说法是很缺乏依据的。《华阳国志·蜀志》清楚地说锦官城在"夷里桥南岸"，夷里桥就是二江七桥中的"夷星桥"，又称笮桥。《益州记》称锦官城在"益州南笮桥东"。杜甫诗说得更明白："丞相祠堂何处寻，锦官城外柏森森。"由此可断定，锦官城的具体位置应该在今天凉水井街（即耍都）至武侯祠大街一带。而检江两岸的织锦作坊则被叫作"锦里"。如今武侯祠北侧打造有一条仿古街被称为"锦里"，锦江北岸从万里桥至百花潭的一条大路也命名锦里路，均出自蜀锦的典故。

华美的蜀锦在古代是皇家贵胄的垄断物。据说汉成帝曾免征益州国课三年，专为皇家生产蜀锦贡品。湖北云梦、长沙马王堆出土的锦缎，均被认为是蜀锦。扬雄《蜀都赋》曾赞扬蜀锦"若挥锦布绣，望芒兮无幅，尔乃其人，自造奇锦""发文扬采，转代无穷"。

蜀锦《春归图》纪念汶川大地震十周年织锦

东汉时，蜀锦发展进入了繁荣期，织机进步，所织蜀锦花色品种增多。刘备占据成都后，从刘璋府库中拿出大量蜀锦赏赐属下，关、张、诸葛、法正都得到了千匹蜀锦。蜀汉时，官府更是注重蜀锦生产，连诸葛亮家都有桑树八百株。诸葛亮南征以及六出祁山，军费的主要来源都靠蜀锦；赏赐将士也用蜀锦。诸葛亮说："今民贫国虚，决敌之资，惟仰锦耳。"1995 年 10 月 1 日，新疆尼雅遗址发掘出精绝国国王夫妻合葬墓，其中一具尸身右臂上裹着一件色彩鲜艳的织锦，锦上有"五星出东方利中国"八个字，同时还出土了一件织有"讨南羌"的织锦残片。专家认定这两件织品是从同一件织锦上剪裁下来的。另外，3 号墓主人身上也盖有一件织有"王侯合昏（婚）千秋万岁宜子孙"的锦被。专家们考证一致认为，这几件丝织品是三国时期的蜀锦。说明三国时期，蜀锦不仅通过南方丝绸之路远销海外，也是北方丝绸之路上的重要商品。

最具意味的是，三国交战的敌手非但不愿对蜀国的蜀锦输出实施经济制裁，反而"以资助敌"。曹操在征战时不忘派人千里迢迢来蜀购置蜀锦；他的儿子曹丕则有收藏蜀锦的嗜好，细心到能够发现两次所购蜀锦的质量差异。山谦之《丹阳记》载："历代尚未有锦，而成都独称妙，故三国时魏则于蜀，吴亦资于蜀，至是始有之。"

濯锦江边两岸花，春风吹浪正淘沙

两晋时期，中国长期处于战乱，蜀锦生产一度严重停滞，直到南北朝时方有所恢复。隋唐时期，国家经济逐渐繁荣，蜀锦又回归全国领先地位。尤其伴随盛唐文化的到来，蜀锦愈发璀璨夺目。唐人郑谷《蜀锦》诗二首赞美道："布素豪家定不看，若无文彩入时难。红迷天子帆边日，紫夺星郎帐外兰。春水濯来云雁活，夜机桃处雨灯寒。舞衣转转求新样，不闻乱离桑柘残。""文君手里曙霞生，美号仍闻借蜀城。夺得始知袍更贵，着归方觉昼偏荣。宫花颜色开时丽，池凤毛衣浴后明。礼部郎官人所重，省中别占好窠名。"可见蜀锦在外的影响。蜀锦不仅产品沿着南北丝绸之路远销世界，织锦技艺也传播远方。

然而，这些华美的蜀锦，除了凝聚着人民的智慧外，更倾注了劳动者血泪辛劳。中唐诗人王建的《织锦曲》就反映了蜀锦女工劳苦不堪的现实情景："大女身为织锦户，名在县家供进簿。长头起样呈作官，闻道官家中苦难。回花侧叶与人别，唯恐秋天丝线干。红缕葳蕤紫茸软，蝶飞参差花宛转。一梭声尽重一梭，玉腕不停罗袖卷。窗中夜久睡髻偏，横钗欲堕垂著肩。合衣卧时参没后，停灯起在鸡鸣前。一匹千金亦不卖，限日未成宫里怪。锦江水涸贡转多，宫中尽著单丝罗。莫言山积无尽日，百尺高楼一曲歌。"

　　早在南朝刘宋时期，丹阳郡（南京）郡守就从蜀地招募织锦工。蜀锦技艺从此传到江南。唐代蜀锦在传统基础上融入外来文化。益州织工窦思伦因创新锦绫花样，被封为"陵阳公"，其花样如花树、对鹿、对雉、斗羊、翔凤、游麟等统称"陵阳公样"。新疆吐鲁番时常有出土的联珠禽兽纹斜纹纬锦，就是颇有新意的蜀锦；哈萨克斯坦首都阿斯塔纳出土的晕色提花彩条纹锦裙，是唐开元（713—741）时的"锦上添花"锦，工艺价值极高；日本视蜀锦为国宝，称之"蜀江锦"，至今京都正仓院、法龙寺还收藏有"蜀江太子御伞""蜀江小幡"等唐代蜀锦。"安史之乱"时还有一个小插曲，玄宗亡命蜀中途径扶风时，蜀锦贡品运至，三军将士见到华美的蜀锦，知道了成都的美丽与富庶，才下决心跟皇帝入蜀。

　　前、后蜀时期，蜀锦品种更丰富，出现了《古今小说》称赞的十样锦。北宋王朝则于元丰六年（1083）在成都设立织锦院。据吕大防《锦官楼记》载，"织锦院有一百二十七间机房、一百五十四台织机；挽丝之工百六十四，杼之工百五十四，练染之工十一，纺绎之工百一十"。织锦院以服役的军工和雇工生产皇家专用的土贡锦、官告锦、臣僚袄子锦和专门销往民族地区换马匹的广西锦。另外，南宋高宗建炎三年（1129），茶马司还自办织锦坊，生产蜀锦抵扣马价。不久又在成都增加了应天、北禅、鹿苑三个织锦作坊，至乾道四年将其与成都锦院合并，组建成了一个较大规模的蜀锦工厂，产品除了用于皇家贡品外，便是用于官家的商业贸易。此时著名的蜀锦品种有八答晕锦、灯笼锦、落花流水锦等。南宋后期，因为政治经济重心南移，蜀锦生产开始衰落。

元代时，农村开始种植棉花。由于著名纺织技术革新家黄道婆带回了海南黎族人民的纺织技术，并且发明了新式纺车，棉布首先从江南开始普及开来。到了明代洪武（1368—1398）初期，朱元璋下令在全国推广棉花种植，价廉物美的棉布也被百姓广泛接受。蜀锦业由此受到冲击。加之在四川，蜀锦织造又由蜀王府垄断，因此织锦的规模、品种都不如以往，但因为是专供皇家和达官贵人享受，所以蜀锦的品质仍属上乘。四川省博物院收藏的"黄地双狮雪花球露锦"和"变形牡丹蝴蝶锦"就是这一时期的蜀锦上品，分别是纬三重和纬四重织物，极其华贵美观。1979年，成都西郊还出土过一件"落花流水"图案锦衣，传承的是前朝的技术，图案生动形象地展现了李白《山中问答》诗中"桃花流水窅然去，别有天地非人间"的意境。

到明末，蜀锦更遭遇重创，原本被蜀王府垄断的织锦业，据嘉庆年《华阳县志》载，"蜀自明季兵燹后，锦坊尽毁，花样无存，今惟天孙锦一种，传为遗制云"。其织工"人匠均尽于贼手"。只有孙可望带走了锦工十三家数百人，随军至云南发展出了"通海缎"。孙可望是张献忠的义子、大西军重要将领，张献忠战死后，孙可望率领余部转战云贵，将成都主要的织锦技工都带走了。直到清代乾、嘉时期，成都蜀锦业才逐渐恢复。

19世纪中叶，太平军攻占南京后，江宁织造府西迁成都，蜀锦得到了进一步发展。杨燮的《锦城竹枝词》写出了成都东门一带织锦业的繁荣："水东门里铁桥横，红布街前机子鸣。日午天青风雨响，缫丝听似下滩声。"

特别到清末，蜀锦官府垄断地位被打破后，走入民间的蜀锦再次获得繁荣，锦江两岸的织锦作坊增至两千多家，织机上万台，织工则多达四万多人，其产品占到了全省的七成以上。蜀锦的缎类和绸类，品种类繁多，传统和新创的品牌也都达到了前所未有的高度。被誉为"晚清三绝"的月华、雨丝、方方等流芳百世的蜀锦正是产生在这时。锦江两岸再一次呈现了唐人刘禹锡的诗意景象："濯锦江边两岸花，春风吹浪正淘沙，女郎剪下鸳鸯锦，将向中流匹晚霞。"

益州麻纸冠天下，浣花溪水正清滑

出成都城往南不远，有一富裕大县名双流，古名广都，如今已经更名为成都市双流区。汉武帝元朔二年（前127）设置于蜀郡的广都县，具有丰厚的人文历史内涵。《山海经》描写的"都广之野"就在这里。古蜀王曾在其境内定都立国，瞿上，即牧马山一带至今还有不少蚕丛的遗迹，李冰也在这里广开盐井，诸葛亮曾在这里开挖河流望川原……

其实广都还是蜀纸的发源地。广都之所以更名双流，与纸有密切的关系。东晋之后，广都始现造纸作坊，产品名"双流纸"。隋朝因为避讳杨广的名号，借左思《蜀都赋》中"带二江之双流"语，改广都为双流。也有人说是以当地生产蜀纸的品牌作县名。元费著《笺纸谱》载："双流纸出于广都。每幅方尺许，品最下，用最广，而价亦最贱。双流实无有也，而以为名，盖隋炀帝始改广都曰双流，疑纸名隋始也，亦名小灰纸。"

进入唐朝后，蜀纸作坊由双流向成都浣花溪至百花潭转移。在这里，清澈的锦江水不仅提供冲捣原料的动力来源，而且具有濯清杂质的必需的水环境资源。因此，浣花溪百花潭一带迅速集中了许多专事麻纸生产的"纸户"。据元人费著《笺纸谱》载："府城之南五里有百花潭，支流为二，皆有桥焉，其一为玉溪，其一为薛涛，以纸为业者家其旁。"

唐代蜀纸按原材料分有两大类：一类是麻纸，一类是皮纸；从工艺过程上又分为生纸和熟纸。生纸是由纸浆抄出的纸，熟纸则是经过了若干道后续加工过程的纸。譬如史书中记载的麻面、屑面、滑石、金花、长麻、鱼子、十色笺等品种的纸都是麻纸中品质上好的熟纸。四川盛产苎麻,纤维含量很高。唐人以此为原料,采用蔡伦造纸法生产出了当时最好的纸张。麻纸成品有颜色深浅不一的黄麻纸和白麻纸两类。

成都浣花溪一带所产麻纸之所以受好评,一是所用苎麻生产出的纸张质地好,有韧性,耐用;二是因为江水清澈,所产纸张的品相好。苏东坡也曾说:"成都浣花溪,水清滑胜常,以沤麻楮作笺纸,紧白可爱,数十里外便不堪造,信水之力也。"大文豪明确地指出是成都的水造就了笺纸。宋人袁说友《笺纸谱》也说,浣花溪"江旁凿白为碓,上下相接,凡造纸之物必杵之使烂,涤之使洁,然后随广狭长短之制以造"。

正因为成都麻纸独一无二的优良品质,唐王廷将益州麻纸确定为朝廷专用贡纸。无论皇帝的诏令、臣下的奏章,抑或官府文书、藏书,都使用蜀地的麻纸。据《新唐书·艺文志》所载,玄宗令马怀素创集贤书院,太府每月要供给蜀郡的麻纸五千番,用量可见一斑。可以说,蜀纸为唐朝史上"开元盛世"的出现立下了汗马功劳。

吃水不忘挖井人,承袭蔡伦造纸法生产的蜀纸获得了巨大成功,造纸人便在成都大东门云峰院为蔡伦立庙,"每遇岁时祭祀,香火累累不断,示不忘本也"。唐代的蔡伦庙即在今下东大街附近。

浣花溪上如花客,桃花笺纸桃花色

蜀纸的另一大类是皮纸,与麻纸同为蜀纸精品。所谓皮纸,通常是以树皮为原料,最常见的是用构树皮(即楮树)。以此制成的纸,称为楮纸。唐代制造皮纸笺纸最著名的当数女诗人薛涛。她以芙蓉树皮为原料,再加上芙蓉花汁,从而制成了鲜艳的彩色笺纸。宋应星《天工开物》评价道:"煮縻入芙蓉花末汁,或当时薛涛所指,遂留名至今。其美在色，不在质料也。"这种"其美在色"的"薛涛笺"只能是浪漫多情的女诗人的独创。薛涛（768—832），字洪度，原籍长安，长于成都，终老成都。四川大学校园内原有薛涛墓，后被毁。1994年在望江公园西北角重修了薛涛墓，有薛涛研究会所立墓碑，书写"唐女校书薛洪度墓"八个篆字。墓园呈圆形，周围修竹茂盛，绿色成荫。望江公园内还有一口井，名薛涛井。此井早年叫玉女津，因以井水制造薛涛笺而闻名于世。但薛涛井与薛涛本人并无直接关系。

　　薛涛晚年定居浣花溪畔，目睹了众多造纸作坊的工作流程，深谙造纸技艺。但她嫌工匠所造皮纸幅大，不适宜写诗。作为每天都与纸张为伴的女诗人，难免不生出浪漫情调来。于是，聪慧的薛涛在已有十色笺纸的基础上，对原材料加以创新，把芙蓉树皮捣碎煮烂，再加入芙蓉花汁着色，以此法制出了一种深红色的皮纸小诗笺。

　　小巧玲珑、色彩鲜艳，且富于情趣的薛涛笺，不仅受薛涛本人喜爱，也深受其他文人雅士的青睐，并且对后世影响很大。元代费著在《笺纸谱》中记载两条支流，一条是玉溪，另一条是薛涛。说明薛涛当年制纸的那条支流已用薛涛的名字来命名了。

　　薛涛以才女著称，一生以诗歌与文人唱和，也以薛涛笺相赠。与薛涛交往的文人雅士多是大名鼎鼎的诗人或官员，如韦皋、元稹、白居易、牛僧孺、裴度、严绶、张籍、杜牧、刘禹锡，等等。薛涛笺书写了女诗人与他们唱和往还的千古雅音。在诗人们的眼里，薛涛笺的美就如薛涛本人一样，是一道令人愉悦的风景。元稹就用薛涛赠给他的薛涛笺写了《寄赠薛涛》诗，开头两句便是："锦江滑腻峨眉秀，幻出文君与薛涛。"称薛涛与文君一样美，而薛涛笺则与峨眉一样秀。李商隐也称赞："浣花笺纸桃花色，好好题诗咏玉钩。"五代诗人韦庄也以《乞彩笺歌》称颂薛涛笺："浣花溪上如花客，绿暗红藏人不识。留得溪头瑟瑟波，泼成纸上猩猩色。手持金刀裁彩云，有时剪破秋天碧。不使红霓段段飞，一时驱上丹霞壁。蜀客才多染不供，卓文醉后开无力。孔雀衔来向日飞，翩翩压折黄金翼。我有歌诗一千首，磨砻山岳罗星斗。开卷长疑雷电惊，挥毫只怕龙蛇走。班班布在时人口，满袖松花都未有。人间无处买烟霞，须知得自神仙手。也知价重连城璧，一纸万金犹不惜。薛涛昨夜梦中来，殷勤劝向君边觅。"薛涛笺倍极殊荣，成为皇家专用，连韦庄这样的宰相都只有找皇帝身边的人要，难怪他要说："也知价重连成璧，一纸万金犹不惜。"

明人何宇度准确评价了薛涛对蜀纸技艺的贡献："蜀笺古已有名，至唐而后盛，至薛涛而后精。"薛涛笺作为蜀地的文化符号，同锦江一样，已深深地镌刻在成都的大地上。

十样蛮笺出益州，寄来新自浣溪头

"十样蛮笺出益州，寄来新自浣溪头。"这是宋人韩浦赞美的另一种诗笺。所谓十样蛮笺，指的是宋代与薛涛笺齐名的"谢公笺"。因其首创者是神宗时的成都府提点刑狱谢景初，故名。谢公笺依然出自浣花溪畔，比薛涛笺的色彩更丰富，有深红、粉红、杏红、明黄、深青、浅青、深绿、浅绿、铜绿、浅云十种颜色，所以又称十样笺。从谢公笺的丰富色彩看，其显然比薛涛笺的工艺进了一步。

除去谢公笺之外，宋代成都工匠在传统蜀纸的基础上，吸收了江南地区的造纸经验，以农村遍地皆是的竹子做原料。宋代的蜀纸从原料到工艺都有了新的进步，品种也增加了许多。如"百韵笺"，一种背青面白的青白长幅纸，专供文人写诗和书信之用；"学士笺"与"小学士笺"是仿照"姑苏纸"所制的，是一种印有花纹的小巧"假姑苏笺"。

在笺纸的基础上，唐代就开始出现的水纹纸，宋时技术更显成熟。这种纸迎光能见到纸中纹理和图案。当今世界各国使用的纸币、有价证券都用的是水纹纸。其制作方法有两种：一种是纸面上用线编成纹理或图案，抄纸时纹理图案浆薄，自然显于纸上；另一种是雕刻有纹理图案的模板强压在纸面上，从而凸显纹理。宋代的水纹纸多采用此法，其技术沿用至今。

然而，自唐代以来，浣花溪畔形成的造纸盛况，经宋末元初的战乱后彻底衰亡了。纸坊关闭，工艺失传，连浣花溪河流也淤积不畅，水质浑浊，基本丧失了制造蜀纸所需的优良水环境。不仅如此，昔日繁荣的浣花溪畔还荒废成了肃杀寂寥的坟场，夜里常见鬼火闪烁，真如元人袁桷《题薛涛笺》所写："浣花旧事何人提，万劫春风磷火高。"名贵的薛涛笺和天下闻名的蜀纸都消失了。

直到明初，美丽的薛涛笺才再次在锦江畔现身。据王士禛《香祖笔记》称，成都人陆子良能制薛涛笺，还在浣花溪建捣锦亭。不过，终明一代，薛涛笺都为蜀王府垄断，专用于向朝廷进贡；而且品种单一，原来十多种花纹彩笺只剩单一的纯白笺了。且明代的纸坊也不在浣花溪，而在东门外的望江楼，制纸所需之水只能取自玉女津的井中。所以此井被称作"薛涛井"。

从浣花溪到望江楼，水路不过几公里，薛涛笺在锦江上漂流了六七百年的时间，最终还是走进了历史。明代诗人王士性曾题"为染薛涛笺，来看薛涛井"，殊不知，薛涛笺早已不是原来的薛涛笺了。胡适曾经很自豪地称他用过薛涛笺，据说是由"诗碑家"仿制的，是否如真的薛涛笺就不得而知了。

蜀纸印刷兴书院，交子纸币促经济

造纸术和印刷术是古代四大发明中的两项，是中国人对世界文明的伟大贡献。纸的普及不仅促进了印刷发展，而且二者的结合对于保存民族记忆、传播民族文化起到了至关重要的作用。

蜀纸在促进中国印刷业的发展方面起到了极其重要的作用。唐代的成都与长安、扬州并列为全国三大印刷中心；到宋代，成都依然是与开封、浙江、福建齐名的四大刻书中心，这其中，蜀纸功不可没。这是由蜀纸的高质量所决定的。被誉为类书之冠的《太平御览》蒲叔献刊本，就是南宋时在成都刻印的，称蜀刊本。原商务印书馆馆长张济元先生 1928 年在日本发现并借以影印回国，与其他版本互为补充，就是今天人们看到的最完整的《太平御览》版本。

此外，1944 年在望江楼一唐代墓葬中出土的《成都府成都县龙池坊汴家印本陀罗尼经咒》，是我国国内保存的最早的印刷品。1907年，斯坦因在敦煌发现的《剑南西川成都府樊赏家历》、国家图书馆保存的印有"西川过家真印本"字样的《金刚经》残本，等等，都是 9 世纪的成都印刷品。这些都是蜀纸曾经促进了中国文化进步的有力证据。

蜀纸促进了印刷发展，而印刷的繁荣使得书籍进一步普及。宋代府学的快速发展和书院的兴起有着密切的关系。据胡昭曦先生《四川书院史》介绍，宋代四川全省有书院二十九所之多。其中沧江书院、鹤山书院都是当时赫赫有名的。成都的书院教育传统一直延续到清代，至锦江书院，最终完成传统教育与现代大学教育的对接。

蜀纸与印刷的完美结合，还为成都创造了一项世界第一。成都是最早出现纸币的城市。

出老成都东门外清远江（府河）东岸，曾有一条著名的街道叫椒子街。如今在大路与高楼的夹缝中已成一条寂静的小街。20 世纪 90年代以前还是繁华的农贸市场，若时间再倒退九百多年，这里更是成都的金融中心。

椒子街不远处便是成都的水码头，各种商品集散地。宋代四川使用铁钱，交易十分不便。宋太宗时，椒子街附近出现了专为携带巨款的商人保管铁钱的"交子铺户"。店家收钱后，即向存款人出具一张纸印的票据，俗称"交子"。约 1008 年，成都十六家官商联合用楮树皮纸印刷凭证，上有图案、密码、画押、图章等印记，面额依交款人所交现款临时填写，作为支付凭证流通。存款人把现金交付给铺户，铺户把存款人存放现金的数额临时填写在用楮纸制作的卷面上，再交还存款人。当存款人提取现金时，每一千文收手续费三十文。这种临时填写存款金额的楮纸券便谓之"交子",又名"楮币"。这时的"交子",只是一种存款和取款凭据。后来交子逐渐演变成了与铁钱相同功能的货币,这就是最早的纸币。

由于交子铺出具的交子难免有人伪造,加之发行商拮据或破产,出现不能兑现的情况,所以官府在天圣元年(1023)废除了私人交子,正式成立交子务,将交子发行权收归国有。次年,即天圣二年二月二十日,也就是公元1024年4月1日,人类史上第一种由政府发行的纸币诞生了,这便是我国最早由政府正式发行的纸币——"官交子"。它比西方国家发行纸币早了六七百年。纸币比金属货币轻便,易于携带,更有利于商品的流通。因此,交子的出现极大促进了商品经济的发展。

有关椒子街的历史,按作家李劼人《话说成都城墙》一文中的说法,历史还要更早些:"东门外的椒子街,其实就是五代时候前后蜀国在那里制造交子的地方。交子,即当时行之民间的信用钞票,后来叫会子,更后才名钞。"

清远江东岸最早出现交子的这条街就称为"交子街",久而久之却被叫成了椒子街。

"蜀民以钱为重,难以传输,始制楮为券。"费著《笺纸谱》中的这句话道出了蜀纸的这一重要贡献。

然而蜀纸的这份殊荣有一半应该属于我们美丽的锦江。

十一、锦江遗韵：风物与水上娱乐

　　16世纪上半叶，某一年春天的早上，明第九代蜀王朱让栩，站在宫楼上眺望成都城，只见二江环流，薄雾绵绵，通红的日头挂在空中忽隐忽现；水面上舸舟穿梭，江岸垂柳依依，虹桥卧波，人来车往；再看城内，寺庙林园，古柏森森，塔楼、民居高低错落，里坊之间序列有致。忽然之间，大慈寺的晨钟穿云破雾隐隐传来。朱让栩心中为之一震，这岂不是一幅"龟城春晓图"吗？沉思良久，朱让栩把他看到的这一幕写进了《成都十景》诗中。蜀王笔下的成都十景，除了"龟城春晓"，还有"岷山晴雪""阆宫古柏""市桥官柳""草堂晚眺""橘井秋香""墨池怀古""济川野渡""昭觉钟声""浣花烟雨"。这十景中有八景都与水直接相关。

　　从先秦时李冰"穿二江成都之中"开始，到晚唐高骈开清远江"二江抱城"，水，为成都城市留下了一道道美不胜收的风景。有景色宜人的湖泊湿地，有巍峨崇丽的楼阁亭台，有溪流环绕寺庙园林，还有临水而建的吊脚高屋。这些具有浓郁蜀地色彩的景观，不仅是一种城市文化的地标，也作为文化记忆融入了生活于斯的居民血脉中。成都人观景、好游，崇尚自然的风气，骨子里是来自岷江的滋养。

登高之楼楼又楼

　　登高是中国人的习俗。登高可以望远，可以开阔视野，可以孕育思想。所以荀子说："吾尝跂而望矣，不如登高之博见也。"历代诗人都把登高远望作为一种思想境界的反映。魏晋时阮籍《咏怀》："开轩临四野，登高望所思。"明代刘基《旅兴》："登高望四方，但见山与河。"当然写登高诗最好的千古名篇还是伟大诗人杜甫的《登高》："风急天高猿啸哀，渚清沙白鸟飞回。无边落木萧萧下，不尽长江滚滚来。万里悲秋常作客，百年多病独登台。艰难苦恨繁霜鬓，潦倒新停浊酒杯。"

登高要去山野，但若是在平原上，在城市里，又到哪里去远望呢？楼阁便是城市最妙的登高处。中国古代著名的四大名楼——黄鹤楼、滕王阁、岳阳楼、蓬莱阁，都是文人雅士们登临远望、发思古之幽情的地方，并因此而留下了不少文学史上的千古名篇。

古代成都的二江之滨也有登高之处，它们是成都历史上的名楼，也留下过著名的诗篇。

南京还有散花楼

在城西青羊正街与锦里中路交接处的迎仙桥头，西郊河在此汇入锦江。两河交叉处，也即是百花潭北大门的旁边，如今矗立着一座并不引人注目的仿古楼阁，名为散花楼，建于1993年。古代的散花楼不仅在成都，在全国也是有名的。因而此散花楼并非彼散花楼。历史上的散花楼位于隋唐时期成都子城的东部，王象之《舆地纪胜》称："散花楼，隋开皇建，乃天女散花之处。"按王的说法，散花楼是蜀王杨秀开凿摩诃池时所建，楼名源自佛教天女散花的典故，位置则应该在摩诃池旁。《大明一统志》却说："散花楼在子城东北隅，唐建。"曹学佺《蜀中名胜记》又说："东城楼，即散花楼也。"楼址都在子城东，地点略有区别，建楼时间说法也不同，但有一点是肯定的，那就是到明代时散花楼还存在。从隋唐至大明，历经五个朝代近千年的时间，散花楼一直屹立在城市东部，成为当时的地标性建筑，其地位大约与当今的四川电视塔无异。

散花楼为历代诗人提供了绝佳的创作素材。诗人李白在出川游历前曾登上成都散花楼，极目远眺，江流、远山以及日照映衬下的城市民居，勾起了他万千思绪，调动起他丰富的联想，于是挥毫写下了《登锦城散花楼》诗："日照锦城头，朝光散花楼。金窗夹绣户，珠箔悬琼钩。飞梯绿云中，极目散我忧。暮雨向三峡，春江绕双流。今来一登望，如上九天游。"诗仙以极其生动的文字描写了他登上散花楼的愉快心境。在李白看来，成都的散花楼与长安的上林苑有相同的地位。在《上皇西巡南京歌十首》中，他不仅把成都与锦江同国都长安与渭水相提并论（"地转锦江成渭水，天回玉垒作长安"），而且将散花楼与上林苑相比（"濯锦清江万里流，云帆龙舸下扬州。北地虽夸上林苑，南京还有散花楼。"），此时的南京即是成都。

晚唐时，曾经参与高骈筑罗城的一位官员顾云，在其《筑城篇》中，将散花楼与锦江视为一体，写出了一幅情景交融的成都画面："散花楼晚挂残红，濯锦江秋澄倒壁。西川父老贺子孙，从兹始是中华人。"更有意思的是，一位从未到过成都的晚唐诗人张祜因久仰散花楼的名声，也题诗赞美道：锦江城外锦城头，回望秦川上轸忧。正值血魂来梦里，杜鹃声在散花楼。由是可见在唐人眼里散花楼名气之重。不过，历经改朝换代后，宋人喻汝砺笔下的散花楼又是另一番景象："濯锦江边莎草浓，散花楼畔夭芙蓉。蜀山叠叠修门远，谁把丹心问李郿。"

锦江散花楼　冯荣光摄

巍峨宏丽张仪楼

比散花楼历史更久远，而且到唐代还依然存在的另一座名楼是张仪楼。顾名思义，张仪楼与张仪筑城有关，其建楼历史可以追溯到秦灭蜀的时代。据赵抃《成都古今集记》："张仪楼，高百尺。初，仪筑城虽因神龟，然亦顺山之形以城势稍偏故作此楼以定南北。"原来张仪的初衷是以楼为地标，确定城墙的方向。此楼也因此成了初建成都城临江眺望的制高点。唐人李吉甫《元和郡县制》载："成都城西南楼，百有余尺，名张仪楼。临山瞰江，蜀中近望之佳处也。"李膺《益州记》也称："蜀时张仪楼，即宣明楼也。重阁复道，跨阳城门。故左思赋云：'结阳城之延阁，飞观榭乎云中。'"从这些记载中看，张仪楼是楼上重楼，巍峨宏丽；并且从秦汉至隋唐已历经了千年风雨，依然高高屹立。

不过张仪楼在魏晋时还有另外一个颇浪漫的名字叫"白菟楼"。李膺说："成都有百尺楼，后名为白菟楼。"西晋文学家张载《登成都白菟楼》一诗，至今能让我们感受到这座百尺高楼气宇轩昂的宏伟特征："重城结曲阿，飞宇起层楼。累栋出云表，蛺蝶临太虚。高轩起朱扉，回望畅八隅。西瞻岷山岭，嵯峨似荆巫……"唐代的诗人们更是常常登临张仪楼，远望西岭雪，近观二江水，总能激发他们强烈的创作冲动，因此留下不少诗篇。岑参《张仪楼》诗云："传是秦城楼，巍峨至今在。楼南两江水，千古长不改。曾问昔时人，岁月不相待。"另一首《陪狄员外早秋登府西楼因呈院中诸公》："常爱张仪楼，西山正相当。千峰带积雪，百里临城墙。烟气扫晴空，草树映朝光。车马隘百井，里闾盘二江。"杜甫在《石犀行》中也说："蜀人矜持夸一千载，泛溢不近张仪楼。"历经千年的这座高楼，连泛滥的洪水也不能近其身，可见选址是很讲究的。登楼后，杜甫看到的是："层城临暇景，绝域望余春。旗尾蛟龙会，楼头燕雀驯。地平江动蜀，天阔树浮秦。"（《和严中丞西城晚眺》）剑南西川节度使段文昌有《晚夏登张仪楼呈院中诸公》描写登楼的情景："重楼窗户开，四望敛烟埃。

远岫林端出，清波城下回。乍疑蝉韵促，稍觉雪风来。并起乡关思，销忧在酒杯。"

张仪楼与散花楼堪称古代成都名楼中的双璧，可惜这两座千古名楼仍然没能躲过历史无情的湮没，都在宋末元初毁于蒙古铁骑的战火硝烟中。

戍边建有筹边楼

今阿坝州理县薛城镇有座国家级文物保护建筑筹边楼。据说此楼始建于唐文宗大和四年（830），是时任剑南西川节度使李德裕所建，楼高18米，并非用于登高远望，而是具有军事意义的建筑，是为抵御吐蕃军队入侵而建立的。唐德宗贞元（785—805）初，不到二十岁的女诗人薛涛曾经被韦皋短暂发配到松州，途径保县（即理县）时曾登上这座筹边楼。据《理县志》记载，薛涛曾在此写下了《上筹边楼》一诗："平临云鸟八窗秋，壮压西川四十州。诸将莫贪羌族马，最高层处见边头。"筹边楼的意义可见一斑。遗憾的是，唐代的筹边楼毁于康熙年间，现在保存的是乾隆时期重建的。

其实成都市区也曾经有座筹边楼，也是由李德裕建的。《新唐书·李德裕传》虽没说明筹边楼的位置，却阐明了此楼的作用："按南道山川险要与蛮相入者，图左之；西道与吐蕃接者，图之右。其部众寡，馈饟远尔，曲折咸具。乃召习边事者，与之指画商订，凡虏之情伪尽知之。"原来筹边楼墙上挂的都是吐蕃和南诏的军事要塞图，李德裕常与熟悉边境情况的人在楼上研究边境形势。吐蕃和南诏的情报尽在李德裕的掌握之中，其楼的军事用途不言而喻。当时，吐蕃与南诏相互勾结，对西南边境造成很大威胁。筹边楼的建立，使唐朝廷对西南的政治、军事和经济形势有了全面的了解和应对，实在意义非凡。因此有人根据薛涛诗中"壮压西川四十州"一句，认为薛涛的《上筹边楼》实际上写的是成都的筹边楼。其实不管女诗人写的是哪座楼，筹边楼的军事意义是不言而喻的。

筹边楼是锦江边的一道风景，但楼却不是用来观景的。关于筹边楼的具体位置,《蜀中名胜记》明确指出是在城西:"李德裕筹边楼建于成都府治之西,四壁图蛮夷险要,日与习边事者筹画其上。"但是到北宋时,唐代所建的成都筹边楼已经毁掉了。范成大任制置使知府成都时,重新建了筹边楼,但楼址已不在原来地方。陆游说:"筹边楼故基莫考。淳熙三年,制置使知府范公成大重建,卜地在子城西南隅。楼既成,公自作《水调歌头》云:'万里筹边处,形胜压坤维。恍然旧观重见,鸳瓦拂参旗。夜夜东山衔月。日日西山横雪,白羽弄空晖。人语半霄碧,惊倒路旁儿。分弓了,看剑罢,依栏时。苍茫平楚无际,千古锁烟霏。野旷岷嶓江动,天阔崤函云拥,太白暝中低。老矣汉都护,却望玉关归。'"到明代,依然有筹边楼存在,但有可能又是重建的了,所以曹学佺说:"今筹边楼在都院之东掖,随使节而牵迁者。"明末,筹边楼毁于战火。清康熙五年(1666),四川巡抚张德地在明楼遗址上重建,楼名已改为铜钟阁。傅樵村《成都通览》称:"李文饶(德裕)筹边处,即今东门内之铜钟阁。"民国时,因扩建道路,清代的筹边楼被拆除。

除了上述名楼,成都历史上还先后出现过许多重要的楼,如七宝楼、锦楼、海棠楼,等等。其实七宝楼才是成都最早的楼,比张仪楼的历史悠久。如今七宝楼在琴台路成了一家珠宝店的名称。七宝楼的确与珠宝关系密切。此楼由古蜀开明王所建,楼址在今石笋街附近,当年应该是紧邻二江的。李膺《益州记》称:"开明氏造七宝楼,以珍珠为帘,其后,蜀郡火,民家数千与七宝楼俱毁。"原来在秦灭蜀后不久就烧毁了,但以珍珠为帘的记载,则在杜甫诗中找到了印证。杜甫《石笋行》云:"君不见益州城西门,陌上石笋双高蹲。古来相传是海眼,苔藓蚀尽波涛痕。雨多往往得瑟瑟,此时恍惚难明论。"瑟瑟就是珍珠,时隔千年后的唐代,人们在雨后的泥土里还能捡到珍珠,足见当年七宝楼的豪华。当然,也有人说这个瑟瑟是一种琉璃或玻璃珠子。而这些东西是出自西亚和中东地区,若开明氏以这种瑟瑟为帘,说明古蜀时期成都的对外交流就已经很畅通了。

锦楼是唐代的名楼，在成都大城东南合江亭附近。南宋祝穆《方舆胜览》记云："锦楼在龟城之上，前瞰大江，岸列花木，西眺雪岭，东望长松，二江合流。登上锦楼，不仅近观二江合流，花木列岸，而且西岭雪山，龙泉长松等诸峰也尽收眼底。"成都自然景色可谓美矣！如此美景当然会引来达官显贵、文人墨客的流连。白敏中、武元衡等人都在此留下了诗篇。

海棠楼也是唐代所建。《蜀中名胜记》引《成都古今集记》说，海棠楼在"府治西，唐李回建。监司花时燕集，吟赏于兹"。唐代成都盛行种植海棠，陆游《成都行》云："成都海棠十万株，繁华盛利天下无。"每当海棠盛开季节，城西一带繁花似锦，风吹花舞，令人心情大爽。因此有了这座专用于赏花的海棠楼。

浣花溪边的人和事

清水河由西进入成都市区一、二环路之间，至与磨氏河交汇处，是成都自古以来就闻名遐迩的浣花溪。如今，这一带依旧是成都特色最浓郁的地方，买卖古董字画有送仙桥文物市场；名胜古迹有杜甫草堂博物馆、百花潭公园、散花楼、青羊宫道观；还有浣花溪公园、文化公园、四川省博物院，等等。

道观青羊宫

从浣花溪往锦江下游行约一两里，过百花大桥，隔锦江南北相望便是青羊宫和百花潭。大邑鹤鸣山是道教的发源地，青羊宫则是道教重要宫观，素有"川西第一道观"之称。汉唐以来，青羊宫曾有过青羊观、玄中观等称谓。其来历远可追溯到周朝。《蜀王本纪》云："老子为关令尹喜著《道德经》，临别曰：'子行道千日后，于成都郡青羊肆寻吾。'"三年后，尹喜如约前来，老子显现法相，尹喜敷演道法。自此以后，青羊肆便成为神仙聚会的地方。清康熙初年的《重修青羊宫碑记》也有类似记载。

唐末，僖宗避乱到成都，驻足玄中观。据说观内忽见红光如毯（球）入地，挖得一块玉砖，上面刻着古篆文："太上平中和灾"。僖宗以为这是天降吉祥，预示黄巢即将被剿灭。僖宗返回长安后，下《改玄中观为青羊宫诏》，令"行府库钱二百万"，重修青羊宫。于是玄中观形成了今天青羊宫的基本格局。以后的岁月中，青羊宫多次被毁，又多次重建，可谓饱经沧桑。

对老成都人而言，记忆犹深就是三清殿前的那一对铜羊和八卦亭的传说。我小时候进青羊宫，老人告诉我，身上哪里痛就摸铜羊哪里。结果，凡是前去的大人小孩都要去摸一摸，把一对铜羊摸得通体透亮；八卦亭石柱上有浮雕镂空滚龙，传说雕刻完工后，龙就活了，其中一条欲飞腾上天，工匠急了，一拳砸在龙尾上，至今那龙尾还有个拳头印。所以每每游人到此，总要把拳头伸进龙尾凹槽中比划一番。

古百花潭

今之百花潭公园在西郊河汇入锦江处的南岸，一派郁郁葱葱的参天古木，是城市中难得的森林。根据作家巴金的名著《家》复制的"慧园"也在百花潭公园内。

但这里早先是成都动物园，我记得小时候睡觉时，常听到从那林中传出狮吼狼嚎，颇有些山林的气氛。1976 年动物园搬走后，这里成了市民休闲的公园。园内水池边立有一方石碑，上书"古百花潭"四个字。然而古百花潭并不在这里，而是在草堂西南约一两公里的龙爪堰，属于浣花溪的上游。因古龙爪堰处于江湾地带，水流宽阔平缓，是一处天然港口，也是锦江的一道风景，所以自古就是达官显贵和文人雅士的宴游胜地。春夏之际，江面上整日画舫穿梭，冠盖如云，丝竹声声不断，杯盏交错不绝。

之所以叫百花潭，这源于浣花夫人任氏的传说。据宋任正一《游浣花记》所载，任氏从小敬佛，在嫁与西川节度使崔宁之前，常来潭中浣衣。某一天，"有僧过其家，疮痍满体，衣服垢弊，见者心恶，独女敬事之。一日，僧持衣从以求浣，女欣然濯之溪边，每一漂衣，莲花辄应手而出。里人惊异求僧，已不知所在，因识其处为百花潭"。

宋代时，因为水系变化，古百花潭渐渐淤塞，昔日的盛景也随之消失。清光绪时，四川按察使黄云鹄寻访古迹，误听误信，将原锦官城的一部分当成了古百花潭，并刻石立碑以资纪念。真的古百花潭虽已不在，但因黄云鹄的错误，反而为成都保留了一处文化的记忆。

关于浣花夫人，还有一段成都保卫战的故事。《新唐书》《旧唐书》均记载，任氏姑娘长大后，嫁给西川节度使崔宁（即崔旰）为妾。大历三年（768），崔宁奉召去长安，留下他的弟弟崔宽守成都。泸州刺史杨子琳发动叛乱，率数千精兵攻入成都。危急之际，"魁伟果干"的任氏，拿出家财十万，召募勇士千人，"设部队将校"，任氏毅然披挂上阵，"手自麾兵"上阵杀敌。任氏的巾帼之举极大震慑了叛军，"子琳大惧"，加之"城内粮尽"，"乃拔城自溃"。由于任氏保卫成都有功，朝廷册封她为"冀国夫人。"宋人吴中复曾作《冀国夫人任氏碑记》，记载了她的功绩与传说。后世人民还在杜甫草堂一旁建了一座"浣花祠"来纪念她。如今，凡来凭吊杜甫的人们，也总会到浣花祠凭吊这位巾帼英雄一番。

杜甫草堂的破落和重修

浣花溪畔最令成都人自豪的那幢茅草屋，便是伟大诗人杜甫的故居，也是中国古代文学的圣地。不过老成都人都习惯称草堂为草堂寺。这是何故？因为这里在杜甫到来之前就有一座寺庙，叫梵安寺。杜甫《酬高使君相赠》诗句写道："古寺僧牢落，空房客寓居。故人供禄米，邻舍与园蔬。"《方舆胜览》也说："梵安寺在成都县南，与杜甫草堂相接。"杜甫所建草堂就在寺庙里。寺庙始建于何时，史书各说不一，有说是南朝齐梁时期，也有说是唐代。《文选·北山移文》李善注引梁简文帝《草堂传》说："汝南周颙昔经在蜀，以蜀草堂寺林壑可怀，乃于钟岭雷次宗学馆立寺，因名草堂，亦号山茨。"后来因草堂的名声盖过了梵安寺，于是人们就称草堂寺了。草堂寺在清末就已经是公园，现代作家李劼人在《大波》中多次写到主人公楚子材等人去草堂寺公园游玩、喝茶。

草堂寺因为杜甫的到来，成就了成都一个具有千年历史的文化坐标。杜甫（712—770）字子美，原籍河南巩县，西晋大将杜预之后，其父杜审言是武则天时的著名诗人。杜甫青年时期曾游历吴越、齐赵等地；中年时逢权奸当道，困居长安，使诗人对社会本质有了清醒认识，写下了《兵车行》《丽人行》《自京赴奉先县咏怀五百字》等重要诗篇。"安史之乱"爆发后，杜甫逃出长安，追随肃宗，仅被委任左拾遗，而且很快又遭贬谪。这期间杜甫更加深刻体验到社会动荡和黑暗现实给人们造成的苦难，"三吏""三别"等不朽名篇就出自这一时期。

乾元二年（759）冬，身心疲惫的杜甫避难来到成都，先借居在寺庙，随后在亲友的资助下建起了草堂。杜甫刚来时，梵安寺一带属于荒郊野外，草堂建起来后，杜甫先后请各地任职的朋友赠送了桃树、竹子、桤木等许多树苗种植在草堂周围。这些竹和树木渐渐长大，呈现出了川西农村郁郁葱葱的景象，诗人的心情也为之好转，多年后他还写道："我昔游锦城，结庐锦水边。有竹一倾余，乔木上升天。"（《杜鹃》）

然而，草堂的幽静生活很快又被打破。先有上元二年（761）梓州刺史段子璋叛乱，随后又有宝应元年（762）成都尹徐知道叛乱。此时杜甫因送别老友严武正在绵州，成都的动荡使杜甫与妻儿隔绝两地，直到广德元年（763），才将家人接到梓州（今三台县，此地也有一个草堂）团聚。在梓州期间，朝廷传来安史之乱被平定的消息，杜甫兴奋地写下了脍炙人口的诗篇《闻官军收河南河北》。广德二年春，杜甫回到阔别已久的成都草堂，在剑南节度使严武属下担任节度参谋、检校工部员外郎。杜工部的名号就来自这段经历。但很快，杜甫退出严武麾下，完全回归草堂。窗外树枝的鸟鸣、西岭的雪峰、锦江的大船都让杜甫心情大好："两个黄鹂鸣翠柳，一行白鹭上青天。窗含西岭千秋雪，门泊东吴万里船。"永泰元年（765）春，严武病逝，杜甫也离开了成都，先后在忠州、云安、夔州等地盘桓了两年，终于在大历三年（768）离开四川。之后，杜甫漂泊于湖北、湖南，至大历五年（770），一代诗圣病故于湘江的一条小船上。

杜甫一生都在动荡中度过，直到逝世前还经历了臧玠潭州之乱。动荡的生活使他更看清了社会的黑暗和统治者骄奢淫逸的本质，他的许多诗歌尖锐地揭示了现实的残酷，真实记录了人民的苦难。杜甫一生创作诗歌一千四百首，流寓成都四年期间，就有两百多首作品传世。其中一部分抒写成都的人文山川自然美景，另一部则是托物言志、借古喻今的作品。杜甫留在草堂最有思想和艺术价值的诗篇是《茅屋为秋风所破歌》，一位自身尚处在风雨飘摇中的穷困诗人，首先想到的不是自己，而是"安得广厦千万间，大庇天下寒士俱欢颜"。这是何等的境界！一千多年后的我们读到这样的诗句，依然不能不为之动容。

自杜甫离开后，草堂就废弃了。直到五代前蜀时期，另一位宰相诗人韦庄"思其人而成其处"，在草堂旧址重结茅庐，以纪念伟大的"诗圣"。之后，历经宋元明清，历朝历代都有毁坏，也有重建。最惨的是明末，草堂在张献忠大西军的大火中毁灭殆尽。但诗人的魂魄终究是不能摧毁的，清朝康、雍、乾、嘉年间均对草堂进行了重建和修缮。到20世纪50年代以前，草堂再次被毁坏，草堂成为"国军"的兵营，古木遭砍伐，回廊成马厩，门窗匾额被士兵劈成柴火，仅存的一副何绍基"锦水春风公占却，草堂人日我归来"的楹联木刻，也被丢进了垃圾堆。

从1952年开始，杜甫草堂在作家李劼人的主持下逐步得到修复。李劼人凭乾、嘉石刻《少陵草堂图》，提出推陈出新的修复方案：保留了影壁、草堂正门、大廨、史诗堂、工部祠等一系列建筑，而大廨与史诗堂之间的"露稍风叶之轩"和"独立楼"被拆除，腾挪出的空地建设成回廊相互衔接。这就是人们今天看到的杜甫纪念馆的建筑格局。

古代合江亭与合江园

二江流到下游在老城东南汇合，岸边有一亭，名合江亭。今之合江亭是1988年重建的，亭下有一块汉白玉方石板，刻有"解玉双流"四个大字，另有小字介绍合江亭的由来。合江亭建筑在两三米高的红砂石台基上，亭子为连体双亭，两层绿色琉璃瓦覆顶，且飞檐翘角，支撑亭顶的是十根绛红色圆柱，两道石阶的柱子上都挂有对联。

合江亭如今是新婚男女拍照纪念的佳景，取的大概是合二为一的意思。每每黄道吉日，新人们总是络绎不绝，争先恐后来此留影，豪车经常占去半边路面，即使警察在场也难免放宽执法尺度。婚姻是大事，成人之美也是执法者要考虑的。

然而古时的合江亭远非今日模样。古合江亭建于唐朝贞元年间，西川节度使韦皋开通解玉溪之后，在解玉溪与锦江合流处建亭纪念，亭下广植修竹和名花异卉。后来又配套建设了廊榭楼阁，形成了一个江畔园林，谓之合江园。宋人蔡迨作《合江园记》称：合江园为唐成都尹"韦忠武作，后因其亭为楼阁台榭，参植美竹异卉，荟翳参差。而春芳夏阴，波光月辉，以时献状，无不可爱，故为成都园亭之最"。

前、后蜀时人们又在园中种了罕见的"梅龙""红栀子"。《野人闲话》说后蜀，"蜀主园苑，异花毕集其间。有人进花两株，曰红栀子，其叶婆娑；其花六出，其香袭人。蜀主甚爱重之。或令图写于团扇，或绣于衣服，或以卷素鹅毛做首饰"。看来后蜀皇帝孟昶还有点"大公无私"，竟没有把如此珍贵又如此喜爱的花卉种进御花园，而是种在合江园让众人观赏，从而得以保留在典籍中。到了宋代，这些梅龙树已长大成林，时常有人来采花剪梅。宋白麟《合江探梅》写道：

"艇子飚摇唤不回，半溪清影漾疏梅。有人隔岸频招收，和月和霜剪取来。"

北宋时，官府又对合江园做了进一步扩展修葺，吕大防《合江亭记》记录了当年的景致："今成都二水，此沱江支流，来自西北，而汇于府之东南，乃所谓二江双流者也……俯而观水，沧波修阔，渺然数里之远，东山翠麓，与烟林篁竹，列峙于其前。鸣濑抑扬，鸥鸟上下。商舟渔艇，错落游衍。"面对此景，"春朝秋夕置酒其上，亦一府之佳观也"。此处"沱江"并非指发源于九顶山、流经成都金堂的那条江，而是东别为沱的意思，即二江是岷江的支流。不仅如此，人们还在院内种植了橘子之类的果树。郭思《秋日游合江，戏题之亭上》云："秋风锦水乐无涯，独上亭轩四无嘉。橘子林满金作块，芦稍拂岸雪飞花。酒旗高挂芙蓉港，渔棹斜趋菡萏家。描入画图收取去，故人相对饮流霞。"

今日合江亭　张义奇摄

古代合江亭与合江园的建设，形成了与锦江上游的张仪楼、散花楼相映成趣的江畔景观。《蜀中广记》引唐人史籍称合江亭"一都之奇胜也！是亭宏如盘山，横架赤霄广场，在下砥平云截。而东南西多复然矣"。唐宋以来，作为成都的水上风景名胜，合江亭不仅是文人墨客吟诗作赋的场所，还是人们迎来送往的码头。

　　可惜，秀丽的合江亭在南宋末遭遇元蒙兵燹，亭榭园俱遭焚毁。明代在旧址上设立锦官驿，到张献忠攻陷成都后，苑中的名木花草又悉数被捣毁。合江园成了大西军军营，空地上垒了座丈把高的土台谓之点将台。

　　1989 年，成都市政府重建合江亭，因其位置在解玉溪故道上，所以亭眉题名"解玉双流"，总算为古城寻回了一页发黄的历史！

成都自古就有的水上娱乐

　　成都得益于水的滋养，民食鱼稻，不知凶年饥馑；加之如胡曾《咏史·金牛驿》所说"山岭千重拥蜀门，成都别是一乾坤"的特殊地理环境，在中原的战乱中，成都相对保持了较长时期安宁与富庶的局面，由此养成了成都人民好游乐、会享受生活的达观秉性。即使外地人来到成都，很快也会深受感染而乐不知返。当今有人提出"成都是一座来了就不想走的城市"，其实并不新鲜，古人早有此说。唐代诗人方干《蜀中》诗就称："游子去游多不归，春风酒味胜余时。闲来却伴巴儿舞，豆蔻花边唱竹枝。"成都吸引人的不仅有美丽的风光，还有美酒、美食、美女、美丽的歌舞和优美的诗。难怪晚唐人许棠游历蜀地时，他的朋友、诗人张乔要特地写诗提醒他："行歌风月好，莫老锦城间。"（《送许棠下第游蜀》）

　　成都人的玩赏游乐之风由来已久。费著《岁华纪丽谱》中说："成都游赏之盛，甲于西蜀，盖地大物繁，而俗好游乐。"成都无山，但江河纵横，为古人提供了广阔的水上游乐世界。从秦汉开始、兴盛于唐宋的游江习俗，便在显示出天府之国财富的同时，也体现了蜀水文化中浓郁的浪漫色彩。

秦汉二江观鱼

今天交通发达，人们可以周游全球。古人的脚步虽受限于交通工具，但他们的娱乐方式却自有特色。尤其古人讲求顺应自然，即使游乐也常常追求一种天人合一的境界。

"二江穿成都之中"以后，成都的景观为之大变，也给成都人带来了水上娱乐的便利。秦汉时期，民间最流行的娱乐活动是春季二江观鱼，夏季二江垂钓、飞舟竞渡。据扬雄《蜀都赋》介绍："尔乃其俗，迎春送冬，百金之家，千金之公，干池泄澳，观鱼于江。若其吉日嘉会，期于倍春之阴，迎夏之阳，侯、罗、司马，郭、范、晶、杨，置酒乎荥川之闲宅，设坐乎华都之高堂。延帷扬幕，接帐连冈。众器雕琢，早刻将皇。朱缘之画，邠盼丽光。""若其游怠渔弋，郡公之徒。相与如平阳颓巨沼，罗车百乘。期会投宿，观者方堤。行舡竞逐，偃衍撤曳，缔索恍惚。"从观鱼到钓鱼以及赛舟，随着季节推移而变化。春季万物复苏，江水清澈，鱼儿嬉戏，乃是水面上一道好看的景观。人们在江畔置酒野餐，甚至搭帐野营，以体验春的气息。实际上这是以观鱼为名的春游活动。春季系岷江河流鱼儿产卵期，观鱼而不捕鱼，是古人对自然的尊重；而夏季，天气炎热，鱼儿也养肥了，人们才开始垂钓、赛舟。足见古代成都人很懂得与大自然步调协同。不像今天，一年四季都能看到有人在锦江岸边投下无数的钓竿，鱼儿无论大小，一条也不放过。今人这种涸泽而渔的恶习在古人面前真该羞愧。

水上游乐常与美食结合。张载《登成都白菟楼》说，人们在游乐时"披林采秋桔，临江钓春鱼；黑子过龙醢，果馔逾蟹蝑"。黑子、果馔是什么东西今不得而知，但据说其味道比海鲜还美，说明古人不仅善于利用水环境娱乐，而且善于把游乐与美食创造相结合。后世成都的灯会、花会等游乐与美食的结合，不知其源头是否可以追溯到秦汉？

游江又与游市关系密切。秦汉时二江畔的南市耍法很多。成都出土的汉代画像砖、画像石不少是表现游乐的。有幅《六博图》，以丢箸决定谁先走棋，还有饮酒下棋的情景；《观伎图》上则有杂技表演，如钻火圈、吐火、柔术。还有击剑比赛，有西域艺人的演出，如新都出土的骆驼舞画像砖，彭州出土的七盘舞画像砖，说明秦汉时成都的繁荣富庶已声名远播。

唐宋春日游江

唐宋时期，成都游风大盛。地方政府把百姓的游乐作为施政的重要内容，用当今的话说是狠抓旅游支柱产业。因为游乐的兴盛带动了商业的活跃。为了吸引百姓出游，地方官经常亲自带头"遨游"。地方首长出游称作"遨头"，百姓自带坐具跟随出游谓之"遨床"。

唐宋史籍、诗歌中有许多记载和描写游乐的文字。天宝末年（755），西川节度副使崔圆于上巳日大宴宾客，在二江中乘舟游乐，两岸百姓人山人海。五彩缤纷的官船，锦帆高挂，华盖如云，甲板上罗裙绮衣，只见舞姬轻歌曼舞，官员击掌唱和，好生融洽。游船缓缓而行，忽然又有几艘大型官船尾随划来，每只船上站立几十个武士，威风凛凛。

成都锦江游乐分不同季节，规模有大有小。农历二月二日，龙抬头被视为踏青节，是一年中游江的开始，谓之"小游江"。这一天，锦江热闹非凡，几十艘官船披红挂绿，缓缓从碧波荡漾的江面划过，船队绵延数里长。头船鼓乐齐鸣，夹岸人生鼎沸，官员们坐在船中与民同乐。游船一般从万里桥出发，溯水而上，到宝历寺（约今百花潭附近）下船，在此大摆筵席。百姓则开始游寺、游市。市上不仅有各种表演，还有各种美食、商品。唐宋时期，成都每月都有专业性的市场，小游江时正好可以赶花市赏花。"元戎小队出郊坰，问柳寻花到野亭。"杜甫春日游锦江常流连忘返。岑参在成都任职期间，则喜欢在浣花溪舟船上摆酒置宴，观赏乐舞。《早春陪崔中丞同泛浣花溪宴》

中云："红亭移酒席，画舸逗江村。云带歌声扬，风飘舞袖翻。花间催秉烛，川上欲黄昏。"游乐一直到晚上还不肯人散曲终，真是尽兴！

小游江刚过不久，农历四月十九日又迎来了浣花溪大游江的盛况。这天传说是浣花夫人的诞辰，大游江看似是为她举行的生日庆典，实质上是暮春时成都人的一次大游乐。前蜀乾德五年（923）四月十九日这天，皇帝王衍亲自当邀头游浣花溪，只见江面上龙船、画舫绵延十余里。从百花潭至万里桥，"游人士女，珠翠夹岸"，好一派闹人场景！

后蜀的大游江不在春天而是夏天，有记载的是广政十二年（949）八月皇帝的一次浣花游，宋张唐英《蜀梼杌》说："是时蜀中百姓富庶，夹江皆创亭榭游赏处，都人士女，倾城游玩，珠翠绮罗，名花异香，馥郁森列。孟昶御龙舟，观水嬉，上下十里，人望之如神仙之境。"这次游江规模之大，堪称盛况空前。为了这次游江，锦江两岸建设了不少亭台楼阁、名苑佳景。

宋代的浣花溪大游江是一次官民同娱的游乐盛典，除了官船以外，民船也装饰得喜气洋洋，参与游江。一时间，锦江江面大小彩船来往如梭。而游乐的主会场浣花溪，江面开阔，水流清澈而平缓，正是龙舟竞赛的好地方。岸边搭有临时戏台，也有供观众看表演的看台，谓之"人头山"。

看完了江面的龙舟竞赛，岸上的大戏又开锣了，船上与岸上钟鼓齐鸣，丝管声声滚过江面。船队中有一条大官船，装了各种美酒、金帛。参与演出的演员，要么会得到美酒，要么会得到蜀锦蜀绣的奖励。这种盛况一直到宋代还能看见。宋人庄绰说："浣花自城去僧寺凡十八里，太守乘彩舟泛江而下，两岸皆民家，绞络水阁，饰以锦绣，每彩舟到，有歌舞者，则钩帘以观，赏以金帛。以大舰载公库酒，应游人之家，计口给酒，人支一升。至暮，遵陆而归。"袁说友所编《成都文类》中收录了不少成都人游水游山的诗文，其中，任正一的《游浣花记》开篇就说："成都之俗，以游乐相尚，而浣花为特盛。每岁孟夏十有九日，都人士女丽服靓装，南出锦官城……"该文详细记载了浣花大游江的盛况。

《岁华纪丽谱》也对浣花溪大游江有记载，说太守从笮门出城，先到浣花溪畔梵安寺拜谒浣花夫人，在寺中宴饮后，登彩舟看军人骑射表演，然后在乐舞头船引导下，上溯至百花潭看水上表演。之后，官民彩船便在浣花溪中大行游，并有歌舞表演；岸上观众则搭帐饮酒，至晚方归。

浣花大游江是成都游乐活动的高潮。"浣花一出，在岁中为最盛。"每逢浣花大游江，全城扶老携幼，挈醉以归。这种有历史传统的狂欢节，即使在元代色目人统治下也没废止。然而到明清时候，却渐渐地走向沉寂。这一方面是锦江水流量的变化，浣花溪一带航道淤塞，已不适宜大规模的水上活动；另一方面更重要的是，社会的财富已不足以支撑这种带奢靡色彩的大游江。明代的游江改在三月三上巳日，其规模远不及唐宋，表明古代中国经济已经从盛世向衰落转变。

锦江上的游江遗韵

明清以降，唐宋的繁荣气息虽已不在，官府倡导的游江活动也偃旗息鼓了，但是民间的游江习俗依然以种种形式保留下来。正月初五的"送穷日"便是一种江边的游赏活动。这一天，寒风瑟瑟的锦江畔到处是游玩的人，既有穷人也有富人。小贩们也趁机兜售风车、竹蛇、地转转等儿童玩具和糖油果子、三大炮、卤肉夹锅盔之类的小吃。游江的人们这天都要捡一块鹅卵石回家，称为"捡元宝"。这天也被叫"送穷日"，表现了人们期盼贫穷随江水而去、富裕随之而来的愿景，是人们寄托于生活的一种美好的想象："牛日捡来鹅卵石，贫富都作送穷言。富家未必藏穷鬼，莫把钱神送出门。"

放生会是明清至民国成都锦江的另一种活动，俗称"浴佛节"。传说四月初八为佛祖生日，这一天，佛教信众会购买虾蟹鱼鳖等各种水生动物到河流放生。南门外的万里桥、东门外的濯锦桥，以及合江亭、九眼桥等处都有人放生，沙河也不例外。清代被誉为"川西夫子"的大学问家刘沅还在踏水桥畔开凿了放生池，人称"刘门放生池"。河中放生往往是上游放，下游就被人打捞。但刘门放生池则派有专人看守，禁止捕捞。这是成都士人心中向善、追求人与自然和谐相处的有力证据。

浴佛节这天，最热闹的是东门外的万佛寺。从一大早开始，从九眼桥至望江楼就游人往来不断。水上画舫、民船来往如梭，一派莺歌燕舞景象。傅樵村《成都通览》说："每年四月初八放生会，彩船如织，尽一日之兴而散，筵宴所多设于望江楼。"放生会只是由头，实质上也是一次观景游江的盛会。有首竹枝词描写了浴佛节的情景："濯锦江边放棹过，彩船偏载美人多。江干杨柳牵离恨，无限愁怀发浩歌。"

近代以来最热闹的水上游乐只有五月端阳龙舟赛。这既是古代游江的余续，也是悠久的文化传统。是日，望江楼下，人头攒动，鼓声阵阵，身着彩色褂子的小伙子在呐喊声中正奋力挥动双臂，岸上站满了看客，真如诗人所写："绿波如镜浴浮天，端午人游锦江边。画桨红桡齐拍水，万头争看划龙船。"

龙舟的参赛队员则多数是锦江上跑船运的水手，也有沿江两岸的渔民和农民。每年端午，各县都要选派自己的龙舟队来参与一年一度的水上狂欢节。各参赛队齐聚望江楼下的锦江上，队员个个如下山猛虎。一旦锣鼓响起，旗子舞起，江上龙舟便好似离弦利箭，在水面上划出道道白线。而此时，两岸观战的人群也不甘寂寞，助威声和锣鼓声混合在一起直冲云霄，把端阳节推向高潮。优胜者并无多少物质奖品，但精神奖励很可观，在父母亲友眼里，尤其在女人看来，参赛的小伙子们俨然英雄一般，一些人就此找到了自己的终身伴侣。

端阳节水上活动的另一高潮是抢鸭子。鸭子是由有钱人家出的，图的是节日的快乐。因为鸭子被谁捉住就归谁，于是但凡会游泳的人都巴望加入抢鸭子的行列。为了增加"抢"的难度，主办者费尽心机，有的用酒把鸭子灌醉，使其借着酒力扑腾得更快，颇有点类似于运动员使用兴奋剂。恶劣的是将鸭子头皮整破，在伤口上抹盐和酒，鸭子疼痛难忍，在水下乱窜，更增加了抢的难度。不过，这种残忍的玩法是今天的文明社会所不能容忍的。

十二、味觉成都：香茶与美酒

假若有人问成都是什么颜色，我一定回答是茶色；如还有人问成都什么最香，那肯定还是茶最香。在茶色映照与茶香弥漫中，成都赢得了"休闲之都"的称誉。成都的茶馆、茶楼遍布大街小巷。人们休闲时进茶铺，会朋友时也进茶铺，甚至谈生意时也进茶铺。吃茶是这座古城人民的生活方式。只有成都人在不知不觉间遵循了赵州从谂禅师那句"吃茶去"的禅语。

当然，成都除了茶飘香外，还有绵绵的美酒香。"民食鱼稻，亡凶年忧"的成都平原，为古人酿制美酒提供了充足的原料。从古蜀至近代的数千年间，成都美酒层出不穷。其重要原因在于有富裕的粮食和优质的水源。酿酒师常说，曲是酒的骨，粮是酒的肉，水是酒的血。有粮无好水，酿不出好酒。这就是为何中国名酒多集中于长江上游水系之故。

吃茶何以会成为一座城市的传统？皆因成都有好茶和好水。成都凭什么出美酒，因为有岷江滋养的丰富作物和岷江的甘洌水源。

王褒与武阳茶事

成都东南锦江下游，有一个曾经的水陆码头黄龙溪。如今码头已废弃，却成了旅游热门地。黄龙古镇每天吸引着四面八方来客，其热闹与繁华毫不逊于昔日。

东汉建安二十四年（219），蜀国李严为刘备称帝制造舆论，称

"黄龙见于武阳"。所谓黄龙，就是今黄龙溪的芦溪河，是府河下游的一条支流，因发源于龙泉山，河水浑浊，又名赤水。蜀人却以此为根据制造了"黄龙"借口，扶持刘备登上了帝王宝座。这里提到的武阳，即是汉代犍为郡的武阳县，当时武阳辖地包括了今天的黄龙溪和新津一带。武阳乃是犍为郡郡治所在。

那么武阳在哪里？武阳就在黄龙溪下游十多公里的岷江边。

2018年清明期间，我开车来到眉山市彭山的江口镇。这里是府河重回岷江的交汇处，可谓坐镇观三江，因此江口获得了"千里岷江第一镇"的美誉。镇子仅为两三公里长的一条街，人称"扁担场"，它背靠彭祖山，面朝滚滚岷江。但如今镇上道路两边的民居多已废弃，人气不旺，只有打围的一段岷江很是热闹过一阵。因为这里正是明末的古战场、张献忠沉银的地方，考古人员已经在此进行了两季发掘，目前挖掘已近结束。

这个叫江口的地方就是古籍中常提到的武阳、秦汉时期犍为郡的所在地，一个曾经"日有行船数百艘，夜有万盏明灯照"的繁荣的水码头。我此次去江口，不是去看沉银，也不是去参观汉代崖墓，而是想学两千多年前一位叫"便了"的奴隶去寻访茶肆。然而，废弃的街面上哪里还有"肆"？除了有几家卖农资、电器的铺子及油坊和饭馆外，连一家茶铺都没有，遑论卖茶的。终于在拐进三岔路去往彭祖山大门的路边，看到了一幢三层楼房，门楣上挂了一块匾，竟赫然写了几个字："武阳茶肆"。我心中先是一阵窃喜，随后则是完全失落。楼房大门紧锁，连鬼影都没一个，哪来什么茶肆？楼房应该是几年前刚修的，"武阳茶肆"的门匾大概是为了纪念这个地方曾经的热闹和繁华。

江口是中国最早的茶叶市场，也是成都附近最早的茶叶产区。据《太平广记》所载，成都周边茶园每年收新茶时都要临时雇工，而作为古码头的武阳，在茶叶的聚散过程中，出现了许多茶叶作坊，并形成了大型茶市。直到今天，江口周围的山上还有茶园，但规模肯定远不如古代。十多年前我曾在江口一农家乐住过，主人正是老茶农。他请我喝自产的青茶，与我谈江口产茶的历史。老农很是自豪，说江口这个地方西周时出产的茶就名满天下，江边的码头是中国最早的茶码头。我听后只当老农吹牛，莞尔一笑作罢。不料，以后看书，果然看到有"芳蒻香茗"作为西周贡品的说法。据《华阳国志·巴志》载：巴国"土植五谷，牲具六畜……茶、蜜、灵龟、巨犀、山鸡、白雉、黄润鲜粉，皆纳贡之。其果实之珍者，树有荔枝，蔓有辛蒟，园有芳蒻、香茗。"茶、芳蒻、香茗指的都是茶。《周礼·掌茶》："掌茶，掌以时聚茶以供丧事。"《周礼·地官司徒》："掌茶，下士二人，府一人，史一人，徒二十人。"茶，指的就是茶。周代专门设了一个有二十多人的机构来管理"茶"，以供办丧事之用。可见用茶之礼的隆重和庄严。《诗·邶风·谷风》也有"谁谓荼苦，其甘如荠"。有人以北方不产茶为由，解释这里的"荼"是一种苦菜。若以此推论，周人是在用苦菜祭祀祖先，这怎么可能？因此，荼就是西周时的茶。如此说来，中国人种茶、喝茶的历史至少已经有三千多年了。

两年前看新闻，考古人员在西安汉景帝阳陵中发掘出了茶叶。说明西汉时，茶叶已经是一种重要的饮料，再一次证明中国人种茶、喝茶的历史很悠久。

成都人的喝茶史，最早有文字记载的是西汉人王褒。他在《僮约》中为奴隶便了特别规定了"烹茶尽具，武阳买茶"的条款要求。王褒（前90—前51），字子渊，资中人，西汉时期著名的辞赋家。《僮约》记录了这样一件事：王褒到成都安志里寡妇杨惠家中做客。杨惠丈夫生前曾买有一名奴隶叫便了，王褒叫他出去买酒。便了却拿根大杖跑到前主人的坟头上，气哼哼地说："大夫买便了时，契约上写明只守坟，没有约定为他家男人买酒！"王褒大怒，问杨惠："你这家奴卖不卖？"杨惠回答说："这奴才长大了，要顶撞主人，谁愿意买？"王褒当即决定买下便了。便了却说："若是要使唤我，得先写进契约。没有约定的事情将来我是不会做的！"王褒答应："好！"于是立即写下了一道契约，规定便了从早上起床到半夜三更都必须干的活。这些事包括了各种家务劳动，各种农活，各种手工活，各种狩猎，外出经商以及如何说话、如何饮食等方方面面。便了听完这约定，当即就傻眼了，跪在地上痛哭流涕，自扇耳光："真如王大夫所言，我还不如早点死去算了！早知这样，真该去给王大夫打酒，实在不敢作恶。"

王褒简直给便了规定了一辈子都做不完的事，其中做买卖要去的地方，有"绵亭买席，往来都雒"，"烹茶尽具""武阳买茶"。就是说，便了要到今天的新都、广汉、绵竹、江口这些地方卖席子，买茶

岷江岸边的茶园　张义奇摄

叶，而且"还出入不得骑马载车，跣坐大呶"。在交通并不发达的西汉，成都人要到离城这么远的地方买卖，只能说此地是商品货物的大集散地。"烹茶尽具""武阳买茶"，简单的八个字，不但说明西汉成都人喝茶已经成风气，而且说明成都地区还是产茶、售茶的中心区域。

便了，这位两千年前的奴隶，他原本是因看不惯女主人与王褒厮混而使气性，竟被转卖，一纸契约让他永世不得翻身。不料，正是这份压得奴隶喘不过气来的契约，给后世提供了认识汉代历史文化的第一手材料，也使武阳成为世界茶文化史上第一个有文字记载的茶叶市场。这是便了用他珍贵的自由为我们留下的珍贵信息！

古成都人的制茶与吃茶

　　茶，是中国人的一项"发现"，而发现茶的第一人是神农氏。陆羽《茶经》说："茶之为饮，发乎神农。"神农，即传说中的炎帝，是我们中华民族的远古祖先之一。传说他在距今约五千年前的某一天，因为用自己身体做实验尝食草药，以期给他部落的人们找到可以治病的良药，却不料中毒了，好在他又吃了一种叫作"茶"的叶子，总算使体内的毒素得到了缓解。神农是第一个吃茶的中国人，从此他部落的人们明白了茶的功用。以后的岁月中，他的子孙中的一部分迁徙到巴蜀的广大地区，把种茶的技术也带到了这里。进入川西地区的神农后裔，渐渐把茶的事业做大做强，形成了文化的一部分。

　　成都是茶文化的故乡，中国人以茶为饮的习惯和茶文化的形成，都起源于成都。既然西汉时武阳就形成了专业性的大茶市，那么成都周边种茶的历史一定早于西汉。清代大学者顾炎武在《日知录》中道："自秦人取蜀后，始有茗饮之事。"这是说秦灭蜀之后就开始有了喝茶这种事。但又似乎说得有点模糊，究竟是秦人把吃茶的事带到蜀地呢，还是秦人把蜀人的吃茶习俗推广到了中原？古老茶树生长在南方，中国人种茶是从南向北推进的。顾炎武说的应当是秦人把蜀地的吃茶习俗带到了北方。总之，秦灭蜀时，中国人就开始有吃茶的习惯了，也就可以说，是古蜀人最初发明了吃茶。古蜀末代开明王的弟弟叫葭萌，封苴侯。苴侯领地为葭萌，在今天广元一带，昭化即是葭萌关所所在地。但古蜀语又把茶叫葭萌。扬雄《輶轩使者绝代语释别国方言》（通常简称《方言》）指出："蜀人谓茶曰葭萌。"明人杨慎《郡国外夷考》中说："葭萌，《汉志》：'葭萌，蜀郡名。萌音芒。'《方言》：'蜀人谓茶曰葭萌，盖以茶氏郡也。'"如此说来，古蜀人不仅以茶作为人名，也把茶作为地名，这苴侯的封地可能就是茶叶产区。事实上，直到今天广元一些山区还有不少茶园。

成都平原本身并不产茶，但平原四周山区处处见茶园，处处有好茶。《华阳国志·蜀志》载，什邡"山出好茶"；"犍为郡、南安、武阳皆出名茶"。西晋文学家张载也说"芳茶冠六清，溢味播九区"。在他看来，成都茶饮超过了古时人们常喝的六种饮料，即水、浆、醴、醇、酱、酏，而且香气散发九州，天下人都知道。话虽有艺术夸张，却也明确地说明了成都茶的魅力。

　　到汉代时，茶人的数量大增，成都周边如什邡、江口、彭州、新津、彭山、都江堰、崇州、大邑、邛崃、天全、名山、雅安、荥经等地方，已经形成很重要的茶叶产区。每当春天采茶季节，这些茶园都要临时聘请很多工人上山采茶，人多的一次雇工就达百人以上。

　　成都周边种出了好茶，那么作为大都会的成都自然成了茶叶商品的集散地。古代的成都人是中国最早有口福享受到茶给他们带来的快感的。成都人不仅用茶叶煮水，也用茶叶煮粥。晋人傅咸《司隶校》载："成都闻南市有蜀姬作茶粥卖，为廉事打破其器具，后又卖饼于市。而禁茶粥以困蜀姥，何哉？"这种卖茶粥的铺子是不是成都最早的茶铺呢？

　　成都不仅最早制茶、吃茶，而且是茶文化的发源地和传播中心。

　　"茶"字最早出现在成都。茶，《诗经》写作"荼"。"谁谓荼苦，其甘如荠。"（《诗·邶风·谷风》）"采荼薪樗，食我农夫。"（《诗·豳风·七月》）《神农本草经》记载的茶叫作"苦菜"，又名"荼草"。《尔雅》中"槚，苦荼也"，解的也是茶。张载《登成都白菟楼》："芳茶冠六清，溢味播九区。"芳茶，指的就是芳香的茶。汉赋大家司马相如称茶叫"荈诧"。他在《凡将篇》中所记载的十九种药名，荈诧是其中之一。这也可以看成，最初吃茶是作为药用的。扬雄叫茶为"蔎"，这是川南西昌、攀枝花一带邛人等古代少数民族对茶的称呼。茶的名称，在陆羽之前叫法不一，字也不同。"茶"字最早出现则是在《僮约》中，可以说是成都的文化人创造了"茶"。

　　之后，《华阳国志》沿用了这个字，到唐代茶圣陆羽的《茶经》

凭其巨大的影响力，终于将这个凝聚了中华茶文化内涵的字固定下来。

作为茶文化的故乡，成都人非但善于吃茶，也十分讲究使用茶具。2001年，成都苏坡乡西窑村西城家园工地发现的战国晚期至西汉初期的墓葬中，出土了几件铜制的小口圆底釜，专家鉴定皆是煮茶器皿；而漆器中的盒、壶、耳杯，则是盛茶叶和吃茶的器具。另外，南郊勤俭村出土的东汉铜制单耳杯也被确定是精美的吃茶器具。把吃茶的单耳杯与喝酒的双耳杯对照思考，我惊奇地发觉，两千年前成都人的休闲态度已尽显其中。古人饮酒是一件庄重的事，十分注重礼仪，敬酒需要双手，所以酒杯是双耳；吃茶则不然，相对随意，故茶杯为单耳，颇有些轻松闲适的意味。

北门外府河畔的大安茶铺　陈志强存照

最具特色的盖碗茶是当今流行于世的茶具。其三件套包括茶盖、茶碗、茶托。茶托成都人称茶船子。三件套可以全是细瓷，也有的茶船子为铜制或锡制。这茶船子最初也出现在成都。唐人李匡乂《资暇录》载，茶船子的发明者乃是一位成都姑娘——西川节度使崔宁的女儿。她因怕茶杯烫手，遂将茶杯放入木盘中，但喝茶时，茶杯易倾倒，她便熔化一圈蜡将杯底固定。但蜡在唐代毕竟还是奢侈品，况且每次吃茶都要这样做也极不方便。于是这位古代的成都美女叫人在木盘上用漆环绕成杯圈，使茶杯与木盘可分可合。这便是最早的茶船。以后经过人们的改进，遂演变成了今天的三件套。唐朝距今天，一千多年过去了，成都茶具三件套始终是人们吃茶最爱的器皿。

不仅成都周边山区最早种茶，最早形成茶市，成都人也最早吃茶、饮茶，最早改良茶具。成都是茶的故乡，更是茶文化的故乡。

成都茶铺的休闲哲学

成都为什么会成为茶的故乡？

好茶离不开好水。茶好水不好是对茶的亵渎，好水没有好茶，是水的遗憾。"扬子江中水，蒙山顶上茶。"这是成都妇孺皆知的一句"茶经"，是品茗的高境界追求。蒙山，即蒙顶山，在成都西南雅安名山境内，属邛崃山脉中段。山上降水充沛，云雾缭绕，年平均气温在15℃左右，很适宜茶树生长。被誉为甘露大师的西汉僧人吴理真曾在山上种植茶树。今蒙山顶有几株老茶树据说是大师手植，其所产茶叶历来被作为贡品。其实在蒙顶山吃茶，并非要多高级的茶叶，那茶山的氛围，那山泉水泡茶，本身就令人神往。十多年前，我在蒙顶山喝普通毛峰，水却是取自山体石缝中渗出的泉水。抿一口，顿觉喉润肺舒，唇齿留香；待一碗茶吃下，早已感沁人心脾，神清气爽。我本不懂茶，更不善背诵茶诗，此时却居然想起了著名的"七碗茶"诗，唐人卢仝《走笔谢孟谏议寄新茶》道："一碗喉吻润，两碗破孤闷。三碗搜枯肠，惟有文字五千卷。四碗发轻汗，平生不平事，尽向毛孔散。五碗肌骨清，六碗通仙灵。七碗吃不得，惟觉两腋习习清风生。"

水对于茶极重要。可是成都城里没有山泉水，可成都有锦江送来的岷山雪水。成都地下水虽然丰富，但含卤重，烧开水往往面上有一层蒙子，所以除了锦江岸边如薛涛井等少量井水可用于泡茶外，没有哪家茶铺敢用井水。成都大小茶铺用水都取自锦江。傅崇炬在《成都通览》中说:"成都之水,可供饮料者,以河水为佳,因源流来自灌县之雪山也。"现代本土作家李劼人在长篇小说《大波》中记述,成都茶铺"都要在纱灯上写红黑相间的宋体字标明是河水香茶"。由于对锦江水的依赖,所以成都茶铺最集中的是在锦江两岸,而处于城中的茶铺取水则相对麻烦。于是催生了一种专营挑水的行业。送水人每日须在天亮前,一定到江中取水。因为江中水与江边水泡茶有明显差异,送水人若偷懒,一旦被茶老板发现,会丢掉饭碗。

江中水送进茶铺后,先要在石缸里沉淀、过滤。石缸一般有三口,第一口沉淀,第二口过滤,过滤材料使用棕毛或粗砂,然后流入第三口,这才是洁净的饮用水。饮用水也不能直接舀进壶里烧,而是先倒入老虎灶尾的大瓮子里,借炉膛的余火将水加热,然后再从瓮子里将热水舀入铜壶烧开。这样的开水泡茶,便是成都人钟情的河水香茶。茶铺这种烧制河水香茶的方法一直到 20 世纪 60 年代前期还存在,我见过南门大街的东波大茶铺和染锭街的老米市茶铺都是这样。

如今老虎灶虽然早没了踪影,河水也不能泡香茶了,但茶的神髓却依旧保存在已万般变化的城市文化中。

成都是全国闻名的休闲城市。这份休闲是岷江雪水和香茶用千年时间冲泡出来的。外地人,不管是外国的还是国内的,初来成都,感觉空气湿漉漉的,人也软绵绵的,一坐进茶馆就会萌生不愿离去的感觉。因为一进茶铺或茶馆,你就一头扎进了成都的文化中,真真切切地体会到成都城是水养的,才品尝到了成都人在水与茶的文化浸泡中获得的那份愉悦。坐茶铺,已成古往今来成都人的习性。清朝末年,城内仅五百一十六条大小街道,茶铺就达四百五十四个。辛亥保路运动期间,全城罢市罢课,连饭馆都关了门,唯独茶铺继续营业,每日茶客满堂,而且各种消息乃至于重要的议事都在茶铺里进行。抗日战争中同样如此,日本飞机在天上丢炸弹,地上茶铺照样开,每天出入的人不少于六七万。日本人想摧毁中国人的抵抗意志,结果连阻止成都人坐茶铺都办不到，茶铺里反而每天都能听到中国军队抗战的消息。难怪当年初来乍到的何满子要惊呼："天下茶馆之盛，其在西蜀乎！"

吃茶是成都人的生活方式。无事干的老者离不开茶铺，有事做的年轻人也坐茶铺。生意人有生意人的茶铺，文人有文人的茶铺，做工的有做工的茶铺。

浣花溪休闲　冯荣光摄

几乎所有交易都在茶铺里完成。据成都市档案馆编、中国档案出版社 2009 年出版的《成都解放 60 年》记载，1949 年前的成都茶园分工为：少城茶园——知识分子聚会处所，被称为"中等学校教员交易所"；正与茶园——在涨秋饭店对面，为金银及大烟交易所；二泉茶社——暗中进行枪弹交易；华荣茶厅——经营枪弹交易；亚东茶社——在外东椒子街对面，山货药材商帮交易所；韩康里——在外东水津街，为中药商帮出售药材交易处；掬春茶楼——在城守东大街，为丝绸呢绒布业商业公会开设，为布疋囤积处；中兴茶园——在大科甲巷，亦为布匹囤积处；桃原茶园——在商业场，为五金交易所；迎宾茶馆——在外东城口，为木材交易所；玉河岛茶社——在外北万福桥，为木材交易所；三益公茶园——在春熙路，为汽油交易所；颐和茶园——在春熙路，为汽油交易所；一店茶社——在外东大桥东，为粮食交易处；谈天处茶社——在草市街，为菜油交易处；魏家祠茶社——在提督街，为皮革交易所。此外，牛王庙的茶馆和春熙路的益茶楼为百货交易所。

生意能够在茶铺谈成，学校可在茶铺给教师发聘书，苦力也不妨在茶铺揽活儿。吃茶与做事两不误，这就是成都人的本事，休而不息，休而不闲。有副对联这样说："为名忙为利忙忙里偷闲且吃一杯茶去；劳心苦劳力苦苦中作乐再倒一杯酒来。"可谓道出了成都人的生活态度。

成都休闲的茶文化中其实不乏丰富的人生哲学。茶铺是公共空间，坐进茶铺，无论尊卑贵贱都获得了某种话语权，褒贬时弊，臧否人物；天南地北，无所不谈。这是一种平等的精神。茶铺还很讲和谐。从前成都人兴吃"讲茶"，人们哪怕有天大的矛盾，只有坐进茶铺，吃一碗清茶，再经人调解，双方便冰释前嫌。这难道不是儒家"和为贵"思想的体现吗？几把竹椅子，一张小木桌，不管认识与否，大家围坐一圈品茗聊天。这是人与人的和谐，也是人与自然的和谐。其中所包含的哲学又岂是几句话能说清楚的？

古蜀美酒叫作"醴"

和茶饮一样历史悠久的琼浆玉液是美酒。

古蜀鱼凫时期，随着粮食的丰收，酿酒酒已经兴起。三星堆古蜀遗址中曾出土了不少陶制和青铜酒具，包括酿酒、盛酒和饮酒的器皿，其中有罍、壶、尊、觯、盉、觚、盏、杯、瓮、瓶、钫、缶、彝、鉴、勺等百余件酒器。这些酒器表明，鱼凫王朝已经将酒作为祭祀祖先的必备供奉和贵族饮宴的饮料。因此，成都平原酿酒的历史要追溯到三千多年前甚至更早。

酒与水有着多重的关系，不仅酿酒直接需要水，而且作为"酒之肉"的粮食要有余才能提供原料。而粮食丰产又是古蜀人长期治水带来的农业进步的结果。成都平原成为"水旱从人，不知饥馑"的天下粮仓，为酒提供了物质保障。

古蜀人如何称谓酒，因没有文字记载，如今已不得而知。但祭祀所用的专用酒叫着"醴"，这是有记载的。《华阳国志·蜀志》称："九世有开明帝，始立宗庙，以酒曰醴，乐曰荆，人尚赤，帝称王。"九世应是五世的误记。也就是说，在开明五世时期，古蜀王在成都重新建立宗庙时，把"醴"作为祭祀祖先的供品。那么，这"醴"是一种什么样的酒呢？《说文》解释"醴，酒一宿孰（熟）也。"郑玄注《周礼·天官·酒正》也说："醴，犹体也，成而汁滓相将，如今恬酒亦。"原来是发酵一宿而成，略带酒味，并且是连渣一起用的甜饮料。酒味虽淡，却也有酒之"体"，所以叫着"醴"。

除了祭祀的"醴"之外，古蜀民间是否还有其他美酒？想必应该有。古巴国鱼腹县所产的"巴乡酒"或许可以为旁证。巴地流传一首古老的歌谣："川崖惟平，其稼多黍，旨酒嘉谷，可以养父。野惟阜丘，彼稷多有，嘉谷旨酒，可以养母。"旨酒是巴人对美酒的统称，也就是说，巴国不只产一种令秦国垂涎欲滴的巴乡酒，还有其他美酒。

如此说来，蜀国也应该不只有醴。但金沙遗址居然没出土酒器，是不是成都因水灾出现粮食危机而中断了酿酒，抑或是蜀王下了禁酒令，只准酿造"醴"？这已是千古之谜了。无论如何，被古蜀人称为"醴"的浊酒，是当今成都美酒的肇端。

画像砖上的古酿酒技术

从成温邛高速往南，一小时车程即到达邛崃市。邛崃，古称临邛，是108国道上与成都同岁的古城。公元前311年，张仪剿灭古蜀残余反秦势力后，在成都平原上建立了三座互为犄角的城池，即成都、郫城、临邛。其中临邛在秦汉时，因为出了卓氏和程郑氏两大超级富豪而屡屡见诸史籍，又因"文君当垆，相如涤器"的故事而成为中国文学史上一道浪漫的风景。卓文君与司马相如为何要选择在临邛开酒馆而不是干其他营生？恐怕不仅仅是想给富豪老爹卓王孙丢人现眼那么简单，而是当年成都地区饮酒已蔚然成风。即使王褒写《僮约》时对便了开出了一些严苛的规定，却对饮酒一项格外"开恩"，只要求"不得嗜酒，欲饮美酒，唯得染唇渍口，不得倾杯覆斗。"也就是只要求便了不酗酒就行。看来当时开酒馆确实能赚钱；更何况临邛一带矿藏丰富，如火井煮盐、开挖矿山聚集了不少工人，这些体力劳动者对酒的需求更大。所以，卓文君选择回老家去卖酒的确是看准了一个能赚钱的机会。

汉代成都地区饮酒蔚然成风，扬雄"载酒问字"的典故也可作注释。扬雄（前53年—前18年），字子云，西汉蜀郡成都人，著名学者、辞赋家。曾作《太玄经》，并有《甘泉赋》《羽猎赋》《长杨赋》《河东赋》等作品传世。宋人祝穆《古今事文类聚》续集卷载："扬雄家贫，嗜酒，人希至其门。时有好事者，载酒肴问奇字。"扬雄是大学问家，却因为贫穷，很少有人到他家去。但偶尔也有些好事的人，要向他请教不常见的奇字怪字，那就得带上好酒好菜去听他讲解。陶渊明诗歌也记录了这一趣事："子云性嗜酒，家贫无由得。时赖好事人，载醪去所惑。"

另外，从新都、彭州等地出土的沽酒画像砖和敬酒画像砖的图案上，也能看到当时人们饮酒的状况。沽酒画像砖上有卖酒的铺子，有人正前来打酒，还有人已经推着装酒的车离去。这家酒铺可谓生意兴隆，大概是一家既可批发又有零售的经销商。敬酒画像砖则是三个人围坐一圈，矮桌上有食物和两双筷子，上方的是尊者，下方的人正向他敬酒，尊者身旁一人是一位美女，手拿一枝花也像是要献给那尊者。

新都等地还出土有一种东汉酿酒画像砖，这更是神奇。我怀疑这简直是曾经在五粮液酒厂和泸州老窖的车间看到过的生产场景。从图中酿酒设施与人物的工作状态看，有挑酒的，有推糟的，有在锅边忙碌的，也有在灶孔边看火势的。特别是其中的大铁锅、圆盘、导管等，使人浮想联翩。白酒史研究者普遍认为，蒸馏酒技术是元宋时期才出现的。李时珍《本草纲目》明确说："烧酒非古法也，自元时始创之。"但西汉画像砖的酿酒图上怎么会出现导管呢？联系到上海曾出土过汉代铜蒸馏器，我们似乎很有理由推断，汉代成都已出现了白酒技术的萌芽。至少表明秦汉时期成都酿酒技术已经有很大发展。这也是汉代酒风盛行的最大理由。

新都出土的酿酒画像砖

　　再从酿酒图中送料、酿制、出酒等环节的详细分工看，当时成都的酿酒作坊规模不小，应是古代的"大酒厂"。尽管汉武帝曾下过"禁民酤酿"的诏令，但酒的巨大市场利益，使得禁酒令成了一纸空文。尤其在成都，可能禁酒令只短暂执行过，否则距离汉武帝只有几十年光景的扬雄也不可能有嗜酒如命的机会。秦汉时期，画像砖上这种规模的酿酒作坊绝不在少数。

　　善酿善饮的成都人也为历史留下了不少酒的美谈。比如前文所说的和扬雄有关的"载酒问字"的典故。葛洪说,扬雄的《太玄经》也是喝着酒完成的。另一个因酒惹出的公案就是《僮约》了。

秦汉时,成都美酒的品种有"甘酒"。前些年,一些成都地区出土的陶罐上往往刻有此字样。"清醥酒"来自左思《蜀都赋》的记载:"觞以清醥,鲜以紫鳞。"左思从未到过蜀地,却对蜀地的风物出产了如指掌,本身也是一个奇迹。

"酴醾酒"出自扬雄的《蜀都赋》:"蔼酱酴清,众献储斯。"

甘酒"少曲多米,一宿而熟",大概是醴之类的浊酒,民间普遍能酿。或者如今之醪糟,或系少数民族地区人们普遍酿制的米酒一类。清醥酒可能是比甘酒浓度高的清酒,口感也更好。左思说这些人一边欣赏巴姬蜀女的音乐舞蹈,一边狂饮,可以"一醉累月"。酴醾酒是用荼蘼花酿制而成的酒。据《四川志》记载,荼蘼花有三种:白玉碗、出炉银、云南红。以其花酿酒,色香俱佳。至唐宋时期,酴醾酒还受到文人雅士青睐。苏东坡、杨万里、梅尧臣、黄庭坚等许多著名诗人都为酴醾酒作过诗。

成都古代几种名酒

西晋至唐宋历经数百年,成都美酒从技术到品种、产量都有惊人进步。唐田澄诗云:"地富鱼为美,山芳桂是樵。旅游惟得酒,今日过明朝。"李崇嗣说:"闻道成都酒,无钱亦可求,不知将几斗,消得此来愁。"可见酒的产量之大,价格之贱。酒多说明粮食多,而粮食足,酿酒的花样就多了。当时成都著名的酒有"成都春""蜀城烧""临邛酒""青城乳酒""鹅黄名酿"等。

其中,临邛酒因司马相如与卓文君的典故而受士子青睐。韦庄有"翠蛾争功临邛酒,纤纤手,拂面垂丝柳"之句。曹学佺《蜀中名胜记》在谈明代酒"烧春"时说:"烧春,酒名,其法始于卓文君。"说明临邛酒是早期的烧酒。

青城乳酒是道家酒，今尚有，都江堰及青城山都能买到。我每年去都买几瓶，但感觉今之洞天乳酒已不如三十年前浓郁，而变得有些清汤寡水了。杜甫当年曾对此酒大为赞美，送他酒的人还未离去，他已喝上了，可见乳酒之诱人。他在《谢严中丞送青城山道士乳酒一瓶》中写道："山瓶乳酒下青云，气味浓香幸见分。鸣鞭走送怜渔父，洗盏开尝对马军。"

郫筒酒是自魏晋以来就享誉全国的名酒，产自成都城西北的郫县，即古郫城。其酿制方法，据唐人张周封《华阳风俗录》所载，"郫县有郫筒池，池旁有大竹，郫人刳其节，倾春酿于筒，包以藕丝，蔽以蕉叶，信宿香达于外，然后断之以献，俗号郫筒酒"。《成都古今记》说郫筒酒是竹林七贤之一的山涛任郫令时所创。但《晋书·山涛传》从未记载山涛到过蜀地，更遑论任郫令。但无论如何，这说明郫筒酒从魏晋时就是成都广受青睐的美酒。一直到清代，郫筒酒依然大行其道。据袁枚《随园食单》载，"郫筒酒，清洌彻底。饮之如梨汁蔗浆，不知其为酒也"。因为度数低，口感好，身在南京的袁枚竟然一气喝了七筒。可惜，清代白酒盛行后，具有千多年历史的郫筒酒失传了。

历代诗人对成都酒赞美有加。岑参赞成都春云："成都春酒香，且用俸钱沽。"张籍写成都："万里桥边多酒家，游人爱向谁家宿？"李商隐说："美酒成都堪送老，当垆仍是卓文君。""歌从雍门学，酒是蜀城烧。""益州酒楼酒如海，我来解旗论日买。"杜甫诵成都酒的诗最多："蜀酒浓无敌，江鱼美可求。""岂无成都酒，忧国只细倾。"他赞郫筒酒云："鱼知丙穴由来美，酒忆郫筒不用酤。"他写少城酒肆道："东望少城花满烟，百花高楼更可怜。谁能载酒开金盏，唤取佳人舞绣筵。"……

诗人与成都美酒的缘分，极大地丰富了中国酒文化的内涵。

水井坊与全兴酒厂

老成都东门外，过濯锦桥（东门大桥）向南，有一条紧靠府河的斜坡小路叫水津街。这里的河边曾是停靠船舶的码头。从水津街向东拐便是水井街，因水井众多而得名。水津街今已成沿江路，唯水井街还保留着，四周高楼大厦的这条夹缝中，埋藏着一部中国白酒史——水井坊。如今老街上建起了一座"水井坊博物馆"，街头青砖矮墙上大书"水井坊"三个字，旁边的花园中还有一座出酒的雕塑，这些都表明了此地的独特。

白酒，也就是蒸馏酒的出现，在酒业史上具有重要意义。世界蒸馏酒有六大系列，即中国白酒、干邑白兰地、威士忌、伏特加、朗姆酒、金酒。中国白酒因采用固态发酵、固态蒸馏，因而有别于其他白酒，有酱香、浓香、清香、米香、兼香等多种香型，也是最受饮者青睐的白酒。而中国白酒的半壁江山都在四川，成都则是其中一个重要的白酒产区。

白酒的出现一般认为是在元代，当时人称烧酒、白干。1998 年，成都全兴酒厂在改建水井街曲酒车间厂房时，发现老酒坊遗址 1700 平方米，考古人员从 280 平方米的地下发掘出了十余处依次叠压的不同时代的酒窖、晾堂、灶坑、灰坑、路基、木柱与柱础，等等，并且还出土了大批的陶器和瓷器残片、石器、兽骨。其八口酒窖内壁和底部都是采用纯净的黄泥抹成，窖泥厚度在 8 ~ 25 厘米之间。遗址不仅再现了白酒工艺的全部流程，而且表明六百多年前，这里就开始了酿造白酒的历史。水井坊遗址是我国考古发现的传统酒坊中时代最早、延续性最强、保留也最完整的白酒酿造遗址，因此被誉为"中国白酒第一坊"。

古人之所以选择在东门外的水井街建酿酒坊，显然是看中了这里的优质水源和方便的航运。水井街地处清远江（府河）之滨，此处的水井水质甘洌，没有城里地下水的任何污染，是酿酒最需要的水源；同时这里又是水码头，酿出的白酒可以从水路销往各地，甚至从岷江运至湖广与中原。如此便利的自然条件，使水井街成了天赐的一座酿酒坊。

昔日水井坊，今日白酒博物馆　张义奇摄

到清代，水井街酒坊又迎来了一次盛大的开张。乾隆五十一年（1786），水井街开张了一家烧坊，老板取大佛寺里全身佛压海眼的传说，将全身佛谐音倒念，为烧坊取名福升全。因从望江楼下的薛涛井取水酿酒，所以福升全的烧酒叫薛涛酒。李汝珍小说《镜花缘》所罗列的五十余种酒中，薛涛酒与山西汾酒、无锡惠泉、长沙洞庭春、绍兴女儿红齐名。清代诗人张问陶、冯家吉等专门吟诵过薛涛酒。冯家吉云："枇杷深处旧藏春，井水留香不染尘。到底美人颜色好，造成佳酿最熏人。"在薛涛酒名声大震，生意兴隆之际，福升全却于道光四年（1824）迁址暑袜街，更名全兴成。这就是全兴酒厂的前身。

十三、成都形色：码头和酒家

成都平原水网密布，虽然被高山环绕，但有发达的水上交通伸向远方。连接这些水上运输线的枢纽就是众多的码头。流经成都市区的二江也曾经有众多水码头。

从先秦到民国的两千多年间，水运一直是成都最重要的运输方式，因此码头也就作为成都沟通世界的原点存在了两千多年。即使在如今航道已完全停运的锦江上，还象征性地建有十二座码头，这是为成都这座水滨之城留下的历史记忆。

如果时间倒退到 20 世纪 50 年代，锦江上还能看到老码头。南门大桥下游，那红砂石砌成的梯坎，河道边成排的朽木桩，显然是当年码头的遗迹。这是孩提时代的我所亲眼见过的。当年的府南河并不像今天这样温柔无声，我的幼年几乎每晚都是枕着锦江的涛声入眠的。若遇到涨水，南门大桥的流水声则响如轰雷，由此可以想象古时候的锦江应该是更深更阔的一条大江。

自李冰"穿二江成都之中"以后，二江便成为"皆可行舟"的大江，"岷山多梓、柏、大竹，颓随水流，坐致材木"。航运的便利和水网交织的城市面貌使成都不仅成为川西平原的物资集散中心，而且成为重要的"港口城市"。二江及其支流上，曾经大大小小的码头林立，从上游浣花溪到下游玉女津，从水东门到青石桥，各种船只往来如梭。码头上或登舟迎送，或装卸货物，一派熙熙攘攘的繁荣景象。

到民国时期，成都的众多水码头已经发展成各自独立的专业码头。油、盐、柴、米、茶叶、布匹、瓷器、烟草、药材、煤炭、木材乃至于粪水都有自己专门的去处。譬如茶叶、布匹、棉麻、瓷器、药材、烟草等重要货物码头多分布于东门大桥至合江亭、九眼桥一线，这是明清以来形成的港口区。因为这里距离商业中心东大街、春熙路很近，由金河便可以将货物直接转运到城中心。木材、烟叶主要在今红星桥至北门大桥一带，岷江上游漂流的圆木就在这里上岸。从什邡等地运来的烟叶也在这里登船，运往川东地区。所以北门是木材商和烟商们的地界。南门大桥则是米码头。染锭街（附近居民都习惯称西巷子）是民国时期著名的米市，各州县运来的大米等粮食多在这里登陆，然后进入千家万户。染锭街口今"万里号"的旧址上曾经米商云集的茶铺一直保存到 20 世纪 60 年代才改建成旅馆……当然，客船自然也有停泊的港口，那就是"十里相送"的望江楼码头。

东门外曾是成都的港口区，如今这里的小码头只剩打捞水中垃圾的任务了　张义奇摄

　　因为码头商业繁荣，人员流动大，于是适应各层次人民需求的酒家在江边应运而生。而酒家为了招徕顾客，常常会创作一些新的菜品。如今风靡全球的川菜，不少菜品最早都出现在河流纵横的码头间。

万里桥头曾经的繁荣

万里桥头是成都锦江有文字记载的古老码头。东门外的港口区主要是在清远江绕城后，历经宋元明城市不断东扩而逐步形成的。

横跨于老南门外锦江上的双层大桥，气势如虹。桥南一艘轮船式建筑曰"万里号"，似乎在告知人们这里就是著名的万里桥。然而从桥下缓缓流过的锦江却是那么秀丽温柔，现代人很难想象她曾经是一条磅礴的大江。可是元代时，意大利旅行家马可·波罗看到的锦江还是"江宽半里，通海大船往来上下游"。

万里桥是先秦李冰所建七桥之一，最初名长星桥或笃泉桥。此处作为水上码头是否起始于建桥之时已难查考，但至少可以上溯到三国时代。当年的万里桥一带，水域广阔，波光粼粼。两条江从这里并流而过，远远望去，水天一色，烟波浩渺。万里桥下滚滚东去的是检江（又名外江、流江、锦江）。离万里桥约一里地（大致在今南大街附近）还有一座桥，名江桥。桥下淌过的是郫江（又称内江）。内外二江之间，就是著名的南市，南来北往的客商聚集于此，堆积如山的货物也汇集在这里，那是从远处运来或即将运往远处的物资。而外江南岸就是有名的南市和锦官城。《水经注》载："成都万里桥南岸道西有城，故锦官城也。"蜀锦是蜀国重要的军备物资，不仅要从万里桥码头将他们装船运到前方犒赏三军，更关键的是要从这里运出蜀国，到中原甚至更远的海外换取北伐的军费。

还有漆器产品也要在码头装船运往蜀国以外的地方。蜀地的漆器生产历史很悠久，最早可追溯到古蜀杜宇时期。至秦汉时，蜀郡的漆器已经蜚声在外。人们的需求量很大，成都也就成了蜀国一个最重要的漆器生产和销售中心。马王堆汉墓、江陵凤凰山汉墓、贵州清镇汉墓、马鞍山朱然墓以及朝鲜乐浪郡的墓葬中，都有不少成都工官生产的漆器。如此大量的漆器商品要从成都远销各地，除了少部分由马驮人背由山路运输以外，更多的还得走水路。

正因为有包括珍贵的蜀锦、漆器等在内的大量货物及外地商贾在成都聚集，长星桥附近成了当时最重要的贸易口岸。有一天，蜀国丞相诸葛亮来到桥下为大臣费祎饯行。诸葛先生叮嘱他出使东吴万不可辱没使命。李吉甫《元和郡县图志》道："蜀使费祎聘吴，诸葛亮祖之。叹曰，'万里之路始于此桥'，因以为名。"这则记载不仅说明长星桥更名万里桥的缘由，也充分证明万里桥自秦汉以来便是成都出川的起点。由万里桥码头乘船东下，经岷江入长江东出夔门，可直达东吴都城建业（今南京）。

诸葛亮是三国时期著名政治家、外交家。他执掌蜀国期间，一方面整军北伐曹魏，另一方面始终坚持联合东吴，于是检江便成为蜀吴联系的重要通道。万里桥码头便是这段历史的见证。诸葛亮不但在万里桥送蜀使赴吴，也在这里迎吴使入蜀。史书中没有吴使登岸的记载，却有离岸的相关文字。宋刘光祖《万里桥记》说："孔明于此送吴使张温，曰此水下至扬州万里。"万里桥码头，因为诸葛亮饯别而留下了一段佳话。

唐宋时期，随着农耕经济的高速发展，万里桥码头也迎来了繁荣的顶峰。江面上常常停泊着驶向远方的大船。两晋时期，成都就能制造大型楼船。到唐宋时期，没有战乱，经济繁荣，昔日的楼船战舰都换成了运输物质的大型货船。杜甫《夔州歌十绝句》其七云："蜀麻吴盐自古通，万斛之舟行若风。长年三老长歌里，白昼摊钱高浪中。"表明成都与长江中下游早已通过大型货船进行物资交流。杜甫旅居夔州时，时常看到船上的商人在甲板上摊钱赌博，而船工们则在惊涛中吼着川江号子乘风破浪。万斛之舟，可不是李白笔下的"轻舟"，而是重船。按《说文解字》："斛，十斗也。"经推算，能装万斛货物的至少是千吨以上的大船。"大历十才子"之一的著名诗人卢纶在《送何召下第后归蜀》中写到入蜀的水陆时也说："水程通海货，地利杂吴风。"可见，万里桥码头是沟通蜀地和东部地区的重要口岸。

万里桥作为南市上重要的码头，乃是成都商贾会集、水陆辐辏之地。李白游历成都时看到码头上繁忙的景象，情不自禁写下了"濯锦清江万里游，云帆龙舸下扬州"的千古名句。

正是这种发达的水上交通，极大促进了蜀地经济文化的发达，使岷江中游的成都能够与长江下游的繁华之都扬州相提并论，形成"扬一益二"的历史地位。诚如《隋书·地理志》对成都的评价："其地四塞，山川重阻，水陆所凑，货殖所萃，盖一都之会也。"

成都丰富的商品也吸引了大量远道而来的客商，他们常常聚集在万里桥码头，看着帆影远去，难免不生出思乡情绪。然而因为有利可图，又不得不滞留成都。岑参《万里桥》云："成都与维扬，相去万里地。沧江东流疾，帆去如鸟翅。楚客过此桥，东看尽垂泪。"正是来蜀地经商的人们真实心境的写照。田澄《成都为客作》也表达了客商们矛盾的心情："蜀郡将知远，城南万里桥。衣缘乡泪湿，貌以客愁销。地富鱼为米，山芳桂是樵。旅游唯得酒，今日过明朝。"

万里桥码头作为富庶的象征，曾经吸引了多少游子背井离乡！

杜甫与浣花溪码头

与万里桥码头同样名垂青史的，还有锦江上游的浣花溪码头。浣花溪因为杜甫的到来而平添了文化土壤的厚重。杜甫向我们描绘了浣花溪码头意境悠远的美丽图景："两个黄鹂鸣翠柳，一行白鹭上青天。窗含西岭千秋雪，门泊东吴万里船。"春柳、蓝天、飞鸟、雪山，浣花溪不仅景色优美，而且停泊着即将远航或者是远航而来的大船。许多人解读这首诗，认为"门泊东吴万里船"写的是万里桥码头，这实在是天大的误解。诗人写的明明是草堂景色。当年在草堂是能够看到宽阔锦江的，诗人书写家门前的景色，是欲借此表达自己对这个安身之处的喜爱之情。"万里船"指的是能行万里的大船，而非万里桥的船。

浣花溪地处锦江上游古百花潭，古时水深江阔，十分适宜作水码头；并且浣花溪两岸造纸作坊林立，外地的原材料要在这里上岸被送进各家作坊，而大量的蜀纸产品也要在此装船运往各地。另外，锦官城离此地也不远，大量的商品货物也会在此地登岸或离岸。所以杜甫看到的多是能远航的"万里船"。不过杜甫在家能够看见万里船，但他要登船，还得先乘小舟。所以《卜居》写道："无数蜻蜓齐上下，一双鸂鶒对沉浮。东行万里堪乘兴，须向山阴上小舟。"其实这首诗依然是衬托了浣花溪码头的忙碌。东行的人乘着小舟到达浣花溪，然后再在这里换上大船。

杜甫把草堂建于西郊浣花溪畔，为何不建在"锦官城外柏森森"的城南呢？一来因为西郊风景更好，也不乏人气；二来水上交通更为便利，船儿为他省却了许多麻烦。他外出探亲访友，在家门前就可以登舟；他初来草堂时曾向各路朋友"化缘"绿化草堂环境的竹子、树苗，也从江上直接运到了屋门前。

从唐肃宗乾元二年（759）由秦州、同谷入蜀到永泰元年（765）离开成都，杜甫在草堂居住了四年，创作了二百四十四首诗歌，其中一百五十首与水有关。杜甫晚年如此爱水、写水，显然与草堂所处的浣花溪水码头美丽的风景密切相关。杜甫最终没有离开水，他从陆路而来，又从草堂门前的水路而去。锦江把他送到岷江、长江直至出夔门，直到最终病逝在湘江的一条船上。

作为水码头，浣花溪到宋代还保持着繁荣。其水大浪激，使大诗人陆游禁不住写下《夜闻浣花江声甚壮》一诗："浣花之东当筝桥，奔流啮桥桥为摇。分洪初疑两蛟舞，触石散作千珠跳。壮声每挟雷雨横，巨势潜借鼋鼍骄。"

浣花溪码头因为诗圣的到来而名声大震，从此成为世人游江凭吊的文化圣地。直到今天，码头虽早已不见踪影，宽阔的江面也只留下窄窄的一湾清水，但诗性的光辉依然照耀在这片曾经繁华的土地上。

官营东门外大码头

万里桥、浣花溪之后，成都市区江河上最繁忙的码头便是《成都通览》记载的"东门外大码头"。

韦皋开凿解玉溪之后，在解玉溪汇入郫江处建了一座合江亭。晚唐时，高骈改道郫江，新开清远江绕城北城东后，依然在合江亭汇入锦江。合江亭从此成为与张仪楼、散花楼相媲美的水上"一都之奇胜"，合江亭下非但游船如织，也成为江楼送别的客码头。至宋代，合江亭下更是桅帆林立。这里不仅是码头，也是一个风景优美的大渡口。吕大防《合江亭记》写道："俯而观之，沧波修阔，渺然数里之远。东山翠麓与烟林篁竹，列峙于前。鸥鸟上下，商舟鱼艇，错落游衍。春潮秋夕，置酒其上，亦一府之佳观也。"杨甲《合江泛舟》云："莫踏街头尘，宁饮城东水。江头放船去，苇间问渔子……"南宋成都郡丞何耕《自合江亭过渡观赵穆仲园亭》云："唤舟芳草渡，系马绿杨荫。步入莓台径，门开花竹林。王孙随蹀远，婺女隐云深。想见西南望，悠悠空赏心。"

淳熙四年（1177），四川制置使范成大奉旨回临安，友人送他从合江亭码头登船，直到川南合江县才道别。范成大为此作诗写道："合江亭前送我来，合江县里别我去。江流好合人好乖，明日东西南北路。千里追随不忍归，一杯重把知何处。临歧心曲两茫然，但祝频书无别语。"从锦江进岷江再入长江，两岸的风光使诗人久久难忘，后来促使他写成了游记体散文《吴船录》。

郫江改道，把合江亭一带二江沿岸打造成了新的港口地带，从迎晖门（东门）外的长春桥（东门大桥）至回澜桥（后又名锁江桥、洪济桥、九眼桥）的两江两岸，渐渐成为成都最大的货运港口，其繁华程度令来自欧洲海港城市威尼斯的马可·波罗也惊叹不已："水上船舶甚众，未闻未见者，必不信其有之也。商船运载货物往来上下，世界之人无有能想象其甚者。"由此可见唐宋时期成都航运的发达。

为了有效管理航运，从宋代起，官府就在合江亭设立船官进行管理，征收货物税费。清末时则在此设立了水上警察局。由于进出货物繁多，港口被划分成若干专业码头区，包括皮货、盐巴、柴火、煤炭、粮食、洋广杂货，以及砖石、粪水等各种码头。从明清以来，东门外包括合江亭在内的港口一直保持着相当的繁忙，一直到20世纪三四十年代，川西的大量战略物资还从这里启程运往抗日前线。

到了20世纪五六十年代，由于锦江逐年淤塞，加之上游地区大开垦农田，用水增加，河道水量减小；另外新的公路、铁路不断通车，锦江上游航道终于废止，成都港完成了最后的使命。原来在码头上工作的数百名工人也去了火车站货运场和成都市搬运公司。但是下游段的航运延续到70年代末才完全结束。

从崇丽阁到望江楼

合江亭下游三里多地，有望江公园。清光绪十年（1884），成都县令马绍相联络各界，在薛涛井旁建一楼，取左思《蜀都赋》中"既丽且崇，实号成都"之意，命楼为"崇丽阁"。光绪二十五年（1899），翰林院编修伍崧生又在此修一系列配套建筑。游人始称崇丽阁为望江楼。

望江楼下薛涛井，据曹学佺《蜀都名胜记》载，从前叫玉女津。这个"津"字在此处有两个含义：一是滋润，说那井水润泽；另一个含义即是指井所在的位置是"津"。古代人们对码头都以"津"作为称谓，如"风烟望五津"指的便是武阳县（新津）的五个渡口；又如今金堂县的赵家渡，早先就叫大渡津。由是推知，望江楼下可能很早就是渡口和客运码头。二江自合江亭汇合后，水量陡增，江面更宽阔，俨然一条大江。而望江楼一带江面正处于拐弯处，水流减缓，是理想的码头；加之薛涛井及附近丰富的人文资源，因此明清以降此处便成为人们登舟远行或入川上岸的起点与终点。

1919年的夏天，一个二十八岁的年轻人手提藤条箱，疾步来到望江楼下登船东去。江水伴他下渝州，出夔门，一路抵达上海。之后，他又从上海乘邮轮去了马赛。这个年轻人就是刚刚在四川鼓动起新文化运动的李劼人。多年后，他写作了一百多万字的"大河小说"三部曲《死水微澜》《暴风雨前》《大波》，多次在作品中记述望江楼的迎来送往。

距李劼人从此去国过了三年，一位叫李尧棠的十九岁学子再次从这里登船去上海。以后他也乘海轮去了法国。这位青年李尧棠后来成了名满世界的巴金。

距李尧棠去国又过了三年，望江楼下再一次走来一位叫汤道耕的师范生，简单的行囊中只有梁漱溟的《东方文化及其哲学》和马寅初的《经济学演讲集》等几本书。他在望江楼下的码头登上一艘木船，迈出了南行的第一步。汤道耕的名字以后被人遗忘，但他的另一个名字却在现代文学史上熠熠生辉。他就是我国现代著名流浪文豪艾芜。

百年前的望江楼　　[日]山川早水摄

抗战时期,大批的"下江人",包括来川的难民和文化人都曾从这里进入成都,又都从这里返回故乡去。西南联大著名教授朱自清先生记录了他1941年10月8日从码头登船后看到的风景:"岷江多曲折,船随时转向,随时有新景可看。江口以上,两岸平原,鲜绿宜人。沿途多桤木林子,稀疏瘦秀,很像山水画。"据李兴辉考证,朱自清这段文字记录的正是望江楼码头下游当时华阳县的得胜乡、胜利乡,即今天锦江区成龙、柳江两个街道办事处辖区内的锦江河段。

一叶扁舟,大江东去,望江楼下迎来送往,从古到今究竟过往了多少杰出的人物,只有东逝的锦江知道。但作为成都江河上曾经的客运码头,望江楼以充满温馨的人文记忆而被镌刻在历史中。

古代成都的水产美味

川菜闻名世界,但最初的川菜总是与江河有关。一是许多食材取自水中,二是川菜的创新发展首先从水边的码头开始。

古蜀第三代蜀王的部族一支以水生物为重要食物的部族叫鱼凫。鱼凫是一种专门捕鱼的水鸟,四川人俗称鱼老鸹。鱼凫族与山区的蚕丛氏不同,他们居住在平原水网地带,善于从水中捞取生活所需。所以其部族的图腾显示是鱼老鸹的头像。三星堆遗址出土了大量各时期以鱼老鸹为原型的陶制鸟头柄勺。这种柄勺是鱼凫族人供奉祖先时的舀酒器。鱼老鸹是他们捕鱼的好伙伴,以此形象作为部族的象征,并作为庄严的祭祀工具,足见鱼凫族人对于鱼老鸹的敬仰,当然也表明了他们对于水中生物的依赖。所谓"民食鱼稻",说明即使在农业文明高度发达后,水中之物仍然是古蜀人不可缺少的美味。

水中生长的虾蟹鱼鳖和莲藕菱根等动植物不仅是古蜀人重要的食物来源,也成为他们创造美食文化的物质基础。

扬雄的《蜀都赋》曾对成都的出产有这样的记述:"其浅则生苍葭蒋蒲,藿芋青蘋,叶草莲藕,茱华菱根;其深则有猵獭沉鳝,水豹

· 211 ·

蛟地，鼋蟺鳖龟，众鲜鳂蠡……尔乃五谷冯戎，瓜瓞饶多，卉以部麻，往往姜栀附子巨蒜，木艾椒篱，蔼酱酴清，众献储斯。盛冬有育笋，旧菜增伽……乃使有伊之徒，调夫五味。甘甜之和，勺药之羹。江东鲐鲍，陇西牛羊。籴米肥猪，鹿麇不行。鸿鷃狸乳，独竹孤鸽。炮鸦被纰之胎，山鹰髓脑；水游之胇，蜂豚应雁。被鹅晨凫，戳鹏初乳。山鹤既交，春羔秋跑。胗峻龟肴，粳田孺鳖。形不及劳，五肉七菜，朦驮腥臊。可以颐精神养血脉者，莫不毕陈。"扬雄所列的这些水中的、陆上的动植物，都是古蜀人烹饪的原材料，其中有主材，也有辅料。比如蒋是茭白，蒲是香蒲，藿为豆叶，鳝指鳝鱼，鳎是大鲵，即娃娃鱼（当今已是法律严禁捕食的保护动物，但在古时却是众多的水中美味之一），其中鳝、鳎是水生动物，蒋是蔬菜，蒲、藿、蒜、椒等有可能就是用为调味的佐料。

杜甫旅居草堂时也曾经"采莲寒刺上，踏藕野泥中"。宋人吕大防则在《合江亭记》中说成都有"蒲鱼菱芡之饶，固不成于蹲鸱之助"。古人的诗文无不说明了成都水中原料的丰富。各种水生蔬菜和动物，被人们从古吃到今，成为蜀人餐桌上不可或缺的东西。

从古蜀开始，人们就既懂得从水中获取食物，也明白不可攫取过度，所以古人很早就学会了水中养殖。稻田养鱼就是古蜀人的一项农业发明。郫县稻田中生长一种鲤鱼，其鱼卵可做成鲜美的鱼子酱。据宋李昉《太平御览》载，曹操在《四时食制》中就对郫县的鱼子酱情有独钟："郫县子鱼，黄鳞，赤尾，出稻田，可以为酱。"曹操一生南征北战，从未到过蜀国，却对郫县的稻田养鱼如此清楚，说明秦汉时期，成都美食已经名声在外了。

曹操吃的郫县鱼子和西汉唐蒙在番禺南越王宫吃到的蒟酱，都是成都出产的美味。足见成都江河中蕴藏的珍馐食材与陆上一样多。

万里桥边最后一个酒楼

　　成都各地陆续出土的市井酒楼画像砖、庖厨俑表明，在秦汉时期，成都上流社会筵宴之风已大盛。成都人自古有拜江、游江的习俗，筵宴时常在江边举行；加之又常有登舟送别，沿江两岸码头、桥头一带遂逐渐形成酒肆。鳞次栉比的酒楼饭店与江河共生，一方面占据着江边的景观口岸，以招徕客人饮酒赏景；另一方面也是"就地取材"，以水中之物烹制佳肴美馔。因而水边的酒家一般多以河鲜为经营特色。

　　唐代以前，成都江边酒楼饭店最集中的两处，一是万里桥边，一是少城。郫江在改道之前，从少城流过，市桥就在城下。桥头岸边酒楼林立，仅从杜甫"东望少城花满烟，百花高楼更可怜"的诗句中就可看到。然而，流传最广的还是万里桥边的酒家。张籍一首《成都曲》使万里桥头的酒家享誉了一千多年："锦江近西烟水绿，新雨山头荔枝熟。万里桥边多酒家，游人爱向谁家宿。"诗歌生动地描绘了烟波江绿、酒楼林立的锦江万里桥风光。

　　万里桥是古代成都的大码头，而且又紧邻著名的南市。因此，它一定是人口密集、商贾云集之处，酒家、客栈、青楼、行帮会所多汇集于此。不过，秦汉时期长星桥（即万里桥）一带的酒家却不见记载。然而，三国时期万里桥既然已经是登舟送别处，想必早应该是一处繁华之地。除了诸葛亮在此迎送使者，"万里之路，始于此桥"，更多的还是基层官吏或普通人们在此登舟登岸。如此一来，万里桥码头非但酒家众多，而且已成为成都著名的地标。甚至连杜甫写自家的草堂位置，也要以此为坐标："万里桥西一草堂，百花潭水即沧浪。""万里桥西宅，百花潭北庄。"由是可见万里桥酒肆曾经的繁荣昌盛。

　　从三国到民国的一千七百余年间，万里桥边的酒家走过了漫长的岁月，与不竭的江水一样延绵不断，其主要的原因就在于"惟有美馔河鲜来"。锦江为酒家提供了源源不断的鱼虾鳖蟹。桥头就是渔码头，渔人往往在此就近把鲜鱼活虾卖给各酒店。而临江的酒店则用大竹篓把鱼虾装养在江边水中，客人随时到都能品尝到地道的河鲜。这样的情景一直延续到 20 世纪 60 年代。如今锦江变窄，河水受到人为污染，鱼虾品种、数量早已今非昔比，李劼人说的岷江中所产的鳜鱼、鲈鱼更完全没了踪影。万里桥的河鲜尽管没了，但多酒家的传统却被发扬光大。先是桥南建起了一艘游轮型的万里号酒店，后是染靛街、凉水井一带打造"耍都"，汇集了各种各样的饭店酒家，有普通川菜，有四川火锅，还有西式的咖啡馆、西餐店。今日万里桥边的酒家已不是用一个"多"字能形容的了。唐代诗人们若看到"耍都"的景象，不知他们会写出怎样生动的诗篇。

岁月伴着东逝的锦江，不断地变幻着两岸的风景。古代万里桥边的众多酒家均已随江水而去，只留下一个概括的名称。但有一个酒家例外，它因为作家的记述而被永久刻在城市的记忆中。这个酒家叫枕江楼。李劼人先生在小说《大波》中描述："临着锦江江水，砌了一道短短的石堤。堤上简简单单地修了一排仅蔽风雨的瓦顶平房。平房尽头处，也就在石堤尖端，盖了一间圆形草亭。石堤得亏比大桥低，向下流头望去，靠岸第二孔石拱桥洞恰似它的大门。门外景致甚好；天竺寺的后围墙，墙外临河小路，路边的大黄角树，树下的石碛，碛上的水波，那么远法，看起来真像画……在天气热的时候，这地方的确是一个乘凉饮酒的雅座。而且上流头也是一大片鹅卵石坝，坝上河岸边一排斫折不死的老杨树，树下是个卖鱼虾的小码头，好吃嘴的客人每每亲自去买了鱼虾，烦厨房大师傅趁活的做出来，非常好吃。这一切都合了成都人的口味。于是它便从一个普通小饭铺摇身一变，变成了一家馆厨派而兼家常味的，别具风格的中等南堂馆子。"

这段话记述了万里桥边一个叫枕江楼的酒家的发迹史，却道出了酒家何以傍水而建的缘由。枕江楼或许就是那一个个消失在历史过往中的酒家的缩影。

建于清代的枕江楼靠锦江中的鱼虾而留名，一直到20世纪40年代生意还十分兴隆。枕江楼的菜品最著名的是醉虾，深受达官贵人、文人雅士青睐。国民政府要员张群，堕落为汉奸之前的周佛海，国画大师张大千等都曾经专程光顾过。1938年南京沦陷后，作家张恨水来蓉。成都新闻界在枕江楼为其接风。面对滚滚流水，作家触景生情，当即赋诗一首："江流呜咽水迢迢，惆怅栏前万里桥。今夜鸡鸣应有梦，晓风残月北门潮。"国破家亡的悲愤溢于言表。

　　20世纪60年代，跨越三朝、食客云集的枕江楼被改造成了桥头旅馆。我就读的小学与枕江楼相邻，就是李劼人先生说有"一大片鹅卵石坝"的地方，所以我时常钻进枕江楼玩耍，看到的与李劼人书中描写的百年前的景象差不多，只是酒楼改成了旅店。

　　万里桥边古代留下的最后一个酒楼，终也追随锦江东逝的波浪向历史深处走去。

鱼码头的河鲜　建川博物馆存照

夫妻肺片与麻婆豆腐的由来

古代成都往往因桥而兴市，又因为市的繁盛而设码头。美食常常从码头起步而走向世界。当今风靡海内外的四川火锅就发源于重庆江北的码头。李劼人说："最初是一般挑担零卖贩子将水牛内脏买得，洗净煮一煮，然后将肝子肚子等切成小块，于担头置泥炉一具，炉上置分格的大洋铁盆一只，盆内翻煎倒滚煮着一种又辣又麻又咸的卤汁。于是河边的桥头的，一般卖苦力的朋友，和讨得几文而欲肉食的乞丐等，便围着担子，受用起来。"多年后，"重庆商业场街才有一家小饭店将它高尚化了，从担子移到桌上"。这是四川火锅在重庆码头发源的大致经过。

在成都，也有从河边的桥头码头走进高大上餐桌的佳肴。先来看夫妻肺片，发源地在今天府广场。唐代的金河曾经从这里穿过，四川科技馆的旧址是明代蜀王府，清代作了贡院。金河就从贡院的明远楼前流过，河上正对明远楼三个城门洞有三座石拱桥，就像北京天安门前的金水桥一样，成都人称之为"皇城三桥"。皇城坝两边过去多为回民居所，凉拌肺片最初就出现在三桥之上。一条短板凳，一头坐人，一头牢置瓦盆一个，盆内四周插竹筷如篱笆，牛脑壳皮及牛脸肉被切成四指宽的薄片，调和拌匀，堆于盆内。辣香四溢，来往顾客往往经不住诱惑。所谓肺片，并非牛肺，而是指切的薄片透亮如肺。这原本是劳苦大众的食品，花钱很少。但是因为味道诱人，一些有身份的人也经不住诱惑，又不好意思被人看见，于是在进食前先看看四周是否有熟人。渐渐地，这凉拌肺片有了个稀奇的名字叫"两头望"。李劼人在新版长篇小说《大波》中写到1911年11月27日成都独立后的皇城坝景象时，专门用一段文字记述主人公黄澜生在三桥上撞到一大盆肺片的情节："黄澜生一凝神，才发觉自己的大腿正撞在一只相当大的乌黑瓦盆上。要不是两只大手把瓦盆紧紧掌住，它准会从一条板凳头上打碎在地。光是瓦盆打碎，倒在其次，说他赔不起，是指盛在瓦盆内、堆尖帽檐，约莫上千片的牛脑壳皮。这种用五香卤水煮好，又用热油辣汁和调料拌得红彤彤的牛脑壳皮，每片有半个巴掌大，薄得像明角灯片，半透明的胶质体也很像；吃在口里，又辣，又麻，又香，又有味，不用说了，而且咬得脆砰砰的极为有趣。这是成都皇城坝回民特制的一种有名小吃，正经名称叫盆盆肉，诨名叫'两头望'，后世易称为牛肺片的便是。"李劼人还特地为肺片写了一段注释："大概在一九二零年前后，牛脑壳皮内和入牛杂碎；其后，几乎以牛杂碎为主，故易此称谓。疑肺片为废片之讹。"

到了 20 世纪 30 年代，成都一对曾经卖过"两头望"的夫妻，在半边桥开了一家小饭店，把凉拌肺片首次端上了餐桌。由于他们凉拌的肺片胜过其他人家的，食客们称其为"夫妻肺片"，从此这道美味有了一个书面的大名。

纵观成都的美食，就像诗歌的产生一样，如《诗经》最早就是百姓口头的民歌，最终却从江湖走进了殿堂，说明民间才有文化无尽的创造力。成都码头边的另一道美食再次证明了这一真理。

1937 年 7 月的一天，一位身着长衫，头戴礼帽的中年男子，领着一对十一二岁的儿女，出成都北门后，沿府河边的小路溯流而行，朝万福桥走来。此时的万福廊桥已很有些破败，房梁木柱上的绘画斑斑驳驳，沧桑留痕。但桥上依旧人来人往，不时有负重的鸡公车从桥面木板上"轰轰"地滚过。中年男子与一双儿女没有过桥，而是径直拐向桥头南侧那家乡村味十足的小饭馆。今天他是专程带儿女出城来品尝美味的。中年男子扫了一眼店铺，感觉一切还是几十年前的老样子：油腻腻的方桌，泥污的窄板凳，白竹筷子，土巴碗，火米饭，臭咸菜。

老少三人刚入座，一个土里土气的幺师随即过来，以犹然古典的方式问道："客伙，要割多少肉？半斤呢？十二两呢？……豆腐要半箱呢？一箱呢？"这个乡村饭店还恪守从前的规矩：客人须自己带肉来加工豆腐，若客人没带肉，则由伙计代为去买。

这家乡村饭店就是当时已经名扬中国的陈麻婆豆腐——老陈兴盛饭铺；而前来就餐的中年人则是大名鼎鼎的作家李劼人。

陈麻婆是傍着桥头成名的饭店。

清代，万福桥路通苏坡桥，是西门外的人进出成都的必经之路。万福桥地处北门，西门外的人进城为何要绕城而入呢？原来西门曾是满人居住的少城，而少城是禁止汉人出入的。于是，西门外的人只得绕道北门才能进城，这样，万福桥就成了人们的必经之地，尤其众多脚夫苦力就把万福桥当作歇脚的地方。推篓子鸡公车的油夫子在陈家饭铺歇脚吃饭。最初陈家饭铺并没店招，常年卖的菜除了咸菜外，只有豆腐，称为"灰磨儿"。但饭铺老板娘是一位心细的人，她想到这些油夫子下苦力，流汗多，口味重，便在原来白水豆腐、炒豆腐、油煎豆腐的基础上自创新做法：将就油夫们油篓子里的油，放大把辣椒面进油锅煎熟，再加入牛肉片、豆腐以及葱蒜苗一炒一烩，做成诱人的红油豆腐。结果味道真是"爨"（"爨"又作"窜"，蜀方言"美味"意）极了，肉与豆腐既嫩又滑，加之味重，大大刺激了食客的味蕾，因此深受欢迎。因老板娘脸上有几颗白麻子，陈兴盛饭铺竟被叫成了麻婆豆腐店，本名反被遗忘了。经过几代人的改良，麻婆豆腐成了川菜美食谱系中一道广为传播的美味，在20世纪30年代就先后传到上海、北平，如今更是在全球各地的川菜馆中都能见到。据成都老文化人车辐先生说，70年代日本人还把麻婆豆腐加工成罐头销售到各地。足见这道名菜的影响。

简陋的陈兴盛饭铺虽不像其他水边的酒家以水中鱼虾见长，却靠桥头交通的便利，加之老板娘的聪慧创新而赢得了食客青睐，并且将麻婆豆腐打造成了世界知名的菜品。可以说没有清远江就没有万福桥，而没有万福桥，就很难有麻婆豆腐的成名。

十四、水说成都：现实与神话

　　2018 年夏天，成都遭遇了本世纪以来又一次大洪水。上一次洪水是 2013 年，川西连降暴雨，江河猛涨，城区雨水排泄不畅，使某些街道被淹。但这次洪水来势之汹，持续时间之长，足可以和民国时期的几次大洪水相比了。从 7 月 2 日起，全省各地就相继降下了大雨或暴雨。成都市区及周边从 8 日起就大雨不停。到 10 日夜更是暴雨不住，11 日，双流国际机场的降雨量就达到了 114.8 毫米。大雨使岷江和沱江水位迅速上涨，径直越过了警戒线。沱江三皇庙 11 日 17 时的水流量达每秒 8000 立方。自 2002 年，政府投入 1.5 亿拓宽鳌灵峡后，金堂城区便未再受洪水所困，今年却再现了水淹赵镇的历史情境，足见洪水之大。

　　成都市区也遭遇了洪水侵袭，许多街道、小区被淹成泽国，有人在街道上开冲锋舟，有人在大路上逮鱼，警察开着挖掘机疏散居民。地处东山地势较高的崔家店，甚至接近龙泉地界的洪河一带的社区都成了汪洋一片。锦江上游清水河水早漫过了河堤，加之雨水，使西三环苏坡立交一带，洪水淹进了公交车，乘客在车内也只能插在水中；老城区的滨江路，锦江漫过了河堤，淹没了道路，九眼桥至四川大学段，江水已经快将人行护栏没顶；府河流经的红星桥、武成桥、东风大桥等，河水几近封闭桥洞。

　　2018 年的洪水给成都造成的是航班推迟，高速公路封路，高铁暂停，旅游景点关闭，市区八十四条公交车线路被迫临时改变线路。面对汹涌的洪水，有市民给市长发邮件，要求快把镇水兽放回原处！成都市文广新局也给出了一个神回复：石犀作为重要展品陈列于成都博物馆中，自2016年起一直没有离开过天府广场。

如此数十年不遇的大洪水，如果发生在府南河治理之前，不知又有多少房屋要倒塌，多少人要受灾。但如今，暴虐的江河却如驯服的巨龙，再也难翻破坏巨浪。城区街道尽管也遭水淹，但那只是暴雨排泄不畅所致，倒也给市政建设提出了新的课题。

纵观两千多年的历史，岷江对成都所辖州县造成的水害，有文字记录的就有三百多次；若再加之沱江对新都、彭县、新繁、崇宁等成都辖地的一百多次水害，今古蜀郡范围内，从公元前180年至1949年，川西平原曾发生洪水数百次，洪水直接进入成都市区就有五十三次之多。历次洪水中，岷江有三十六个年份发生重大灾情；沱江有十八个年份发生重大灾情。成都城区发生洪灾的情况不外乎三种情况：第一是上游山区暴雨致江水陡涨，溢出河道漫进城乡；第二是平原上连续暴雨致排洪不畅；第三是上游江水暴涨加下游洪水排泄不畅。第三种情况最为严重，往往造成成都市区遭受洪涝。成都在大规模治理锦江之前，实际上面临的正是这种困扰。

2018年7月11日，锦江水即将淹没望江路下人行道护栏　沈军摄

今日回眸过往的水灾记忆，或许有助于我们对自然保持某种敬意，从而为我们增强环保意识提供一点思索。

古人对于天道自然是有敬畏的。在他们的想象中，水是由神掌管的。《管子·水地》："水者万物之准也，诸生之淡也，违非得失之质也。是以无不满无不居也，集于天地而藏于万物。产于金石，集于诸生，故曰水神。"尹知章注："莫不有水焉，不知其所，故谓之神也。"在古人看来，大地因水而生长万物，这是水神的恩赐；大地遭遇洪水，生灵涂炭，则是因人类过失而触怒了水神。于是，人们为心中的水神建祠立庙，感谢和祈求水神保佑平安，也恳请水神原谅人的过错。

蜀地作为中华文明的源头之一，当然也是创造了众多水神的。蜀地的水神包括人神与天神，即：神话学意义的社会神和自然神。人神是远古历史人物神话，如治水英雄大禹、鳖灵以及李冰等；天神则是山川河流风雨雷电等现象的拟人化，体现了古人对自然的敬畏。

那我们还是先从历年的洪灾说起。

古蜀至汉晋的水患

大禹之后，成都平原最早的水患记忆在杜宇晚年，古蜀传说与史料对此均有记录。

《蜀本论》云："时巫山峡而蜀水不流，帝使令凿巫通水，蜀得陆处。望帝自以德不如，遂以国禅，号开明。"此巫山非重庆巫山，而是指成都平原的出水口，今之金堂峡被堵塞了。《蜀王本纪》云："时玉山出水，如尧之洪水，望帝不能治。使鳖灵决玉山，民得安处。"洪水从玉山（即茶坪山）而降，来势凶猛，低洼的平原被淹成泽国一片。两条史料说的是两次水灾，一次是巫峡口被堵塞，江水不能及时排泄而导致洪水泛滥，是鳖灵凿通巫峡泄出了洪水，消除了水灾；另一次是岷江上游涨大水，而且是"如尧之洪水"那样的多年不遇的洪水，将下游的平原淹成了泽国。又是鳖灵掘开玉山使洪水改道（实际上就是"东别为沱"），从而保证了成都平原的安全。史料上没有记载人员与财产损失情况，但这两场场洪水竟导致了强大的杜宇王朝的消亡，可见洪水来势之猛，破坏之大，王国人民损失之严重。正如唐代诗人岑参《石犀》诗开头所道："江水初荡潏，蜀人几为鱼。"大洪水把良田淹没殆尽，善于农耕的杜宇已束手无策，只得把政权拱手让给善于治水的外人鳖灵。

都江堰水利工程开通后，江水滋养成都平原，但并没彻底做到"水旱从人"。李冰所凿二江穿成都之中，原本是为运输与灌溉，没有蓄水功能。当岷江暴涨，洪水排泄不畅，成都便泛滥成灾。所以李冰之后不到百年，就有两次洪灾，《汉书·高后纪》均有载。一次在公元前185年，"夏，江水、汉水溢，流民四千余家"。另一次在公元前180年，损失更大，"夏，江水、汉水溢，流万余家"。从两次记载看，受灾面积很广，这里的江，指的是岷江。山洪使岷江水暴涨并溢出水道，泛滥成灾。

成都城西北今西南交通大学附近有个地名叫九里堤，据《成都县志》记载，"县西北十里，其地洼下，水势易趋，汉诸葛孔明筑堤九里捍之"。说明这是三国时期所筑的防洪堤。诸葛亮曾经下过一道《护堤令》："九里堤，捍卫都城，用防水患。"这是成都市区水灾的明确记载。从三国至两晋，大概国家处于动荡，无暇梳理江河，洪水时常威胁成都。咸宁三年（277）六月至九月连发大水，《四川通志》《晋书》记载了相同内容："六月，益、梁二州郡国八暴水，杀三百余人。九月，益、梁二州又大水。"《华阳国志》载：汉兴元年（338）"秋八月，天连阴雨，禾稼伤损，百姓饥疫。"像这类淹没蜀郡农村的洪水，从秦汉至两晋的几百年间还发生过多次。农村损失大，成都市区的损失也肯定不小。

唐至清水灾困成都

两晋之后，岷江有两百多年无水灾记录，成都更是数百余年平静无事。岷江时有泛滥，但多远离成都市区。唐代成都市区有一次水患记录，是总章二年（699）夏，暴雨持续了八天，《旧唐书》说："益州六月十三日夜降雨，至二十日水深五尺，其夜暴雨水深一丈以上。坏屋一万四千三百九十区，害田四千四百九十六顷。"显然，这次是因为排洪不畅所致。

然而，唐以后岷江就很无情了。乾德五年（923）四月，城西突遭暴风雨袭击，估计这一天是十九日大游江，浣花溪聚集了很多人。据清同治十二年《重修成都县志》载："四月，王衍游浣溪，正午，暴风起，须臾，雷电冥晦，有白鱼自江心跃起，变为蛟形腾空而去，溺者数千人。"这次灾害是突发性的，又加上龙卷风袭击，因此伤亡惨重。

后蜀广政十五年（952），成都遭遇的就是特大洪水了。《蜀梼杌》载："夏六月，朔、望日，大雨雹。明日，岷江大涨。其夕大水漂城，坏延秋门，水深丈余，溺数千家。"同治十二年《成都县志》载："夏六月，朔望日，天地昏暗，大雨雹，岷江大涨，水淹城，坏延秋门，水深丈余，溺数千家。"嘉庆《华阳县志》则说："夏，六月初二，灌县岷江大涨，初三大水入成都，坏延秋门，漂没千余家，溺死五千余，冲毁太庙及司天监。"这次岷江大洪水直接冲进了成都中心城区，连皇家宗庙和天文台都遭淹了，可见洪水凶猛。2013 年 1 月天府广场出土的镇水石犀，看来并没能镇住洪水。

宋代，川西平原河流涨水颇为频繁，成都市区虽已形成二渠四脉，但因年久失修，洪水时常泛滥。乾德四年（966）川西大雨，岷江暴涨，城西縻枣堰被冲毁。《縻枣堰刘公祠堂记》："秋七月，西山积霖，江水腾涨，拂郁暴怒，溃堰，蹙西阁以入，排故道……"从洪水涌入郫江故道看，城西、城南损失最重。太平兴国二年（977），成都又遭洪水，但《宋史》记载很简略："七月，蜀汉江涨，坏城及民田庐舍。"绍兴五年（1135）四川各地发大水，成都似乎无恙，《四川通志》仅有6字记载："秋，西川郡县水。"但两年后，即绍兴七年，成都却被淹成汪洋。据《席益淘渠记》称，"夏暴雨，城中渠湮无所钟泄。城外堤防亦久废，江水夜入西门，从铁窗入，与城中雨水合，汹涌成波濑"。此后乾道八年（1172）、嘉定十年（1217）、嘉定十六年（1223），成都又多次发生洪涝，造成市民重大损失。

宋朝是古代成都水患的高发期，次数十分频繁，城内居民常有损失。究其缘故，多因河道淤积、防洪设施废弛所致。

以后，明清两朝虽也有水患记载，但次数远不及宋，灾害的严重程度也不如前朝。明景泰五年（1454），普降大雨，江水陡涨。据《明实录·英宗朝》载："七月大雨，江水泛溢，浸入东城水关，决城垣三百余丈，坏驷马、万里二桥。"《重修成都县志》也有同样记载，但损失情况不明，不过从两桥被毁看来，沿江民房不可幸免。明代成都的另外两次水灾，一次是万历四十七年（1619），连续下了三个月大雨，导致江涨堤毁。另一次是崇祯十七年（1644），"雷震藩殿，大雨雹"。（《重修成都县志》）损失情况不见记载。明朝近三百年历史上，暴雨洪灾侵害川西州县的事还是时有发生，但危害成都的洪水总体来说还是很少。

清朝刚立国，老天就给了个下马威。《清史稿》载，顺治十六年（1659），"秋……成都淫雨，城圮"。这次城墙圮塌应该不是江水而是雨水惹的祸。清朝成都平原的洪水主要在乾隆（1736—1796）年间，时常有洪水记录，最凶猛的一次是乾隆九年（1744），岷江、沱江因暴雨猛涨，三十四个府、州、县受灾。四川巡抚纪山的奏折写道："郡城之南北二大河不能容纳，众流汇集，遂灌入郡城御河，泛滥地上，以致郡城内外居民附近河干者，多有水浸入屋内。其中间有冲塌房屋，溺死人口，并城墙倾倒数处，贡院坍塌，墙垣号舍以及种植秋禾亦被水淹之区……"《清史稿》记载了这次几乎殃及半个省的大水灾："六月，汉川、遂宁、崇庆、绵州、邛州、成都、华阳、金堂、新都、郫县、崇宁、温江、新繁、彭县、什邡、罗江、彭山、青神、乐山、仁寿、资阳、射洪大水，溺死居民六百人。"清宫档案和各地方州县志也都记载了这次洪灾，但损失情况各说不一。

同治三年（1864），岷江再次涨水，浸入成都城区，市内街道已可行舟。四川总督丁宝桢给皇帝奏报了这次洪灾。清末光绪三十三年（1907），《四川官报》有"七月十九日，大水"的记载，这是清代的最后一次洪水。

民国成都的水灾流年

继宋朝后，水灾最频繁、损失最惨重的是民国时期。从 1914 年至 1949 年的三十五年中，特大洪水和大洪水竟发生了十次之多，平均三年半一次。这些灾害有相当多的人为因素。军阀政府每年收捐派税，却忙于争夺地盘，根本不治理河道。每遇暴雨，市内遂成泽国。民国 3 年（1914）8 月，夜降大雨，锦江暴涨，四道城门内外皆成汪洋。《国民公报》8 月 26 日报道："锦江暴涨，四门内外均成泽国。"据《四川省近五百年旱涝史料》载："8 月 22 日至 25 日，大雨，各街长流为河，深者至膝至腰，四门内外均成泽国，数十年来所罕见。"

民国 9 年（1920），成都河水暴涨，沿江房舍被淹。《国民公报》消息："七月，连日大雨，河水暴涨七八尺，沿河房路被淹。"民国 10 年（1921），《国民公报》又报道："入夏以来，淫雨兼旬，省城卑下之地，水盈数尺，行人如步河中。"

民国 12 年（1923）夏，洪水再次袭来，7 月 10 日《新四川报》载："连日大水聚涨，东、北、南三门外民房木料冲毁甚多，南门大桥已涨上鱼嘴。鱼嘴石裂二个。"民国 18 年（1929），6 月 25 日《四川日报》称："六月二十三日夜，大雨，二十四日八时始停，外南大河忽涨，黄泥水三尺有余。"

民国19年（1930）9月4日，《国民公报》又载："九月淫雨逾月，低洼街道多被水淹，菜园、果园俨然湖泽，沿河田亩稻禾损失不少。"民国20年（1931）8月2日《国民公报》说："秋，淫雨大水为灾，地势较低洼各街及中城，少城公园悉被水灾。城垣坍坏，房屋倒毁，打伤压死之事处处皆有。"《四川近五百年旱涝史料》也载："七月三十日，天雨不止成灾，市内各街均成泽国，房屋倒塌多起。"

民国22年（1933）6月底至8月初，川西地区雷雨交加，成都再次遭遇数十年不遇的洪水。从6月25日《国民公报》报道看，主要是沱江泛滥，华阳县属的一些地方受灾。民国23年（1934），洪水漫进成都城区，《大江日报》等消息说，城市低洼处均被淹，为十余年所未有。民国26年（1937），更大的洪水又袭来，此时正值中国抗日战争爆发，9月2日《新新新闻》："七月九日至十八日，八月三十一日至九月一日，两次大水，淹没望江楼马路，城内淹没街道百余条，中、下莲花池水深三尺。府河水涨高至二丈余，沿途田土、房屋、禾稼冲毁无算。"这次水灾，城中心也未能幸免，冲毁房屋无数，春熙路、东大街皆可通行舟楫。

大概上天眷顾四川人民抗战艰难，民国27年（1938）后，成都江河风平浪静了近八年。至日寇投降前夕，洪水才又卷土重来。民国34年（1945）7月下旬至8月上旬，川西暴雨连绵，成都城被淹三分之一以上，一百五十多条街巷断炊断灶，部分城墙坍塌，工商停业，人民流离。据8月10日《新中国时报》载："东校场、少城公园、中山公园水深盈尺。"8月28日又报道："七月下旬，成都连日大雨，又因下水道不通，各街水井淹没八百余口，街道淹没百余条，锦江水涨，老南门外房屋冲垮。至九月初，各街下水道疏通后始消退。"9月1日《新新新闻》也称城内"均成泽国"，"冲毁南河堤及民房甚多"。据经历者讲，受灾最严重的除了城南和城中，祠堂街、东城根街、鼓楼街等也都遭淹，水深差不多达1米。

谁曾想，如此罕见的大水灾比起两年后的又一次特大洪水简直是小巫见大巫。我父亲经历了那年的水灾，至今回忆起来还眼含老泪，不断慨叹："造孽哦！水淹得实在太大了！我们半天之内搬了三个地方，刚歇下，洪水就撵拢了，煮顿饭吃的时间都没有，几天都不敢睡觉。"父亲告诉我，这次水灾不仅漫过了南门大桥（即万里桥，当时是石拱桥，水位线很高的），而且南门城墙都被淹了近一半，国民党设在南大街一巷子、二巷子的机关，诸如宪兵司令部、省党部、三青团等都遭水淹了。纯化街延庆寺的僧人，那几天施粥，去喝稀饭的人插在洪水中打拥堂。史料表明，民国36年（1947）入夏以来，川西各县就不断告急。而成都从6月30日起连续七天大雨，降水量均在366毫米以上。城市几乎完全成泽，市内绝大部分街道都可行舟了。7月9日《新民报》称："川西平原空前水灾，系暴雨所致。此次降雨量为233公厘，乃数十年所罕见。"《新新新闻》则说："川西十余县皆暴雨，都江堰水位不高，今573.09公尺，流量2900秒立方公尺。"但望江楼的水位则突破了警戒线，据1981年18期《成都文史资料选》中的文章回忆："望江楼水位高达489.44米（以吴淞口为基点），岸上水深0.8米，市内许多街道被淹。"7月6日的《新中国日报》对这次洪灾的损失作了报道："夏，淫雨连朝。七月四日大雨，连续十七小时，锦江水涨，城区低洼处街道成泽国，新南门外沿岸房屋多被卷去，灾区四十余处，受灾七万多人为六十年来之大水灾。八月二日，十二日，十九日又三次大雨。安顺桥、复兴桥及木桥一座被冲毁。七月洪水江流改道，沃野成墟，毁田禾千亩，被灾四千亩，被灾四千二百多人……"

成都这年的洪灾震动了全国。远在上海的《申报》都作了报道："由于月来的天灾人祸，患害频来，使悠闲安定的成都社会，变成了一座哀鸿遍野的悲惨流民图。""自城墙上视之，与大劫无异。""建筑百年的安顺桥和六十余年的万福桥，俱为洪水冲毁，其余大小桥梁冲毁六十余座。不及避走的沿河居民千余人随洪水作波臣，一切财产尽为巨浪卷席一空，造成六十年空前大灾难。"

民国 36 年（1947）的特大洪灾，是成都建城两千多年以来少有的，究其原因，乃国家战乱不断，河堤年久失修，加之特大暴雨，造成了这次《申报》所说的天灾人祸。

然而人们惊魂未定，民国 37 年（1948）和 38 年（1949）的洪水又再次袭来。大灾之后必有大瘟疫，连续三年的水灾，不但淹死不少人，更可怕的是随即而来的霍乱，传染性强，几天内死掉的人比洪水淹死的还多。我的祖母苏珮君便是当年众多霍乱死者中的一个，中午发病，上吐下泻，第二天下午就去世了。那一年她才三十岁。

20 世纪 40 年代的成都可谓灾害流年，遭遇的是两千多年来罕见的浩劫！

当代成都水灾的惨痛记忆

锦江是我儿时的朋友，我常在她的怀抱中戏水游泳。但锦江也是我童年的梦魇，至今我仍时常做梦独自站在万里桥上，看滚滚洪水从脚下泄过，那变得浩渺与深不可测的锦江会惊出我一身冷汗。这是我幼时所见被刻进了大脑。20 世纪五六十年代，锦江时常涨水，江边民居不时遭淹。那时，染锭街上紧临锦江的民居有不少吊脚楼，用木柱插在江边或斜撑着在石堤上，支撑起上面的半截房屋。这大概是古蜀干栏式建筑的遗风。若无水灾，那种房屋倒也是锦江上的一道风景。那吊脚楼中曾经有一家饭馆，一半的堂面都悬在离河面数米高的空中，我曾跟大人去那吊脚楼饭馆吃过一次饭。却不料，有一年锦江涨大水，我跟邻居跑南门大桥（万里桥）去看，只见河面比平时宽了两倍，浩浩荡荡，水急浪大，漩涡一个接着一个，江面上冲来的死畜、树木杂物等随着波浪翻滚。忽然听得有人喊："要遭！"一根大原木翻滚着径直就向吊脚楼的支撑木撞去，只听"轰"的一声，我曾吃过饭的那家馆子顿时掉进了滚滚的洪流中。这一幕从此在我头脑中扎根。

这一年大约是 1963 年或 1964 年。

资料显示，1968 年成都又发了洪水。8 月 3 日一天的降水量达 116 毫米，市区数十条街被淹，房屋垮塌八十余间，受灾居民两千多户。我们家所在的柳荫街被淹了一半，沿河的羊皮坝街（今锦里中路）完全被淹没进了锦江，连原来老城墙以内的上池街都有民居进水。

但这次洪水与十三年后的大水相比只算是预演。1981 年 7 月 13 日，成都连降暴雨，头一天降水量就达 161 毫米，望江楼下洪峰流量每秒 1050 立方米，市内两百余条街道被淹，低洼处水深在 1 米以上。据统计，房屋倒塌了一万八千七百五十间，受灾居民两万七千多户。同时导致五百多家工厂停产。这次洪灾主要是暴雨所致，我当年所在东郊的工厂也紧急动员起来，青壮年组织了抢险突击队，转移了产品及精密设备。

1981 年 7 月被洪水冲毁的安顺桥　成都建设信息中心存照

1981 年洪灾留给全市人民记忆最深的大概要算安顺桥被冲毁。垮桥那天，记得是星期一，我请了假到城里办点事，正好骑车到打金街，忽听得路人喊："安顺桥垮了！"我忙跟着众人跑去看"闹热"，只见断裂的桥面斜插在激流之中，岸边人们喊声和哭声响成一片。那几天暴雨不断，锦江水势浩大，流速极快，水面上漂浮着不少从上游冲来的树木、杂物，安顺桥可能正是被这些东西撞断的。听在场的人说，桥垮塌时，桥上有不少人，过路的和站在桥上看洪水的，被垮桥顿时倾倒下去了几十个。事后有报道说，被淹死和失踪的人二十多个，可惜没能查到这些逝者的名字。这次洪灾是继 1947 年之后，安顺桥事隔四十四年再次重演的一场相同悲剧！

1981 年大洪水给当代成都人留下了一次最惨痛的记忆。

蜀水的人神与天神

有水灾必定有水神。人类不解自然的奥秘，便会对自己无法控制的现象赋予神灵的力量。

世界各个民族在古代文化中都创造了自己的神灵，水神便是众神中重要的一位。譬如希腊神话中著名的波塞冬就是掌管大海与河流的水神；古埃及神话中的雨水之神是泰芙努特；古印度神话中的水神是伐楼那……各类文化、各个民族都有自己崇拜或诅咒的水神。

中华上古神话谱系中，水神是很重要的一支。中国的水神不止一位，在不同的地点，不同的时代，有不同的水神。如黄河的河伯、洛水的宓妃、长江的江渎和奇相、东南沿海的妈祖、湖广的杨幺……众多的水神中有美丽善良的，也有凶狠恶毒的。

下面我们就来看看诸位水神的面貌。

中国最著名、最古老的水神当然是共工。他原本是炎帝后裔火神祝融的儿子，长成人面蛇神。他为了跟颛顼争夺帝位，怒触不周山，结果弄得大地倾斜，河流都直奔海洋而去。《山海经·大荒西经》《淮南子·天问》《列子·天问》《史记》等许多典籍都记载了他的故事。《淮南子·天问》是这样说的："昔者共工与颛顼争为帝，怒而触不周之山，天柱折，地维绝。天倾西北，故日月星辰移焉；地不满东南，故水潦尘埃归焉。"共工这一怒，结果造就了我们祖国如今的山川地貌。但也有人把共工视为恶神，把他列为与驩兜、三苗、鲧并称的"四凶"，所以被尧流放于幽州；也有人说他是"水害"，所以被杀了。

罔象（也可作罔像）也是一位水神，《庄子》《楚辞》都有他的故事。他是黄帝手下很能干的一个大臣。有次黄帝经过赤水，将一颗黑色的宝珠（玄珠）弄丢了，黄帝先后派了天神知和离朱去寻找，结果都无功而返，于是黄帝再派罔象去找。罔象不负厚望，很快找回了玄珠。黄帝于是很信任罔象，就叫他保管玄珠。不知这罔象是大大咧咧的，还是有点好色，竟被一个美女用计将玄珠骗了去。这个美女是震蒙氏的女儿，天神追捕她时，情急之下，她将玄珠吞下肚，然后跳进了汶江。也有人将罔象视为水怪，据《国语·鲁语下》说："水之怪曰龙、罔象。"原来传说中的龙就是罔象。也有《周礼》等典籍说，罔象是一种专吃死人肝脑的怪物。所以，古人墓中要置镇墓兽保护亡者。尤其南方楚墓中考古发掘常常有镇墓兽出土，大概源自这个传说。

中国水神中还有些是地方性的神，如美丽洛神即是洛水之神。她的名字叫宓妃，是伏羲氏的女儿，因迷恋洛河的美丽景色而降临人间。河伯垂涎她的美貌，将她掳走关进深宫，幸亏被后羿救出，才重新回到洛河，并和后羿产生了爱情。宓妃的美丽也打动了人间的公子，郁郁不得志的建安诗人曹植，在被赶出许都去鄄城途中写下了著名的《洛神赋》。曹植在诗中热情讴歌了美丽多情的女神形象，把她作为自己美好理想的象征，寄托了自己对美好理想的倾心仰慕和热爱：

余告知曰：其形也，翩若惊鸿，婉若游龙。荣曜秋菊，华茂春松。髣髴兮若轻云之蔽月，飘飘兮若流风之回雪。远而望之，皎若太阳升朝霞；迫而察之，灼若芙蕖出渌波。秾纤得中，修短合度。肩若削成，腰如约素。延颈秀项，皓质呈露。芳泽无加，铅华不御。云髻峨峨，修眉联娟。丹唇外朗，皓齿内鲜。明眸善睐，靥辅承权。瑰姿艳逸，仪静体闲。柔情绰态，媚于语言。奇服旷世，骨像应图。披罗衣之璀粲兮，珥瑶碧之华琚。戴金翠之首，缀明珠以耀躯。践远游之文履，曳雾绡之轻裾。微幽兰之芳蔼兮，步踟蹰于山隅。于是忽焉纵体，以遨以嬉。左倚采旄，右荫桂旗。攘皓腕于神浒兮，采湍濑之玄芝。

余情悦其淑美兮，心振荡而不怡。无良媒以接欢兮，托微波而通辞。愿诚素之先达，解玉佩而要之。嗟佳人之信修，羌习礼而明诗。抗琼珶以和予兮，指潜川而为期。执眷眷之款实兮，惧斯灵之我欺。感交甫之弃言兮，怅犹豫而狐疑。收和颜而静志兮，申礼防以自持。

古代中国东南地区还有一位水神，他有个带封号的称谓叫"阳侯"。《洛阳伽蓝记·正觉寺》记载了一个阳侯引起的笑话：梁武帝的儿子萧正德降魏，魏人元乂请萧正德喝茶，问他："卿于水厄多少？"是问他能喝多少茶水。这里又涉及《世说新语》中的一个典故，魏晋时期，东南一些士人还没学会喝茶，著名清谈家王濛则喜好喝茶，每有客人上门，必定用茶汤待客。于是那些苦于喝茶的人每到王濛家去之前必定说："今日有水厄。"他们把上王濛家看成是一次水灾。萧正德不知这个"水厄"的故事，以为元乂是问他是否遭水灾，便很坦然地回答："下官虽生于水乡，而立身以来，未遭阳侯。"结果引得哄堂大笑。萧正德只晓得阳侯，不知道水厄，结果留下了个千古笑话。不过这段记载也让世人知道了东南还有一位水神叫阳侯。

北方最坏的黄河水神是河伯。古代黄河经常泛滥成灾，人民虽然很埋怨河伯，却又不得不贿赂讨好他。传说这河伯与三老、廷掾、祝巫相互"勾结"，每年讹人钱财不算，还要娶漂亮女子为妻，是个贪得无厌的家伙。却不料，河伯的"好事"被西门豹给搅黄了，还把河伯在人间的代理人三老、廷掾、祝巫一一送去了水府。这故事见于《史记·滑稽列传》的附文《西门豹治邺》。

蜀地不属于黄河流域，因此不归河伯管。蜀地有自己的长江水神。早先这位长江水神也与河伯一样好色，人民不喜欢他，于是请来了另一位水神。

蜀地的水神包括人神与天神，即神话学意义的社会神和自然神。人神是远古历史人物传奇，如治水英雄大禹、鳖灵以及李冰等；天神则是山川河流风雨雷电等现象的拟人化，体现了古人对自然的敬畏。

江渎庙里的两位水神

成都城南文庙西街今卫生干部管理学院附近，古时候曾有江渎庙。庙始建于秦代，据《汉书·郊祀记》说："秦并天下，立江渎庙于蜀。"《史记正义》引《括地志》也称："江渎池在县南八里。秦并天下，江水祠蜀。"江渎庙原在二江之间，唐朝郫江改道后，故道成为江渎池，江渎庙就在江渎池畔。陆游写过一篇《江渎庙记》，明人曹学佺《蜀中名胜记》称江渎庙为"南门之胜"。该庙历代均遭毁，又经历代重建，至民国时候，庙被改成学校，再后来成了汪家拐小学所在。

江渎庙供奉的就是蜀地的水神江渎。

古人认为岷江是长江的正源，因此岷江之神江渎也就是长江水神。传说中，江渎早先也与河伯一个德行：好色！每年都要娶亲，且要童女二人，比河伯还贪婪，连李冰都答应把女儿嫁给他。怎奈这江渎对李冰竟傲慢无礼，惹毛了李冰，江渎非但没娶成童女，反丢了卿卿性命。东汉应劭《风俗通》记载了李冰杀江神的故事："秦昭王使李冰为蜀守，开成都县两江，溉田万顷。神须娶女二人为妇，冰自以女与神为婚，径自祠劝神酒，酒杯澹澹，因厉声责之。因忽不见。良久，有两苍牛斗于江岸，有间，辄还，流汗为官属曰：'吾斗疲极，不当相助耶？南向腰中正白者，我绶也。'主簿刺杀北面者，江神遂死。"李冰与部下合力终于把江神斩了。这个传说在《华阳国志》中也有记载，但常璩说得委婉，似乎并不当真。不过民间很相信李冰斗江神的传说，至今都江堰市还流传着李冰父子擒杀孽龙的各种版本。

江神岂是人能杀死的，传说不过体现了人们对李冰治水的敬服和对江水祸害的畏惧罢了。更多时候，人们对江河是充满感激的。江渎祠并不因李冰杀江渎而消失，只是将江神庙换了新主人。

江渎庙里的新神是位女性，名字叫奇相。这位奇相就是那个吞了黄帝玄珠的震蒙氏的女儿。《广雅·释天》云："江神谓之奇相。"《蜀中名胜记》说："按《茂州图经》，江渎神姓姜，昔禹导江，神圣佐之。"王念孙疏证："《史记·封禅书》索隐引庾仲雍《江记》云：'奇相，帝女也，卒为江神。'"此处又说她是黄帝的女儿。不管她是谁的女儿，总之是她吞黄帝的玄珠后，怕被罚，就跳汶江而死了。奇相死后就成了汶江水神。汶江就是岷江，也就是长江。奇相作了水神之后，曾帮助大禹治理洪水，治水就从汶川开始。《一统志》引《山海经》云："神生汶川，马首龙身，禹导江，神实佐之。"

南方的长江之神实在是一位伟大的女神！

有学者认为，奇相实际上是青衣江流域一个母系部族的首领，玄珠是治水的秘诀，她可能曾经向黄帝学习治水，最后不幸身亡。

可是，奇相成为水神后，形象却是马首龙身。这很容易使人想起民间马蚕娘娘的神话故事。《荀子·蚕赋》也把蚕写成一个细皮嫩肉的马头女子。我们似乎有理由说，奇相是蚕丛氏时期的神。

古时候，成都除了江渎庙，还有一座奇相庙，具体位置在哪里，现在已经说不清，但据记载，五代时期奇相庙还存在。另外，在青龙街原扬雄洗墨池旁曾经有龙女祠，不知是否与奇相有关。如此一说，这江神不光是自然神，而且兼有社会神即英雄神的身份。

江神祭祀的历史很久远，即使古蜀亡国后也没废止。秦汉时，李冰为了安抚蜀人，一直按蜀人古制祭祀，将水神江渎与汶山神、农神杜宇一并列为祭祀对象。对于水神的祭祀,《华阳国志·蜀志》载:"遂从水上立祠三所,祭用三牲,珪璧沉濆。汉兴,数使使者祭之。"祭祀用三牲,并且把珪璧神器都投入漩涡中,这是国家祭祀的最高级别。由是可知江神在古蜀地位之崇高。

从人到神的李冰

都江堰市岷江畔的二王庙,是游客必去的景点。此庙原是祭祀农神望帝的崇德庙,南朝时,望帝被迁回故都郫邑,庙址改成祭祀李冰的道场。

李冰,战国时期著名水利工程学家,生卒年不详。他在蜀地任郡守长达39年,主持建设了一系列水利工程,其中最重要的便是创建了都江堰,惠泽蜀地两千多年。人民很懂得感恩,在蜀郡各地为他立庙,尊他为"川主",用对神的崇拜来祭祀他。二王庙不过是众多川主庙中最重要的一座而已。

作为神,李冰先经历了半人半神时期,及死后才完全成神。《太平广记》引《成都记》说:"蜀江神为李冰。"李冰生前带领人们治水,显然是人而非神。但在治水过程中,由于遇到了人们难以想象的困难,却又取得了辉煌的成就,于是便有人开始将他神话,甚至李冰自己为了某种政治需要,也可能自我神话。李冰在治水过程中,曾按照古蜀习俗建三祠,即望帝祠、湔山祠、江水祠,以最隆重的礼仪祭祀古蜀之神。在祭江神时,李冰居然能够邀请江神来饮酒对话,并且最后因江神傲慢无礼而将其杀死。能够与神对话已经是非常人,一般只有巫师才有资格,而李冰非但能够通神,而且居然能战胜神,说明他本身就是神,是比神更神的神。

当然我们不能以今天的眼光来评判两千多年前的李冰可能实施过的某些"装神弄鬼"的把戏,因为那本身是一个巫术盛行的时代。况且秦灭蜀时间不长,蜀人反抗时有发生。李冰与神相通,表明他一方面尊重蜀人的宗教信仰，另一方面也欲通过自己的神性，为都江堰建设工程制造舆论，便于他进一步动员人力、物力。

都江堰建成后，蜀地人民得到了益处，更有理由将李冰视为神。及李冰去世后，朝廷为李冰建庙祭祀。这是官府的首次造神活动。《风俗通》记载："始皇得其利以并天下，立其祠。"从此，历代王朝上下都一致尊李冰为神。于是成为神的李冰逐渐有了许多版本的传说，直到今天，李冰神话仍在民间广泛流传。不仅如此，民间还把二郎神附会成李冰之子。二王庙中，人们按想象创造了协助李冰治水的英俊后生：身着布衣麻鞋，手持铁锸，精神抖擞的青年英雄。《灌县志》称："二郎，李冰仲子也。"但又说二郎做五石溪压水怪，穿石犀溪，斩蛟杀孽龙是"语多附会"。秦汉典籍中并没有关于李冰儿子的记载。但蜀地民间习俗，每有人家生儿子，多取名冰儿。《风俗通》说："蜀人慕其气决，凡壮健者，因名冰儿也。"李冰父子的记载首次出现是在南朝梁代，李膺著《治水记》中有"蜀守父子擒健蛟，囚于离堆之趾"。此后遂有了李冰与儿子共同治水的记载。至南宋，朝廷正式敕封李冰父子为王，合称为"二王"。从此，李冰及其虚幻的二郎都成为治水的神。

蜀侯蒙冤化雨神

龙是中华民族的图腾，又是神话中的雨神。土地旱涝都是龙引起的。秦汉时，一个叫应龙的神在蜀地兴起。传说应龙曾帮助黄帝打败蚩尤，能呼风唤雨，是施雨之神。《山海经》有"应龙蓄水"的记载；成都及周边出土的汉代画像砖、石棺以及崖墓石刻多刻有应龙图案。

成都平原有都江堰之利，虽说"水旱从人"，但凡事有例外，尤其山地，难免有天干的时候。干旱，人们便要向神求助。汉代便有人因善于与雨神沟通而升官。《后汉书·杨厚传》载，成都人杨统，因为求雨灵验，不断升官，最后竟官至光禄大夫。《华阳国志·蜀志》也记载郫县人何英、何汶祖孙二人善于求雨而名震京师："为谒者，京师旱，请雨，即澍。迁犍为属国。"人能与雨神通便可升官受封，足见雨神在汉代的文化意义。

那么，蜀地的雨神是人神还是天神？答案是人神。他是由蜀国一个比李冰约早的历史人物演变而来。他就是蜀侯恽。《华阳国志·蜀志》载："赧王十四年，蜀侯恽祭山川，献馈于秦孝文王。恽后母害其宠，加毒以进王。王将尝之，后母曰：'馈从二千里来，当试之。'王与近臣，近臣即毙。文王大怒，遣司马错赐恽剑，使自裁。恽惧，夫妇自杀。秦诛其臣郎中令婴等二十七人。蜀人葬恽郭外……十七年，闻恽无罪冤死，使使迎丧，入葬之郭内。初则旱炎，三月，又后霖雨；七月，车溺不得行。丧车至城北门，忽陷入地中。蜀人因名北门曰'咸阳门'，为蜀侯恽立祠。其神有灵，能兴云致雨，水旱祷之。"蜀侯恽有比窦娥还冤的冤情，蜀郡百姓很为其鸣不平。秦王知错，决定迁葬恽于首都咸阳，却因长期下雨无法成行而改葬成都，并且在成都为恽立祠纪念。蜀地人民从此以恽为雨神，旱涝必祀。

应龙作为蜀国冤死的恽转化而来的水神，显然更受人同情、爱戴和崇拜，所以他的身影被刻在各种石刻中被人们广为纪念。

王爷庙供奉的水神

明清后，四川地区随着"湖广填四川"移民的到来，一个身份复杂的新水神也随之而来了。新水神"栖身"的地方就是王爷庙。

王爷庙全国各地都有，但供奉的神却是各不相同的。成都老城区曾经有三座王爷庙。一处在北门万福桥上游约一里多地，与五丁桥相邻，公交车42、75路皆以王爷庙设有站名。但仅空有其名而已，庙址早已化作府河边优美的绿地风景。另一座王爷庙在东门大桥西侧天仙桥前街，今亦难觅其踪。还有一座王爷庙在老南门外原柳荫街上段锦江北岸，如今整条柳荫街都扩建成了锦里东路的一部分，王爷庙当然也就烟消云散了。

但柳荫街的王爷庙我熟悉，因为小时候我曾与它比邻而居。"王爷"的尊容我并没见过，他的"府邸"我倒是经常去玩。其实那庙子的建筑与普通民居差别不大，没有通常庙宇的高大庄严和雕梁画栋，戏台之类早已拆除了，仅仅两进出的院子，中间有天井。房子里面已挤满了住户人家，多为以前推车抬轿的贫苦家庭。王爷庙实为一个大杂院。至 20 世纪 90 年代，政府整治府南河，历史悠久的柳荫街整个消失了，成都王爷庙最后的建筑遗存也就随锦江东逝而去。我家虽与王爷庙毗邻多年，但因为见庙不见神，以至于很多年来我都没弄清楚供奉的是哪路神灵，甚至还以为真是祭祀某位古代王爷的寺庙。

后来才弄清楚王爷庙供奉的是蜀地后起的一位水神。这位伴着"湖广填四川"的足迹进入川西平原的外来神，是明清以后蜀地所有依靠江河生存的人们共同的守护神。据老人讲，每年农历六月初六，王爷庙就热闹得很，凡在江河上往来谋生的各类船帮，如盐帮、木材帮、粮食帮、药材帮、煤炭帮等，都会聚集在此举办庙会，除了隆重祭祀水神王爷外，还有演戏、宴饮宾客等活动，目的是为了求得水神保佑航行平安。这一天是水神的节日，其实也是吃"水路饭"的人们的节日。

这位水神显然是水运行业的守护神。王爷的身份似乎比蜀地其他水神复杂些。有资料称他是杨泗将军，原本是洞庭湖一带的道教水神。其来源又有多种：有说他是晋代斩杀孽龙的勇士，死后被封为"镇江王"；有说他是南宋抗金名将；也有说他是明代治水有功的将军；流传最广的说他是南宋末湘湖地区的农民军首领杨幺。因他在军中排行老四，人称杨四将军。

杨幺（1108—1135），名太，龙阳祝家岗人。出生雇工，幼时读过私塾，辍学后在商船上做佣工，后为南宋农民军首领，因在众头领中年龄最小，故而被称为老幺。南宋建炎四年（1130），湖南鼎州

（常德）发生钟相领导的农民暴动。同年钟相兵败被杀，杨幺继续率农民军与官府作战，直到绍兴五年（1135）被岳家军击败。杨幺因叛徒出卖而兵败，投水自尽未死，终被岳飞所杀。

钟相、杨幺领导的农民暴动在湘湖地区影响深远，尤其是他们提出的"等贵贱，均贫富"的主张深入人心。因杨幺曾经投水，早年又在船上帮工，所以他牺牲后便被民间追赠为水神。再后来随着"湖广填四川"的人们西行，于是又成了川西江河上的守护神。不少学者倾向于这一说，认为杨泗即杨幺。

跋

这本小书终于写完了，当键盘上敲出最后一个字，我长长舒了一口气，感到一阵轻松。

这类以水为话题的书已经有很多，书中的诸多篇章或许都有人写出过精彩的文字。但是以水为视角，集中打量从古到今因水而生的诸多文化现象的书似乎又并不太多。或许这正是这本小书还有些意义的地方。

写作此书的原初动力，是想缅怀我曾经历过的这座城市的某些过往，讲述一个有关水的故事。几十年前的成都，还曾有那么激情澎湃的两条江河，而城中众多的河汉沟渠还能寻觅，然而如今，二江已经变得如羞答答的小姑娘，完全丧失了当年壮汉一般的豪气；而那些众多的沟渠和精致的小桥则多被覆盖进了高楼大厦或宽阔的道路下面，剩下的只有以它们的名字作的地名了，更多的则是连名字也湮没了。

我惋惜，我们生活的这座水城消失了。

水，曾经创造了我们城市悠久而辉煌的历史文化，今后恐怕只能"此情可待成追忆"了。因此本书既是个人的追忆，或许还可以成为许多"个人"的追忆。

本书既不是历史教科书，没有严格的学术规范；也不算传统意义上的历史散文，没有天马行空想象驰骋，一切均以史实为依托，并且以类似于人文地理的书写方式，回眸了成都这座城市的历史与文化。书中的许多篇目，最初陆续发表在《成都日报》副刊"天下成都"的人文地理专栏上，专题是想到了什么便写什么，并没有系统性和逻辑性，而且各专题之间间隔时间较长，因此行文风格前后不一。这次整理成书，虽然对篇章结构，包括某些段落的叙事作了重新梳理，依然留下许多遗憾。因为作者学识所限，书中定会存在不少谬误，这些都只得敬请读者谅解，并期待批评指正了。

本书能够出版，首先得感谢西南交大出版社。如果没有出版社领导的大力支持和热情鼓励，这本小书断难成册，遑论出版，尤其是社科分社社长郭发仔先生、责任编辑居碧娟女士为本书付出了大量、辛勤的劳动，在此向他们鞠躬致谢。

其次要感谢《成都日报》副刊部编辑、青年作家萧易，他是一位江南才子，却对四川历史文化极有兴趣，书中的许多篇章最初就是由他约稿并编辑发表的，使这次整理成书有了基本的文字构架。

再次要感谢的是几位时常碰面的"老茶客"朋友，谢天开、曾智中、冯至诚、王跃、雷文景、董维微、彭雄，他们对书稿提出了许多宝贵的建议和意见，谨此一并谢过。

仅以这本小书向养育我的故乡成都献上一瓣心香。

张义奇

2018 年 5 月 17 日　于古望川原

跋